海关管理专业系列教材

关税理论与政策

崔景华　编著

对外经济贸易大学出版社
中国·北京

图书在版编目（CIP）数据

关税理论与政策 / 崔景华编著. —北京：对外经济贸易大学出版社，2021.8

海关管理专业系列教材

ISBN 978-7-5663-2303-3

Ⅰ. ①关… Ⅱ. ①崔… Ⅲ. ①关税–经济理论–高等学校–教材 Ⅳ. ①F745

中国版本图书馆 CIP 数据核字（2021）第 141009 号

关税理论与政策

崔景华　编著

责任编辑：汪　洋

出版发行：对外经济贸易大学出版社
社　　址：北京市朝阳区惠新东街 10 号
网　　址：www.uibep.com
资源网址：www.uibepresources.com
邮政编码：100029
邮购电话：010－64492338
发行部电话：010－64492342
E-mail：uibep@126.com

成品尺寸：185mm×260mm
印　　张：13.25
字　　数：258 千字
ISBN 978-7-5663-2303-3
印　　刷：北京九州迅驰传媒文化有限公司
版　　次：2021 年 8 月北京第 1 版
印　　次：2021 年 8 月第 1 次印刷
定　　价：40.00 元

本书是2018年中央高校教育教学改革专项项目“协同育人下海关管理人才培养体系的完善”、对外经济贸易大学高层次人才特殊支持计划（惠园优秀青年学者）“关税政策、贸易自由与技术创新：理论机制及实证分析”（项目编号:78180419）、教育部人文社会科学基金一般项目“扶贫支出的脱贫内生动力机制及动态福利效应研究”（项目编号：18YJA790016）、国家社会科学基金年度项目“相对贫困视角下财政支出的脱贫内生动力效应及长效机制研究”（项目编号：20BJY220）的阶段性研究成果。

前　言

关税是最为古老的税种之一，也是世界各国普遍征收的一种税。随着经济社会的发展和全球经济一体化进程的快速推进，关税的职能从筹集国家财政收入逐步扩展到其他领域，从而对产业结构、技术进步、分工协作、国际关系、收入分配、居民福利等领域产生广泛的影响。

党的十九届五中全会提出，实行高水平对外开放，开拓合作共赢新局面。坚持实施更大范围、更宽领域、更深层次对外开放，依托我国大市场优势，促进国际合作，实现互利共赢。要建设更高水平开放型经济新体制，全面提高对外开放水平，推动贸易和投资自由化便利化，推进贸易创新发展，推动共建“一带一路”高质量发展，积极参与全球经济治理体系改革。因此，关税作为调节对外贸易规模和结构的重要手段，系统梳理关税的理论基础和作用机理对于实现高水平开放和双循环建设具有重要的意义。

本教材聚焦当今中国海关征税业务改革，将理论与实践有机融合，通过案例、史料、数据和图表的方式揭示关税理论和政策的产生、发展的基本规律，重点探讨关税的财政收入效应、产业保护效应、经济一体化效应等层面的作用机理，分析关税理论的发展趋势。

本教材的内容安排和框架体系简洁明了、逻辑清晰，具体内容主要分为三大模块。一是理论基础模块，主要包括第一章关税的概述、第二章关税的分类、第三章关税的职能及效应；二是政策效应模块，这也是全书最为核心、最为重要的部分，包括第四章关税的财政收入效应、第五章关税的名义保护效应、第六章关税的有效保护效应、第七章关税的互补和替代效应、第八章关税与区域经济一体化和第九章关税的经济一体化效应；三是政策实践模块，主要章节是第十章关税政策的变迁与实践。

“关税理论与政策”是高校公共管理专业、财政税收专业及其他财经类专业的一门重要课程，该教材能够作为财政税收、海关、报关与国际货运、国际商务、物流管理、国际经济与贸易等专业的相关课程的参考书目，同时也可以作为海关管理、财政、税务、国际经贸等专业的本科生、硕士生及相关岗位的在职人员、报关员资格全国统一考试等备考人员的重要学习资料。

本教材在作者多年的教学实践和积累基础上进行撰写和编辑，从宏观和微观、定性和定量、历史和现状、理论与实践、案例和图表、经济学和管理学等多重视角进行全方位的解读和分析，力求做到深入浅出、通俗易懂。

本教材的编写过程中张琬婧、王昕两位研究生在资料搜集、数据分析、图表绘制等方面做了大量的工作，另外，杨家乐、袁慧诚、李晓彤三位研究生也分担了文字校对等细节方面的重要任务。

希望本教材带领大家理解关税理论的内在逻辑，并将这种思维方式运用到其他学科的学习和相关政策改革的分析中，从而准确解读国际贸易理论中的关税政策效应，为高质量对外开放提供智力支持。

崔景华

2021 年 5 月 26 日于惠园

目　录

第一篇　理论基础

第二篇　政策效应

第三篇　政 策 实 践

第一篇

理 论 基 础

第一章 关税的概述

学习目标

1. 掌握关税的定义及来源。
2. 理解关税的特点和作用。
3. 了解关税的起源和发展历程。

古今中外，税收是国家（政府）公共财政最主要的收入形式和来源。税收的本质是国家为满足社会公共需要，凭借公共权力，按照法律所规定的标准和程序，参与国民收入分配，强制取得财政收入所形成的一种特殊分配关系。它体现了一定社会制度下国家与纳税人在征收、纳税的利益分配上的一种特定分配关系。

马克思曾指出："赋税是政府机关的经济基础，而不是其他任何东西"（出自《哥达纲领批判》）。"国家存在的经济体现就是捐税"（出自《道德化的批评和批评化的道德》）。恩格斯指出："为了维持这种公共权力，就需要公民缴纳费用——捐税"（出自《家族·私有制和国家的起源》）。19 世纪美国法官霍尔姆斯说："税收是我们为文明社会付出的代价。" 这些都说明了税收对于国家经济生活和社会文明的重要作用。

关税是一种较为古老的税种，是以进出关境的货物或物品的流转额为征税对象而征收的商品税，属于涉外商品税。关税在各国开征十分普遍，且具有较强的政策性。关税作为税收制度中的一个特殊组成部分，必然体现税收的共性特征。按照课税对象的属性，税收可以分为流转税、所得税、财产税、资源税、行为税。其中，流转税（Commodity Turnover Tax 或者 Goods Turnover Tax）又称流转课税、流通税，指以纳税人商品生产、流通环节的流转额或者数量以及非商品交易的营业额为征税对象的一类税收。流转税是商品生产和商品交换的产物，各种流转税是政府财政收入的重要来源。所得税（Income Tax）又称所得课税、收益税，指国家对法人、自然人和其他经济组织在一定时期内的各种所得征收的一类税收。关税与增值税、消费税相同，都属于流转税类的一个税种。关税从其产生到发展已有几千年的历史，但不论社会经济制度和历史背景如何变化，关税在各国财政和国民经济中一直具有重要的地位和作用。

第一节 关税的含义

一、早期关税的含义

早期关税的界定与英语中的两个专用名词“Customs”和“Tariff”密切相关。

英文中的关税（Customs）一词原意为习惯、惯例、例行。据《大英百科全书》解释，古时欧洲商人进入市场交易时需向当地领主交纳一种例行的、常规的入市税（Customary Tolls），其后 Customs 就成了关税的专用名词。这个词有通行费或通行税的含义。而英文中的“Tariff”一词也代表关税，但是早期该词为地名。据说在古代地中海西口，距直布罗陀 21 英里处，有一个海盗盘踞的港口叫塔利法（Tariffa）。那些因贸易往来而进出地中海的商船为了避免被抢劫，不得不向塔利法港口的海盗们缴纳一笔价值可观的买路费。此后 Tariff 就成为关税的另一通用名称，这一词也有通行费的含义。

英国 17 世纪的古典政治经济学家威廉·配第在其代表作《赋税论》中也指出，“关税是对输入或输出君主领土的货物所课征的一种捐税”“关税最初是为了保护进出口的货物免遭海盗劫掠而送给君主的报酬”。

由此可见，西方国家的关税起源，其最直接的动因就是增加君主的收入，伴随着国家形态的成熟和扩大，财政需求日趋迫切，其保护费、买路钱、通行费、使用费等便应运而生，但本质上仍然是一种通过税，这就是西方国家关税起源的基本轨迹。

我国关税的起源要比西方国家早五六百年，而且形式也比较独特，其基本特征与早期关卡有关。我国早期关卡属于“国家”之间的防御体系，政治军事功能第一。设关的目的只是稽查过往货物有无违禁品，过境而不征税。其后，随着社会经济的发展，关卡开始延伸出财政功能。因此，我国早期的关税实际上也是一种通过税，关卡是公共权力的施政部门，同时也是国家课征关税的权力机关。

二、关税的概念

关税是一个国家对于通过其国境的货物所课征的租税，因此，它是一种国境关税。所谓“通过其国境”即表明关税为通过税的一种，而所谓“国境”并不仅限于一个国家的政治领域，而是指经济的国境，也即关税的地域，如非经济的国境，或非关税的地域，则虽有货物通过，也不课征关税，例如通过自由港的商品，不课征关税。另外，关税对通过国境的“货物”才课税，如非“货物”则不属课税对象，例如旅客出入国境，从事运输客货的运输工具，虽其过境，也不课征关税。

从关税的定义可知，关税的内涵可以总结为以下五个方面：一是关税的类属；二是关税的征税对象及税种界限；三是关税应税经济活动的地域界限；四是关税的征税主体；五是征收关税的最终目标。围绕关税的五个要点，具体解释如下：

第一，关税的类属问题。关税是一种流转税（Commodity Turnover Tax），同时也是一种间接税（Indirect Tax）。流转税具有以下三个特征：一是结合流通环节确定征税环节；二是不考虑被征税对象是否盈利的问题；三是与所得税类相比，这种“无理”税在对外贸易中可以起到重要的作用，即“无理税”的“理”在于起到了“有理税”起不到的作用。

第二，关税的征税对象及税种界限问题。关税的征税对象是进出境货物和物品（Inward and Outward Goods and Articles）。进出境货物是指自进境起到办结海关手续止的进口货物，自向海关申报起到出境止的出口货物，自进境起到出境止的过境、转运和通运货物。物品，是指以自用合理数量为限的个人携带进出境的行李物品、邮寄进出境的物品和其他物品，具有非贸易性质。通常情况，海关按照物品进出境的运输方式把物品分为行李物品、邮递物品和其他物品三类。另外，按照海关对物品的管理限制程度，物品可划分为禁止进出境物品、限制进出境物品和非限制物品。

第三，关税应税经济活动的地域界限问题。关税的地域界限是一国（地区）的关境（Customs Territory）。在《国际海关术语汇编》里“关境”一词是指一个国家的海关法得以全部实施的区域。《关税与贸易总协定》中指出“本协定所称关境应理解为，任何与其他区域之间的大部分贸易保持着单独的税则或其他贸易规章的区域。”关境和国境（National Territory）具有一定的差异。国境是指一个主权国家以国界为界限，全面行使主权的领域范围，包括领土、领海、领空。

国境与关境的关系如下：一是，在一般情况下，关境的范围等于国境。二是，关境可能大于国境。例如，关税同盟的成员国之间货物进出国境不征收关税，只对来自和运往非同盟国的货物在进出共同关境时征收关税，因而对于每个成员国来说，其关境大于国境，如欧盟。三是，关境可能小于国境。若在国内设立自由港、自由贸易区等特定区域，因进出这些特定区域的货物都是免税的，因而该国的关境小于国境。四是，我国的关境范围是除享有单独关境地位的地区以外的中华人民共和国的全部领域，包括领水、领陆和领空。目前我国的单独关境有香港、澳门和台、澎、金、马单独关税区①。在单独关境内，各自实行单独的海关制度。因此，我国关境小于国境。本教材所称的“进出境”除特指外均指进出我国关境。

第四，关税的征税主体问题。关税的征税主体是国家，或者说代表国家的海关。就国民收入分配的法律关系而言，关税的征税主体是国家；就行政管理的法律关系而言，关税的征税主体是海关。

第五，征收关税的最终目标问题。征收关税的最终目的是进入国内市场以后确保货物的自由流通与支配，融入国民经济。所以一般将征税环节安排在货物放行之前。

第二节　关税的起源

关税的起源很早。随着社会生产力的发展，出现了商品的生产和交换，关税正是随着商品交换和商品流通领域的不断扩大，以及国际贸易的不断发展而产生和逐步发展的。在古代，统治者在其领地内对流通中的商品征税，是取得财政收入的一种最方便的手段和财源。近代国家出现后，关税成为国家税收中的一个单独税种，形成了近代关税。其后，又发展成为现代各国所通行的现代关税。

一、关税在中国的起源

中国关税起源与早期关卡密切相关。早期关卡属于“国家”之间的防御体系，政治军事功能第一。随着社会经济的发展，关卡开始延伸出财政功能。因此，我国早期的关税实际上是一种通过税，关卡就是国家课征关税的权力机关，这是我国关税起源的基本轨迹。

我国西周时期（约公元前 11 世纪至公元前 771 年）就在边境设立关卡（最初主要是为了防卫）。《周礼·地官》中有了“关市之征”的记载，春秋时期以后，诸侯割据，纷

① 单独关境区（Separate Customs Territory）：一国与毗邻国家间、共同拥有的统一而又独自对外的关境区域，或在国家领土范围内，在一定条件下实行独自对外的海关法规和关税制度的关境区域，亦称单独关税区。

纷在各自领地边界设立关卡，“关市之征”的记载也多起来。关税从其本来意义上是对进出关卡的物品征税；市税是在领地内商品聚散集市上对进出集市的商品征税。征税的目的是“关市之赋以待王之膳服”。据《周礼·天官》记载，周朝中央征收九种赋税，关市税是其中一种，直接归王室使用，关和市是相提并论的。边界关卡之处也可能是商品的交换集市。关税和市税都是对商品在流通环节中征税。《管子·问篇》曾提到“征于关者勿征于市，征于市者勿征于关”，对同一商品不主张重复征税，以减轻商人负担。关市之征是我国关税雏形，我国的“关税”的名称也是由此演进而来的。

秦统一天下以后，汉唐各代疆界不断扩大。在陆地边境关口和沿海港口征税，具有了边境关税的性质。我国古代对外贸易虽有陆上和海上“丝绸之路”的贸易往来，但较之欧洲各国，发展不快，数量不大。边境关卡征税不是其主要任务。而在国内关、津各卡征税以“供御府声色之费”，一直是官府收入的财源之一。如唐朝征收“关市税”，明朝征收的“钞关税”，均指在内地关卡征税。在沿海港口对进出港的货物征税，各朝代有不同的名称。如唐朝的“下碇税”、宋朝的“抽解”、明朝的“引税”“船钞”等，由称为市舶司（使）的机关负责征税。到清朝康熙年间才在沿海设立粤、闽、浙、江四个“海关”，对进出口的货物征收船钞和货税。这时的关税仍包括内地关税和边境关税两种模式。

鸦片战争以后，受到西方列强的入侵，中国门户被迫开放，海关大权落入外人之手，尤其是英国人一直统治着我国海关，引进了近代关税概念和关税制度，国境关税和内地关税才逐渐有所区别。道光二十二年（公元 1842 年），中国因鸦片战争失败，被迫开放五个口岸对外通商，并成立新海关，于是称原来的“关”为常关或旧关，原关税称为常关税，以便与新海关的关税相区别。常关税为内地货物通过税，分为衣物税、食物税、用物税、杂税四项；在行船的地方，兼收船税。常关税税率没有统一规定，各关不同，一般有正税和附加税。创设厘金后，课求日见苛重。但对救灾物资有时免税。中央每年向各地下达常关税征收额，上解不足于定额，令由其常关监督负责赔偿。清代常关税收入定额，康熙二十五年（公元 1686 年）为一百一十七万余两。光绪二十年（公元 1894 年）为二百七十七万余两。这仅仅是正式报告的数目，至于附加税收，为数可能不少，但记载不详。

到 1931 年取消了常关税、子口税、厘金税等国内税（转口税不久也取消），此后，我国的关税就涵盖进口税和出口税。对进出国境的货物只在进出境时征收关税。

新中国成立后，我国真正取得了关税自主权。但在新中国成立初期，由于发达资本主义国家对我国实施封锁禁运等一些历史原因，我国关税工作比较简单，关税没有得到充分的重视。自 20 世纪 80 年代实施对外开放政策后，我国与其他国家间的经济贸易往来大量增加，经济改革使关税的作用日益受到重视，国际间的关税协定及关税事务日益繁多，关税制度不断改革和完善，逐步实现了关税制度和政策的现代化和国际化。

二、关税在国外的起源

在国外，关税也是一种古老的税种，最早起源于欧洲。据《大英百科全书》对关税（Customs）一词的来源解释，古时商人在进入市场交易时要向当地领主交纳一种例行的、常规的入市税（Customary Tolls），后来就把 Customs 和 Customs Duty 作为海关和关税的英文名称。

英国经济学家威廉·配第在其《赋税论》中说："关税是对输入或输出君主领土的货物所课的一种捐税。""我认为，关税最初是为了保护进出口的货物免遭海盗劫掠而送给君主的报酬。"马克思、恩格斯在谈到关税的起源时也说："关税起源于封建主对其领地上的过往客商所征收的捐税，客商缴了这种税款就可免遭抢劫。后来各城市也征收了这种捐税，在现代国家出现后，这种捐税便是国库进款的最方便的手段。"

希腊雅典在公元前五世纪时是地中海、爱琴海沿岸的强国。这个地区的经济在当时已比较发达，商品贸易往来很普遍，雅典成为当时的贸易中心。如配第等人所说的那样，外国商人为了取得在该地的贸易权利并受到保护，向领主送（贡）礼。后来，雅典以使用港口的报酬为名，正式对输出入的货物征收2%至5%的使用费。其后，罗马帝国征服了欧、非、亚的大片领地，欧洲经济也有了进一步的发展，海上和陆地贸易昌盛，各地区之间和各省之间商业往来发达。早在罗马王政时代，就对通过海港、道路、桥梁等的商品课征2.5%的商品税，其后关税就作为一种正式的间接税征收，进出境的一切贸易物品（帝国的信使除外）均须缴纳进出口税，正常税率是12.5%，有的地区还按商品分类征税，对不同地区的进口货物的税率也有差别。例如，针对来自印度和阿拉伯的货物，在红海口岸的征税高达25%。罗马帝国境内曾形成很多关税势力圈，在各自边界上征税。另外，很多都市对食品还征收入市税。征税的目的主要是为了财政收入。

封建社会早期，自然经济占统治地位，商品生产和商品流通受封建制度的束缚，规模很小，发展缓慢，对外贸易比重很小，关税收入虽然有一定的财政收入作用（在当时来说也许数量不小），均用于皇室和官府的开销。但由于关卡林立，重重征税，限制了对外贸易和国际交往，阻碍了社会生产力的进一步发展。

封建社会后期，出现了资本主义生产方式，新兴资产阶级为了发展资本主义生产和商品交换，便极力反对封建制度对商品生产的束缚，极力冲破封建特权所分割的国内市场，争取国内的自由贸易和商品的自由流通。当资产阶级掌握政权后，就废除了因封建割据而形成的关卡林立的内地关税，实行了统一的国境关税，进出国境的货物统一在边境口岸交纳一次关税，以后在同一国境内不再重复征收关税。

英国资产阶级通过革命在 1640 年首先取得政权，成立了资产阶级掌权的近代国家，它立即开始实行了这种国境关税，废除了内地关税。法国于 1660 年开始废除内地关税，至 1791 年初才完全实行了国境关税。比利时、荷兰受法国影响相继使用统一的国境关税。其后，世界各国开始普遍实施国境关税。

统一的国境关税是针对封建割据的内地关税而言的。它是在封建社会解体和出现了资本主义近代国家后产生的，所以我们也称它为近代关税。它主要的特点就是专对进出国境的货物在进出国境时征税，进口后不再重复征收。而且近代国家一般不再把财政收入作为征收关税的主要目的，而是把关税作为执行国家经济政策的一个重要手段。

进入 20 世纪以后，尤其是近几十年来，科学技术迅速进步，社会生产力不断发展，国际贸易大量增加，国际间的经济斗争和经济分工与合作的形势愈加复杂。为了减少关税对国际贸易和经济发展的阻碍，自由港、自由贸易区等大量出现，几个国家地区性的经济一体化、关税同盟的成立，成为国际新潮流。目前在国际上，国境关税与关境关税同时并存。

三、关税的发展阶段

结合上述国内和国外关税的起源和发展，国外通常把关税的历史分为三个发展阶段。我国对关税发展的阶段划分也与国外做法基本一致。

第一阶段为使用费时代。因为使用了道路、桥梁、港口等设施得到了方便，货物和商人受到了保护，商人则向领主交纳费用作为报偿。

第二阶段为国内关税时代。封建领主在各自的庄园或都市领域内征税，除了有使用费的意义外，也具有了强制性、无偿性的税收特征。关税的征收也从实物形式逐渐转变为货币形式。这时在一国境内征收的关税与对进出其国境货品征收的关税并存。

第三阶段为国境关税或关境关税时代。近代国家出现后，不再征收内地关税。关税具有其自己的特性。它除了有财政收入的作用外，更重要的是成为执行国家经济政策的一种重要手段，用以调节、保护和发展本国的经济和生产。这一时期的关税仅以进出国境或关境的货品为课税对象。

第三节　关税的特点

在介绍关税的概念时已经对关税的类属和本质等内容进行了粗略的介绍。本节进一步详细论述关税的特征。

一、以进出国境或关境的货物和物品为征税对象

关税的征税对象是进出国境或关境的货物和物品。属于贸易性进出口的商品为货物；属于入境旅客携带的、个人邮递的、运输工具服务人员携带的，以及用其他方式进口个人自用的非贸易性商品为物品。关税不同于因商品交换或提供劳务取得收入而课征的流转税，也不同于因取得所得或拥有财产而课征的所得税或财产税，而是对特定货物和物品途经海关通道进出口征税。

二、以货物进出口统一的国境或关境为征税环节

关税是主权国家对进出国境或关境的货物和物品统一征收的税种。在封建社会，由于封建割据，国内关卡林立，重复征税，所以那时的关税主要为国内关税或内地关税，它严重地阻碍着商品经济发展。资本主义生产方式取代封建生产方式之后，新兴资产阶级建立起统一的国家，主张国内自由贸易和商品自由流通，因而纷纷废除旧时的内陆关税，实行统一的国境关税。进口货物征收关税之后，可以行销全国。

三、实行复式税则

关税的税则是关税课税范围及其税率的法则。复式税则又称多栏税则，是指一个税目设有两个或两个以上的税率，根据进口货物原产地的不同，分别适用高低不同的税率。复式税则是一个国家对外贸易政策的体现。目前，在国际上除极个别国家外，各国关税普遍实行复式税则。

四、关税具有涉外统一性，执行统一的对外经济政策

关税是一个国家的重要税种。国家征收关税不单纯是为了满足政府财政的需要，更重要的是利用关税来贯彻执行统一的对外经济政策，实现国家的政治经济目的。在我国现阶段，关税被用来争取实现平等互利的对外贸易，保护并促进国内工农业生产发展，为社会主义市场经济服务。

五、关税由海关机构代表国家征收

税收通常由各国的税务机构征收管理，而关税则由海关总署及所属机构具体管理和征收，征收关税是海关工作的一个重要组成部分。《中华人民共和国海关法》规定："中华人民共和国海关是国家的进出关境监督管理机关。海关依照本法和其他有关法律、行政法规，监督进出境的运输工具、货物、行李物品、邮递物品和其他物品，征收关税和其他税、费，查缉走私，并编制海关统计和其他海关业务。"监督管理、征收关税和查缉走私是当前我国海关的三项基本任务。

第四节　关税的作用

作用是通过人、事物、机构所具有的职责和能力而产生的一种功效与结果，是职能的外化。职能是事物本身所具有的固有属性，是事物的职责和能力，它与事物的功能具有一定的关联性，是与事物直接同在的。本节首先概述关税的作用，随后的章节中进一步讨论关税的职能问题。

征收关税的作用和目的，不同的历史时期和经济发展的不同阶段具有较大差异。在封建社会及其以前时期和经济发展水平较为落后的国家，主要是为了增加财政收入。

一、古代社会关税的作用

（一）获得国家财政收入的作用

西周晚期，随着私营工商业的独立与发展，占统治地位的"工商食官"体制迅速瓦

解，市场的迅速扩展和多层次的市场出现以及彼此之间的联系，促进了市场经济的发达和经济的发展，这正是关税赖以存在和发展的经济基础。西周时期，国势强盛和国家机关的强化，使得土地税收入已经无法满足国家不断增长的庞大支出的需求。因此，从“关市讥而不征”（出自《孟子·梁惠王下》）到“关市之征”，从设关御敌到设关征税，就是为了满足国家的财政需求。由于大量增设关卡要塞，既征于关又征于市，还征于门，关、市、门三者皆征，道道抽税，反复苛剥。关税负担无疑是越来越沉重，关税也由此成为“国库进款的最方便的手段”。

（二）贯彻重农抑商思想的作用

农商并重是关市之赋产生的源头，故周代“关市之赋”的税率一般不高。管仲也主张轻税，“关赋百取一”，即 1%的税率。但关税一经产生，就处于多国割据纷争年代，特别是春秋中期后，变革成了这一时代发展的总趋势，各国相继实行政治经济和赋税制度的改革，强调农业生产，突出富国强兵。因此，重农抑商的思想在这一时期得到充分的发展。到齐桓公十五年，“驰关市之征，五十而税一”（出自《管子·大匡》）。税率提高一倍，即 2%。各诸侯国也纷纷设关置卡，既征市税，也征关税，关市之征，两者并举，税率有了大幅度的提高。商鞅变法更是旗帜鲜明地提出“重关市之赋”。他竭力倡导和推行其“农战”政策，制止百姓弃农经商，甚至“重其租，令十倍其补，然则商贾少”（出自《商君书·垦令》）。

可见，我国古代的关税思想具有明确的抑商倾向，不同时期关税税率的高低基本反映了抑商政策的轻重。其后历代王朝政府所制定的关税政策基本贯彻了“重农抑商”的思想倾向。

（三）发挥国防和市场监管的作用

“关市之赋”并非严格意义上的关税，两个区域性小国或两个城市，甚至在边境要塞或交通要冲都可以设关置卡征收关税。因此，从设关御敌到设关征税，即从国防御敌到财政课税，两者是兼顾，而不是对立的。

我国古代，国家对上市或通关的商品有严格的规定，什么商品可以流转，什么商品严禁入市通关均有规定。如在周朝，出入关门的商旅及其货物行李必须持有周代主管部门颁发的通行凭证——“节”，接受各类关卡的稽查，并在有效期内使用；对于市场和通关的违法行为，国家要给予严厉的处罚；诸如此类，等等。其意不仅仅在关市收入。显然，当关税还未独立，仅仅处于“关市之赋”孕育之中时，就已经发挥了重要的国防、财政和市场监管作用了。

（四）调控经济的作用

《管子》主张“征于关者勿征于市，征于市者勿征于关”。可见，古代同样对同一商品不主张重复征税，以减轻商人负担。晋文公强调所谓“轻关易道，通商宽农”“轻关，轻其税也”“通商，利商旅也”“关市平，商贾归之”。从而使晋国“政平民阜，财用不匮”（出自《国语·晋语四》）。统治者深谙“急关市之税货则不通”（出自《逸周书·大聚篇》）的道理，过重的关市之征会严重影响商货的流通和生产的发展。只有“轻其税”，才能“肇牵车牛，远服贾”（出自《尚书·酒诰》），“服牛乘马，引重致远，以利天下”（出自《周易·系辞下》），才能“易关市，来商旅，纳货贿，以便民事。四方来集，远乡皆至，则财不匮，上无乏用，百事乃遂”（出自《礼记》）。运用“轻关”政策调节商品流通和发展经济，已为古代思想家所注重。

综上所述，周代设关已由政治、军事的稽查，逐渐演变为兼有财政性征收的目的。当然这种尚不完备的关税制度，无论对采邑邦国，还是整个奴隶制国家，只是增加财政收入的重要手段而已，关税在国家经济中并不占有十分重要的地位，因为在自然经济占统治地位的社会中，只是在国家财政十分困难之时才注意到关税的作用。

二、现代社会的关税作用

现代社会的关税作用与我国古代具有较大差异。资本主义生产方式发展之后，关税主要作为国家实施经济贸易政策的一种工具来使用，成为保护本国经济和生产、调控本国经济发展的一种手段。在国际市场竞争中，各国竞相提高关税税率，加强对本国经济的保护，已成为阻碍国际贸易自由发展的一种壁垒，对世界经济的发展产生了不利影响。为了促进国际经济贸易的发展，关税与贸易总协定（GATT）和世界贸易组织（WTO）要求各缔约方削减或取消各种贸易壁垒，但没有规定取消关税，仍然允许各成员方将关税作为唯一合法的经济保护手段。

（一）维护国家主权和经济利益

对进出口货物征收关税，表面上看似乎只是一个与对外贸易相联系的税收问题，其实一国采取什么样的关税政策直接关系到国与国之间的主权和经济利益。历史发展到今天，关税已成为各国政府维护本国政治、经济权益，乃至进行国际经济斗争的一个重要武器。我国根据平等互利和对等原则，通过复式税则的运用等方式，争取国际的关税互惠并反对他国对我国进行关税歧视，促进对外经济技术交往，扩大对外经济合作。

（二）保护和促进本国工农业生产的发展

一个国家采取什么样的关税政策，是由该国的经济发展水平、产业结构状况、国际贸易收支状况以及参与国际经济竞争的能力等多种因素决定的。国际上许多发展经济学家认为，自由贸易政策不适合发展中国家的情况。相反，这些发展中国家为了顺利地发展民族经济，实现工业化，必须实行保护关税政策。关税在保护和促进本国工农业生产的发展方面发挥了重要作用。

（三）调节国民经济和对外贸易

关税是国家重要的经济杠杆，通过税率的高低和关税的减免，可以影响进出口规模，调节国民经济活动。如调节出口产品和出口产品生产企业的利润水平，有意识地引导各类产品的生产，调节进出口商品数量和结构，可促进国内市场商品的供需平衡，保护国内市场的物价稳定等。

（四）筹集国家财政收入

从世界大多数国家尤其是发达国家的税制结构分析，关税收入在整个财政收入中的比重不大，并呈下降趋势。但是，一些发展中国家，其中主要是那些国内工业不发达、工商税源有限、国民经济主要依赖于某种或某几种初级产品出口，以及国内许多消费品主要依赖于进口的国家，征收进出口关税仍然是他们取得财政收入的重要渠道之一。我国关税收入是财政收入的重要组成部分，新中国成立以来，关税为经济建设提供了可观的财政资金。目前，发挥关税在筹集建设资金方面的作用，仍然是我国关税政策的一项重要内容。

知识积累

◎ 1. 古代的关税与门税、市税

我国古代关卡主要设于边境要隘，随后波及内地各交通要津，早期的关税之征，实为官府对过关入市的货物所进行的稽查和课征。然而，早期关、市、门三税不分，特别是关市之征合一，史籍记载又不详，如何把握或界定这三者，可从三税产生及相互关系的角度进行分析，以探索关税的起源问题。

据史籍记载，周代商品交换发生在诸侯国内，当时称之为“市”；发生在诸侯国之间，或发生在诸侯国与边境外少数民族之间，称之为“关”。

早期社会，关市无税，《礼记・王制》曰：“古者……市，廛而不税；关，讥而不征”。这里“古者”即指“殷时”。那么，关市税的征收可以确认是从西周开始的。

《孟子》亦曰："关市讥而不征，泽梁无禁。"此后，为什么会有关市之征，并始有市税和关税呢？孟子曰："古之为市也，以其所有易其所无者，有司者治之耳。有贱丈夫焉，必求龙（垄）断而登之，以左右望，而罔市利，人皆以为贱，故从而征之。征商自此贱丈夫始矣！"其意即，初时，设官仅为管理市场，并不征税。后来心术不正、投机倒把之徒，贱买贵卖，垄断市场，获取暴利，人民甚为不满，再加上国家财政需要，始作"征商"，有"寓禁于征"之意。因此，课征市税，除了财政性目的外，尚有维护市场秩序，抑制商人的独占、调剂农商利益分配之功能。

那么，古代关税征管情况又怎样呢？各国的关卡要塞都有驻军防守，并有司关职掌，关门的开闭有规定的时间，进出关门有严格的手续。《周礼正义·司关疏》曰："注云'征廛者，货贿之税与所止邸舍也'者，《大司徒》注云：'征，税也'凡商贾及民之赍百物过关者，皆有税。"《周礼·地官》也说，外来客商进入关门，首先要审核其玺节（官方文书），并要根据文书所载货物的品种数量，稽查行旅；其次还要检查商货的合法性，对出入关卡的货物按规定征税，对偷逃税收或私自携带违禁品的均予以没收处罚。一般而言，早期关税的纳税人主要也是商人。

关税之征起于边关，亦即所谓"关者诸侯之陬隧也，而外财之门户也"（《管子·问》）。春秋中期始，商业经济的特征就是自由商人阶层的兴起，工商食官体制和官府垄断国内外贸易的缺口已经打开。

既然一个采邑或领邑就是一个独立王国，每个封建领主获得收入的最便利的方法，就是在自己的独立王国中征收货物的过境税，这也是他们的经济特权。

于是，既有"政自大夫出"，诸侯各国就不仅在边境要塞设关置卡，而且纷纷在内地城邑附近和交通要道增设关卡以谋取收入。因此，关市之赋重复征，就是大大小小领主据地自保、闭关自守条件下的产物。

既征于关，又征于市，同时也征于百姓的住宅区和集市点，《管子·乘马篇》就说："方六里，名之曰社，有邑焉，名之曰央，亦关市之赋"。

除了关市之税，更有门税，这与《周礼·司门》职责中说的稽查出入国门的商货，并按规定征税是有区别的。关于门税，《左传》记载了一个"耏班征税"的史实。

春秋前期，宋武公时（前 765—前 748），北方游牧部落长狄入侵，其兄司徒皇父（即耏班）率子出征，在长丘与长狄族英勇作战，杀死敌军统帅缘斯，击退了来犯敌军，立下赫赫战功。"宋公于是以门赏耏班，使食其征，谓之耏门"（《左传》）。把境内的一个门关赏给耏班，以门税作为其俸禄，可见收入不菲。这里说的显然是"城门"，有别于《周礼·司门》中的"国门"和"关门"。宋国国君"以门赏彤班，使食其征”，这已说明“城门税已成为春秋列国市税、关税之外的另一固定的税种”。

“司关”“司市”“司门”，各守其职，各尽其责。但彼此又你中有我，我中有你。由此可见早期关市之征，既有关税，还有市税和门税。那么这一简陋的税制是如何衔接呢？《周礼·地官·司关》中记载：“掌国货之节，以联门市”。郑玄注：“货节，谓商本所发司市之玺节也。自外来者，则案其节，而书其货之多少，通之国门，国门通之司市。自内出者，司市为之玺节，通之国门，国门通之关门。参相联以检猾商。”贾公彦疏：“将送商人，而执节者别有过所文书，若下文节传，当载入年几及物多少。至关至门，皆别写一通，入关家门家，乃案勘而过。其自内出者义亦然。”“司市与关及门三处相连，恐奸猾商人或多为少，或隐而不出而避税，故相连以检刮之也。”很明显，征收关税与市税及门税，三者相连，一环紧扣一环，奸滑商人为偷逃税收而少报或不报，恐怕无法规避关、司、门三道查征。当然，这就是加重了商人的负担，故而惠士奇云：“《管子·问篇》曰：‘市者，天地之财具也，而万人之所和而利也。关者，诸侯之陬隧也，而外财之门户也，万人之道行也。征于关者勿征于市，征于市者勿征于关，虚车勿索，徒负勿征，以来远人。’此司关联门市之法也。”

春秋时期“各个诸侯国都以不同的名称设立市官征收市税，在关上也收关税，关市之征，两者并举”（吴慧，2004）。据《国语·鲁语下》云：“先王……赋里以入，而量其有无。”这里“里，廛也，谓商贾所居之区域也。以入，计其利入多少，而量其财业有无以为差也。”即根据收入的多少和财业的大小为差，也就是说，“关市之赋”的征收还是有章可循的。

◎ 2. 早期关税的税率

税率是税制的核心，税率的高低决定着官府税收收入的多少和纳税人的负担。早期“关市之征”的税率如何？这是关税制度中的一个重要问题。

春秋时期各诸侯国的关市税制度极不统一，税率也不尽相同。“关市之赋”的税率，因国因地因时而异。

如管仲相齐时，齐国为繁荣本国经济，促进与诸侯国的贸易往来，曾实行免征关市税的政策。《国语·齐语》载：“通齐国之鱼盐于东莱，使关市讥而不征。”其后也行轻关的政策。《管子》认为：“关者，诸侯之陬隧也，而外财之门户也”“征于关者，勿征于市，征于市者，勿征于关，虚车勿索，徒负勿入，以来远人”。这段话至少可以说明，当时各国的关卡，时有苛索行为发生，甚至课及行旅者。所以，齐国严禁滥征关税，力主轻税，以有利于商货的流通。

据《管子·幼官》所载，“三会诸侯，令曰：……市赋百取二，关赋百取一”，看来关税税率曾拟定为1%。“桓公践位十九年，弛关市之征，五十而取一”（《管子·大匡篇》）。这说明，当时齐国和其他诸侯国的关市税率，一般都高于2%，所以才有将关市税税率降为2%的措施。

继齐国之后称霸的是晋国，晋文公即位后，整顿内政，富国强兵，改革赋税，实行三大财经政策“薄敛、轻关、宽农”。所谓“轻关”就是减轻关市之赋，平整通商道路，便利经商行旅，繁荣商业，宽裕财富。故有：“轻关易道，通商宽农”“轻关，轻其税也”“通商，利商旅也”（《国语·晋语四》）；“急关市之税则货不通”“关市平，商贾归之”（《逸周书·大聚篇》）之说。

当然，关税收入在这一时期不占重要地位，但其财政性目的是十分明确的，特别是随着社会经济的发展，关税制度已日趋形成。

总之，春秋初期的关市之征尚在轻税之列，较有节制。但春秋后期，随着社会经济发展，商品交换旺盛，自由商人大量兴起，特别是关卡的增加和税率的提高，关税收入也有了大幅度的增长，另外由于各诸侯国政治日趋腐败，统治者生活日益奢侈，财政经济也日益恶化，故而，其暴敛关市税势头已有萌发。

据史载，管仲死后，齐国的关卡就日益增多，到齐景公时期，连都城临淄附近也增设了关卡，《左传》载：“偪介之关，暴征其私。”郑玄注：“古者境上为关”，“礼之正法，国之境界之上乃有关耳，自境至国更无关也。齐于境内吏复置关，不与常礼同。”即指不合法的关卡。更有甚者，“承嗣大夫，强易其贿。布常无艺，征敛无度……内宠之妾，肆夺于市；外宠之臣，僭令于鄙，私欲养求，不给则应。”（《左传·昭公二十年》）即官府不但肆意苛征过往商旅，而且还苛索过往百姓的私人财产。这是一贯倡导轻关的齐国，在春秋后期也走上了重征关税、暴敛无常的歧途。以致齐景公为了维持齐国公室摇摇欲坠的政治统治，不得不采纳晏婴的建议——“毁关”，但所“毁”的只是一个“逼介之关”，而不是当时齐国境内的全部关卡。

另据《左传·文公二年》载，仲尼曰：“臧文仲，其不仁者三”，“置六关”是“其不仁者”之一。在鲁国，仅臧文仲就能在鲁国公室的领地上增设六个关卡。其他诸侯国还能少吗？因而鲁哀公时期“弛关市之征”（《说苑·指武篇》）的呼声更是此起彼伏，这基本反映了此前鲁国关税的苛重。

《管子·问篇》曰：“征于关者，勿征于市；征于市者，勿征于关。虚车勿索，徒负勿入，以来远人”。“虚车”是指未载货的车辆；“徒负”指步行背负商品到市场进行交易的人；“虚车勿索，徒负勿入”，是说不要对“虚车”和“徒负”征税。管子提出这一主张，并非无的放矢。这表明，当时实际上既征于市，又征于关，而且还对“虚车”“徒负”征税。

关市之吏除了正常地课征关市之税以外，往往还要刁难行旅、勒索税外之钱财。《韩非子·内储说上》载："卫嗣公使人为客过关市，关市苛难之，因事关市以金，关吏乃舍之"。这个"过关市"的旅客因为"关市苛难"，不得已只能以黄金贿赂关吏才得以过"关"。

对当时暴敛关市之税的做法。荀子认为"今之世而不然，厚刀布之敛，以夺之财；重田野之税，以夺之食；苛关市之征，以难其事，不然而已矣"(《荀子·富国》)。

◎ 3. 早期关税的征收与管理

早期商货通过边关要隘，由"司关"稽查，如无违禁品，则按货物值百取二，税率大约为2%。"司市与关及门三处相连"(《周记·地官·司关》)，所以入"市"过"门"由"司市""司门"和"掌节"负责课征关市之赋。

据《管子·乘马篇》所载，百姓住宅区和集市点的关市税征管方式为："其正月、十二月，黄金一镒，命之曰正（征）。分春曰书比，立夏曰月程，秋曰大稽。与民数得亡。"即规定年征收金一镒。每年的春分公布税率，立夏则按月核实，秋天则统计总的征税情况。

早期关税的纳税形态，并不一定课征货币，专家们认为，对某些货物，如粮、盐，有的地方也按数量的比例抽征实物税。这就需要关上备有经与国家标准量器校量过的量具作为征税的计量工具，如齐之左关铜铷就是合乎标准的量器，用来征收粮、盐实物税。

至于关税的减免规定，据《周礼·地官·司徒》记载："国凶札，则无关门之征，犹几"。郑司农云："凶，谓凶年饥荒也；札，谓疾疫死亡也。……无关门之征者，出入关门无租税。犹几，谓无租税犹苛察，不得令奸人出入"。即如遇灾荒疾疫之事，则免征关税，只对货物进行常规的稽查。

关市之赋归属，据《周礼·天官·大府》载："关市之赋，以待王之膳服"。《战国策·齐策五》载："通都小县置社，有市之邑莫不止（正）事而奉王。"据此说明，关市之赋属于王室收入范畴。

（资料来源：黄天华. 试论中国关税制度的起源[J]. 社会科学，2008(8)：158－170.）

思考题

1. 关税起源有几种说法？你赞同哪个说法？依据是什么？
2. 关税产生的条件有哪些？
3. 阐述海关税收的类属。

第二章

关税的分类

学习目标

1. 理解关税分类的依据和种类。
2. 掌握各类关税类型的概念和特征。
3. 了解不同关税类型的现实运行方式。

学习关税的分类有利于从不同侧面进一步深入了解关税的本质及特征。按照不同的标准和维度，关税有多种分类方法。按征收对象不同，关税可分为进口关税、出口关税和过境关税三类；按征收目的不同，关税可分为财政关税和保护关税；按征税计征标准不同，关税可分为从价税、从量税、复合税、滑准税；按货物国别来源而区别对待的原则，关税可分为最惠国关税、协定关税、特惠关税和普通关税等。

第一节　货物流向与关税分类

按（货物流向）征税对象不同，关税可分为进口关税、出口关税两类。关税是以各国之间流通的货物为课税对象而征收的税，以进口和出口两个流向的货物为标准进行分类，是自然形成的传统分类，也是基本的分类。

一、进口关税（Import Duties）

进口关税是指进口商品进入一国关境或从自由港、出口加工区、保税仓库进入国内市场时，由该国海关根据海关税则对本国进口商所征收的一种关税。

进口关税是保护关税的主要手段。通常所说的关税壁垒，实际上就是对进口商品征收高额关税，以提高其成本，从而削弱其竞争力，起到限制进口的作用。

各国进口税率的制定基于多方面因素的考虑，从有效保护和经济发展出发，对不同商品制定不同的税率。一般来说，进口关税税率随着进口商品加工程度的提高而提高，即工业制成品税率最高，半制成品次之，原料等初级产品税率最低，甚至免税，这称为关税升级（Tariff Escalate）。另外，依据生产或消费的不同特性，进口国同样实行差别税率，例如，对于国内紧缺而又急需的生活必需品和机器设备予以低关税或免税，而对国内能大量生产的商品或奢侈品则征收高关税。同时，由于各国政治经济关系的需要，会对来自不同国家的同一种商品实行不同的税率。

二、出口关税（Export Duties）

出口关税是出口国家的海关在本国产品输往国外时，对出口商所征收的关税。目前，大多数国家对绝大部分出口商品都不征收出口关税。因为征收出口关税会抬高出口商品的成本和国外售价，削弱其在国外市场的竞争力，不利于扩大出口。但目前世界上仍有少数国家（特别是经济相对落后的发展中国家）征收出口关税，主要是为了增加本国财政收入，保护本国资源环境，保证本国市场供应，维护本国经济利益。我国目前采取的是进口与出口并重的政策，但为了控制一些商品的出口流量，采用了对极少数商品征出口关税的办法，被征出口税的商品主要是高耗能、高污染、资源性产品。

三、过境关税（Transit Duties）

过境关税，简称“过境税”，亦称“通过税”，是指一国海关对通过本国国境或关境，销往第三国的外国货物征收的一种关税。

过境税最早产生、流行于欧洲各国，其目的是为了增加国家财政收入。重商主义时代，欧洲各国曾盛行过境税。如果一个国家的地理位置处于交通枢纽或交通要道，征收过境税便成为该国最方便而又充裕的税源。但过境税增加了外国货物的成本，阻碍了国际贸易的发展。世界交通发达后，征收过境税会迫使过境货物改道运输。允许外国货物过境运输，可以增加本国的运输收入，有利于本国交通运输事业及有关服务行业的发展。在这些方面的收益比征收过境税的财政收益要大得多，而且有利于国际贸易的发展。因此，自 19 世纪后半叶起，许多资本主义国家，如法国、英国、比利时、荷兰、德国、瑞士、希腊等国相继废止过境税，而代之以准许费、签证费、统计费、印花税等。

1921 年国际联盟在西班牙巴塞罗那召开了关于自由过境的国际会议，会议决定参加国不得对过境货物征收任何捐税，1947 年签订的《关税与贸易总协定》第五条也规定了自由过境的原则，其第三款中规定："缔约方对通过其领土的过境运输，可以要求在适当的海关报关；但是，除了未遵守应适用的海关法律规章的以外，这种来自或前往其他缔约方领土的过境运输，不应受到不必要的拖延或限制，并对它免征关税、过境税或有关过境的其他费用，但运输费用以及相当于因过境而支出的行政费用或提供服务的成本和费用，不在此限。"因此，已很少有国家征收过境税。

第二节 征税方式与关税分类

按征税方式不同，关税分为从价税、从量税、复合税、选择税、季节税、滑准税等六种类型。其中，复合税和选择税也可以统称为混合税，基于此，从征税方式的角度，关税又能够分为五大类型。

一、从价税

从价税（Ad-Valorem Duties）是以货物价格作为征收标准的关税。大多数国家基本上采用从价法或混合法来计征关税。从价税的税率表现为货物价格的百分值。从价税的计算公式为：

从价税税额＝进口货物总值×从价税率

征收从价税的一个重要问题和主要环节是确定进口商品的完税价格（Dutiable Value）。完税价格是指经海关审定的作为计征关税依据的货物价格，货物按此价格照章征税。进口商申报的价格并不能直接成为进口货物的完税价格，只有当该价格被海关接受，才能称为完税价格。事实上，即使是完全相同的商品，也可能会有好几种不同的交易价格。同一商品即使在同一市场上，也可能由于交易的时间、地点、数量及贸易条件等方面的不同而出现价格的差异。另外，在国际贸易中也有一些不正当的商业行为。比如，进口商或出口商有可能在销售合同和发票上故意低开价格，以减少关税负担或推销商品。

由于存在上述现象，因此，如何准确地对应税商品估价进而确定完税价格，就成为海关计征关税时应注意的重要问题。海关估价的目的就是为了客观、合理地确定应税商品的完税价格。但由于世界各国或地区海关估价的原则、标准、方法和程序等不尽相同，倘若海关高估进口货物的价格，就相当于提高了进口关税水平，从而对货物进口构成不合理的非关税壁垒，在一定程度上就抵消了各国或各地区在多边贸易体制下所做的关税减让的承诺。因此，在 1973 年 9 月关税与贸易总协定缔约方部长级会议第七轮多边贸易谈判，即 “东京回合”中，达成《关于实施关税与贸易总协定第 7 条的协议》，亦称《海关估价守则》，对如何实施上述规定做了详细解释。缔约方可自主决定是否加入该守则。此后，1986 年 9 月“乌拉圭回合”进一步对《海关估价守则》进行修订和完善，从而达成了《海关估价协议》。世贸组织要求，每一个成员必须接受该协议。

各国规定了不同的海关估价确定完税价格，目前大致有以下三种：一是出口国离岸价（FOB），二是进口国到岸价（CIF），三是进口国的官方价格。美国、加拿大等国采用离岸价格来估价，而西欧等国采用到岸价格作为完税价格，不少国家甚至故意抬高进口商品完税价格，以此增加进口商品成本，把海关估价变成一种阻碍进口的非关税壁垒措施。

为了弥补各国确定完税价格的差异且减少其作为非关税壁垒的消极作用，关贸总协定东京回合达成的《海关估价守则》，规定了六种应依次使用的海关估价方法。其中采用进口商品或相同商品的实际价格（Actual Value）作为估价的主要依据，即以进口国立法确定的某一时间或地点，在正常贸易过程中于充分竞争的条件下，某一商品或相同商品出售或兜售的价格为依据，而不能以臆断或虚构的价格为依据。当实际价格不能确定时，应以可确定的最接近实际价格的相当价格作为确定完税价格的依据。

征收从价税有以下特点：一是税负合理。同类商品质高价高，税额也高；质次价低，税额也低。加工程度高的商品和奢侈品价高，税额较高，相应的保护作用较大。二是物价上涨时，税款相应增加，财政收入和保护作用均不受影响。但在商品价格下跌或者别国蓄意对进口国进行低价倾销时，财政收入就会减少，保护作用也会明显减弱。三是各种商品均可使用。四是从价税率按百分数表示，便于与别国进行比较。五是完税价格不易掌握，征税手续复杂，大大增加了海关的工作负荷。

二、从量税

从量税（Specific Duties）是以进口货物的重量、数量、长度、容量和面积等计量单位为标准计征的关税。其中，重量单位是最常用的从量税计量单位。从量税的计算公式为：

从量税税额＝货物计量单位数×从量税率

以重量为单位征收从量税应注意在实际应用中各国计算重量的标准各不相同，一般采用毛重、半毛重和净重。毛重（Gross Weight）指商品本身的重量加内外包装材料在内的总重量。半毛重（Demigross Weight）指商品总重量扣除外包装后的重量。净重（Net Weight）则指商品本身的重量，不包括内外包装材料的重量。

采用从量税计征关税有以下特点：首先，手续简便。不需审定货物的规格、品质、价格，便于计算。其次，税负并不合理。同一税目的货物，不管质量好坏、价格高低，均按同一税率征税，税负相同。第三，不能随价格变动做出调整。当国内物价上涨时，税额不能随之变动，使税收相对减少，保护作用削弱；物价回落时，税负又相对增加，不仅影响财政收入，而且影响关税的调控作用。第四，难以普遍采用。征税对象一般是谷物、棉花等大宗产品和标准产品，对某些商品如艺术品及贵重物品（古玩、字画、雕刻、宝石等）不便使用。

在工业生产还不十分发达，商品品种规格简单，税则分类也不太细的一个相当长时期内，不少国家对大多数商品使用过从量税。但第二次世界大战后，随着严重通货膨胀的出现和工业制成品贸易比重的加大，征收从量税起不到关税保护作用，各国纷纷放弃了完全按从量税计征关税的做法。目前，我国对冻鸡、感光材料等产品实行从量税。

由于从量税和从价税都存在一定的缺点，因此关税的征收方法在从量税和从价税的基础上，又产生了混合税。

三、混合税

混合税（Mixed Duties）是在税则的同一税目中订有从量税和从价税两种税率，征税时混合使用两种税率计征。混合税又可分为复合税和选择税两种。

1. 复合税

复合税（Compound Duties）是征税时同时使用从量、从价两种税率计征，以两种税额之和作为该种商品的关税税额。复合税按从量、从价的主次不同又可分为两种情况：一种是以从量税为主加征从价税，即在对每单位进口商品征税的基础上，再按其价格加征一定比例的从价税；另一种是以从价税为主加征从量税，即在按进口商品的价格征税的基础上，再按其数量单位加征一定数额的从量税。目前，我国对一些录、播音电子设备实行复合税。

2. 选择税

选择税（Alternative Duties）是指对某种商品同时规定从量和从价两种税率，征税时由海关选择其中一种征税，作为该种商品的应征关税额。一般是选择税额较高的一种税率征税，在物价上涨时使用从价税，物价下跌时使用从量税。有时，为了鼓励某种商品的进口，或给某出口国以优惠待遇，也有选择税额较低的一种税率征收关税的。目前，我国对天然橡胶实行选择税。

欧洲经济共同体 1992—1993 年税则中对石英手表规定从价税率 5.1%，但每只手表税额不得少于 0.3 个欧洲货币单位，不得多于 0.8 个欧洲货币单位。如果按从价计税，每只手表税额少于 0.3 个欧洲货币单位或多于 0.8 个欧洲货币单位时，则分别按每只手表征收 0.3 或 0.8 个欧洲货币单位的从量税。

可见，混合税综合使用了从量税和从价税，无论进口商品价格高低，都可起到一定的保护作用。目前世界上大多数国家或地区都使用混合税，如美国、欧盟、加拿大、澳大利亚、日本，以及一些发展中国家如印度、巴拿马等。我国也对一些税目适用混合税。

四、季节税

季节税（Season Duties）是指针对有季节特征的货物，如鲜货、果品、谷物制定两种或两种以上的税率，即对某种商品在不同季节进口适用不同关税税率的一种计征方法。季节税一般是对生产季节性较强的农产品设置，旺季适用高税率，淡季适用低税率，平时适用中间税率，最终目的是保证这些农产品不论时季或淡季都能在本国市场上以比较平稳的价格均衡供应，从而维持供销平衡。

从国际实践来看，很多发达国家都使用季节税。具体而言，所有欧盟成员国对一些水果、蔬菜或园艺产品除按从量税或复合税征收关税外，还征收季节性关税。与欧盟类似，美国和日本等国家，同样设置了季节税，出口商如果向这些国家出售水果蔬菜则需考虑供货季节和相应的季节税，争取有利的出口价格。例如：日本 1978—1979 年税则中规定，橘子在 6 月 1 日至 11 月 30 日期间进口的税率为 20%，从 12 月 1 日至翌年 5 月 30 日期间进口的税率为 40%。挪威 1987—1988 年税则中规定，苹果在 8 月 1 日至翌年 2 月 15 日期间进口的，每公斤征税 0.25 克朗；在 2 月 16 日至 3 月 15 日期间进口的，每公斤征税 0.20 克朗；从 3 月 16 日至 7 月 31 日期间进口的只征税 0.10 克朗。我国的水果蔬菜一般均能自给自足，故未征收过季节税。

五、滑准税

滑准税（Sliding Duties），亦称滑动税，是对进口税则中的同一种商品按其市场价格标准分别制定不同价格档次的税率而征收的一种进口关税，高档价格的税率低或不征税，低档价格的税率高。征收这种关税的目的是使该种进口商品，不论其进口价格高低，其税后价格保持在一个预定的价格标准上，以稳定进口国内该种商品的市场价格。

滑准税的作用是保持进口产品在国内销售的价格与国内产品的价格一致，最大限度保护国内产品的生产企业，避免因国际市场的波动造成国内价格的波动。可见，滑准税的实行能使国内外产品在国内销售的价格基本一致，就可以避免在国外供应商低价出口而可能导致的反倾销诉讼，从而减少贸易摩擦。

知识链接

滑准关税的由来

滑准税最早出现于重商主义时期（1670 年）的英国谷物法。该法规定，当小麦每夸脱价格在 53 先令 4 便士至 80 先令时征税 8 先令，当小麦每夸脱价格低于 53 先令 4 便士时征税 16 先令，以便使英国小麦市场保持较高价格，保护封建农场主的谷物生产。谷物法的实施引起了新兴资产阶级与封建地主阶级的斗争，在 1849 年废除。其后只有少数国家使用滑准税。

日本 1978—1979 年税则中对一些有色金属规定了滑准税。例如，供精炼用的生锌块，每公斤的海关价格低于 202 日元时征税 8 日元；海关价格每公斤低于 210 日元高于 202 日元时，征收其中的差额，使其含税价格为 210 日元；海关价格每公斤高于 210 日元时免征关税。其目的是使进口生锌征税后的价格保持在每公斤 210 日元的水平上，以此稳定国内市场上的生锌价格，有利于以锌为原料的加工业生产。

1997 年 10 月 1 日到 2002 年，我国首次对进口新闻纸实行滑准税。2005 年 5 月 1 日至今，我国对关税配额外进口的棉花实行滑准税，较好地解决了国内棉花供应不足的问题，又稳定了国内棉花价格，保障了棉农利益。

第三节　货物来源与关税分类

按照货物的来源国不同，关税可分为普通关税和优惠关税。优惠关税指对特定国家输入的商品以低于普通关税税率征收的关税，以示友好。优惠关税又可分为最惠国关税、特惠关税和协定关税三种。

一、普通关税（General Duties）

如果进口国未与该进口商品的来源国签订任何关税互惠贸易条约，则对该进口商品按普通关税税率征税。普通税率是最高税率，一般比优惠税率高 1～5 倍，少数商品甚至更高。目前仅有个别国家对极少数（一般是非建交）国家的出口商品实行这种税率，大多数只是将其作为其他优惠税率减税的基础。因此，普通税率并不是被普遍实施的税率。

二、最惠国关税（Most-Favored-Nation Treatment，MFNT）

最惠国关税是对签有最惠国待遇条款的贸易协定国家实行的关税。所谓最惠国待遇是指缔约国各方实行互惠，凡缔约国一方现在和将来给予任何第三方的一切特权、优惠和豁免，也同样给予对方。最惠国待遇的主要内容是关税待遇。最惠国关税税率是互惠的，且比普通关税税率低。例如美国对进口玩具征税的普通税率为 79%，而最惠国税率仅为 6.8%。目前，世界上大多数国家都加入了签订有多边最惠国待遇条约的世界贸易组织，或者通过个别谈判签订了双边最惠国待遇条约。但这种关税待遇中往往规定有例外条款，在缔结关税同盟、自由贸易区或有特殊关系的国家之间规定了更优惠的关税待遇时，最惠国待遇并不适用。

三、协定关税（Conventional Duties）

协定关税亦称“协定税则”，是“固定关税”的对称，是指一国通过与他国签订贸易条约或协定的方式共同制定的关税税则。协定关税税率是缔约国间通过关税减让谈判达成的，一般比最惠国税率低。在条约或协定有效期间，未经缔约国一致同意，税率不得自行更改或废除。协定关税一般是双边的或多边的，具有互惠性，即缔约国相互减让关税，但也存在单边协定关税。

协定关税有性质截然不同的两种类型，一种是自主协定关税，另一种是片面协定关税。自主协定关税指通过协议，在自愿对等的基础上相互给予对方以某种优惠待遇的关税税率。片面协定关税，即一国在另一国胁迫下签订协议，片面给予优惠待遇的关税税率，例如旧中国从 1842 年签订《南京条约》后，即丧失了关税自主权，帝国主义列强片面规定“值百抽五”（即 5%的税率）的低税率，并且未经外国同意不得自行修改。新中国成立后，这种不平等的协定关税制度始告废止。

四、特惠关税（Preferential Duties）

特惠关税是指某一国家对另一国家或某些国家对另外一些国家的进口商品给予特殊关税优惠待遇，其他国家不得享受的制度安排下的关税。特惠关税的优惠对象不受最惠国待遇原则制约，其他国家不得根据最惠国待遇原则要求享受这种优惠待遇。使用特惠关税的目的是为了增进与受惠国之间的友好贸易往来。特惠关税有的是互惠的，有的是非互惠的。

特惠关税始于宗主国与其殖民地及附属国之间的贸易。目前，国际上最著名的特惠关税是《洛美协定》下的国家之间关税体系，它是欧盟向参加协定的非洲、加勒比海和太平洋地区的 90 多个发展中国家单方面提供的特惠关税。

《洛美协定》曾是非加太集团（非洲、加勒比和太平洋地区国家集团）和欧盟之间进行对话与合作的重要机制，也是迄今最重要的南北合作协定，自 1975 年以来共执行了 4 期，欧盟一直通过该协定向非加太集团成员国提供财政、技术援助和贸易优惠等。2000 年 2 月，非加太集团和欧盟就第五期《洛美协定》达成协议，并于同年 6 月在科托努正式签署，称《科托努协定》。《洛美协定》就此宣告结束。经欧盟 15 国和非加太集团 76 国政府正式批准，《科特努协定》自 2003 年 4 月 1 日起正式生效。

知识积累

特惠关税之《洛美协定》的发展历程

特惠关税最早见于 1897 年加拿大开始对英国采取关税减征办法，1907 年正式制定三栏税则，其中一栏是特惠税率，其税率最低，专门适用于英国，比一般税率约低

1/3。以后澳大利亚等英属殖民地相继推行。1932 年渥太华会议制定的英帝国特惠制，适用于英国与其所属殖民地之间，后因改为联邦制，称之为“英联邦特惠制”（1932—1977 年）。美国在 1975 年签署了对 137 个国家和地区的 2 724 种商品可免税进口的关税特惠。

英国加入欧共体以后，以《洛美协定》代替原有的“英联邦特惠制”。《洛美协定》（Lome Convention）是《欧洲经济共同体与非洲、加勒比和太平洋（国家）洛美协定》的简称。1975 年 2 月 28 日，非洲、加勒比海和太平洋地区 46 个发展中国家（简称非、加、太国家）和欧洲经济共同体 9 国在多哥首都洛美开会，签订了一项为期 5 年的贸易和经济协定，1976 年 4 月 1 日正式生效。此后《洛美协定》一再续签。

第一个《洛美协定》的基本内容为：（1）非、加、太国家的全部工业品和 96%的农产品进入欧洲共同体时，享有免税、不限量的优惠，而欧共体不要求给予反向优惠；（2）欧共体设立稳定出口收入基金，在非、加、太国家 12 种初级产品出口价格下跌而造成损失时给予补偿；（3）欧共体在 5 年内向非、加、太国家提供 30.9 亿欧洲货币单位的援助；（4）增加欧共体与非、加、太国家间的工业合作。

第二个《洛美协定》于 1979 年 10 月 31 日由欧共体与 58 个非、加、太国家签订，1980 年 4 月起生效。其优惠条件进一步放宽，主要包括：接受稳定出口收入基金补贴的初级产品增加到 44 种，稳定出口收入的范围扩大到矿产品，提供的财政援助总额提高到 56.07 亿欧洲货币单位。

第三个《洛美协定》于 1984 年 12 月 8 日由欧共体与 64 个非、加、太国家签订。协定有效期 5 年。协定又增加了新内容，主要包括：一是人权和谴责种族隔离声明；保护投资规定；准许为工业萧条和进口提供资金。二是取消对非、加、太国家某些重要产品的强制性规定，即制成品的价值 50%以上为原产国产品。三是同意按优惠价格向非、加、太各国出售剩余食品。四是增加财政援助，总额达 85 亿欧洲货币单位。《洛美协定》还规定，成立欧洲经济共同体和非、加、太国家双方对等的部长理事会、大使委员会和咨询会议，以保证协定的执行。

第四个《洛美协定》于 1989 年 12 月 15 日在多哥续签，有效期 10 年。主要内容如下：（1）放宽对非、加、太地区国家产品进入欧共体市场的限制，这些国家的制成品凡在其本国的增值部分达 45%（此前为 60%）者即可进入欧共体市场，其享受专项资助的出口产品增加黄金和铀两项；欧共体自 1992 年起对非、加、太地区国家开放酒类市场，并减少对其农产品如柑橘、草莓和西红柿等农产品的进口限制，且不要求这些国家退还按有关规定已索取的价格补偿。（2）禁止欧共体成员国与非、加、太地区国家进行任何有毒、危险及核废料的交易。（3）从全部财政援助中拨出 18%，专门用于支持非、加、太地区国家实施经济结构调改计划。1995 年 11 月，欧盟与非、加、太国家签署了新的议定书，作为对第四个《洛美协定》的修改和补充。该议定书首次将民主和人权问题与欧盟援助挂钩，并规定非、加、太国家获得援助数额的多寡取决于其经济运行状况，欧盟还由以往单纯负责发放贷款改为直接参与制定援助项目。

第五个《洛美协定》于 2000 年 2 月 3 日签署，有效期 20 年，其主要规定是：民主、人权、法制和良政为执行该协定的基本原则，欧盟有权中止向违反上述原则的国家提供援助；欧盟逐步取消对非、加、太地区国家提供单向贸易优惠政策，代之以向自由贸易过渡，双方最终建立自由贸易区，完成与世贸规则接轨；欧盟将建立总额为 135 亿欧元的第九个欧洲发展基金，用于向非、加、太地区国家提供援助，并从前几个发展基金余额中拨出 10 亿欧元用于补贴重债穷国等。第五个《洛美协定》除财政议定书外，大部分条款于 2000 年 5 月 31 日生效，第四个《洛美协定》亦随即终止。

（资料来源：商务培训网，《洛美协定》，2018－03－15。）

五、普惠关税（Generalized System of Preferences Duty，GSP Tariff）

如前所述，特惠关税是指进口国对从特定的国家或地区进口的全部或部分商品，给予特别优惠的低税或减免税待遇。除此之外，还有发达国家向发展中国家提供的普遍优惠制，即普惠关税。普惠关税是普遍优惠关税的简称，主要指经济发达国家对发展中国家出口的货物，特别是制成品和半制成品，给予普遍的、非歧视的和非互惠的关税优惠待遇的制度。

在该制度下，发达国家（给惠国）对发展中国家（受惠国）出口的产品给予最惠国税率基础上进一步减税或全部免税的优惠待遇。具体而言，发达国家（给惠国）对原产于发展中国家的特定范围产品，提供低于最惠国税率的低税率或零税率；同时给予最不发达国家更大范围产品、更低税率的优惠待遇。普遍性、非歧视性和非互惠性是普惠制的三项基本原则。其中，普遍性是指发达国家对所有发展中国家出口的制成品和半制成品给予普遍的关税优惠待遇；非歧视性是应使所有发展中国家都无歧视、无例外地享受普惠制待遇；非互惠性是指发达国家应单方面给予发展中国家优惠待遇，而不要求发展中国家给予发达国家对等待遇。

普惠关税制度最初的制定目的主要是为了扩大发展中国家制成品和半制成品的出口，增加发展中国家的外汇收入。普惠关税有利于促进发展中国家的工业化，加速发展中国家的经济增长，并打破发达国家的关税壁垒，扩大发展中国家货物进入给惠国市场，推动其经济的发展。

普惠税税率低于最惠国税率，高于特惠税税率。普惠制项下的出口产品关税税率比最惠国税率低约三分之一。可以说，普惠制是受惠国出口产品进入国际市场的"优惠卡"，普惠制原产地证书是有价证券，是受惠国出口创汇的重要工具。

普惠制是发展中国家在联合国贸易和发展会议上经过长期斗争和努力的结果。目前，全世界已有 190 多个发展中国家和地区享受普惠制待遇，给惠国约有 40 个，实施 17 个给惠方案。这些给惠国分别是欧洲联盟 27 国（奥地利、比利时、丹麦、芬兰、法国、德国、希腊、爱尔兰、意大利、卢森堡、荷兰、葡萄牙、西班牙、瑞典、匈牙利、波兰、捷克、斯洛文尼亚、斯洛伐克、爱沙尼亚、克罗地亚、立陶宛、马耳他、塞浦路斯、拉脱维亚、罗马尼亚和保加利亚），英国、美国、日本、新西兰、加拿大、澳大利亚、挪威、瑞士、土耳其、俄罗斯、白俄罗斯、乌克兰、哈萨克斯坦等。对我国实行普惠制的国家有英国、法国、德国、意大利、荷兰、卢森堡、比利时、爱尔兰、丹麦、希腊、葡萄牙、西班牙、日本、挪威、新西兰、澳大利亚、瑞士、瑞典、芬兰、奥地利、加拿大和波兰等。

具体制度运行层面，出口商品要取得普惠制关税优惠待遇必须符合给惠国普惠制给惠方案及其原产地规则，并需要提供统一格式的普惠制原产地证明书（Form A）。以美国的普惠关税制度为例，约 134 个国家和地区享受美国给予的普惠税，受惠商品种类达 4 284 种，几乎占美国关税条目的一半。海关根据普惠税随时确定免税物品。在该税栏中凡标有"A"的，表示该项商品享受普惠制待遇，全部免税；凡标有"A※"的，则表示该项商品只有部分国家能享受普惠税待遇。

由于普惠税单向的（不需要受惠国给给惠国同样的关税优惠）、低税率（普惠税税率低于最惠国税率，高于特惠税税率）的特征，因此在实施中，普惠制遇到了发达国家为了自身的经济利益设置的种种障碍和限制。

综上所述，进口税主要可分为最惠国税和普通税。前者适用于与该国签有最惠国待遇原则贸易条约（或协定）的国家（或地区）的进口商品；后者适用于与该国没有签订上述条约（或协定）的国家（或地区）的进口商品。最惠国税率比普通税率要低，税率差幅往往很大。例如，美国对绸缎进口，最惠国税率为 11%，普通税率为 60%。第二次世界大战以后，大多数国家加入关税及贸易总协定或签订了双边贸易条约或贸易协定，相互提供最惠国待遇，享受最惠国税，因此，正常进口税通常就是指的最惠国税。

但是，在市场问题尖锐化的情况下，特别是在经济危机时期，许多资本主义国家竞相提高进口税，高筑关税壁垒，进行激烈的关税战。

征收进口税，可以增加进口货物成本，削弱其在进口国市场的竞争能力，保护进口国商品的生产和经济的发展。因而，在国际贸易竞争中，进口税一直被视为一个重要的和公认的保护手段。一方面它具有调节本国市场需求、调节市场价格和增加国家财政收入等作用；另一方面，它也能成为关税壁垒，阻碍国际贸易的发展，以及使本国被保护的企业、产品产生依赖性，缺乏在国际市场上的开拓和竞争能力。

中国征收的关税主要也是进口税。在进口关税税则中，每个税目同时列有普通税率和最低税率两栏。最低税率的征税对象是那些产自与中国订有关税互惠条款的贸易条约或协定的国家的进口货物；普通税率的征税对象则是产自与中国没有签订互惠条款的贸易条约或协定的国家的进口货物。普通税率略高于最低税率（见图 2－1）。

序号	税则号列	中文货品名称	最惠国税率（%）	协定税率（%）	特惠税率（%）	普通税率（%）
	12.01	大豆，不论是否破碎；				
893	1201.1000	-种用	0		0 受惠国 LD	180
		-其他：				
894	1201.9010	-黄大豆	3	0 亚太 AP，东盟 AS，巴 PK，智利 CL，新西兰 NZ，秘鲁 PE，哥 CR，瑞士 CH，冰岛 IS，韩国 KR，香港 HK，澳门 MO	0 柬埔寨 KH，老挝 LA，受惠国 LD	180
895	1201.9020	-黑大豆	3	0 亚太 AP，东盟 AS，巴 PK，智利 CL，新西兰 NZ 秘鲁 PE，哥 CR，瑞士 CH，冰岛 IS，韩国 KR，香港 HK，澳门 MO	0 柬埔寨 KH，老挝 LA，受惠国 LD	180
896	1201.9030	-青大豆	3	0 亚太 AP，东盟 AS，巴 PK，智利 CL，新西兰 NZ，秘鲁 PE，哥 CR，瑞士 CH，冰岛 IS，韩国 KR，香港 HK，澳门 MO	0 柬埔寨 KH，老挝 LA，受惠国 LD	180

图 2－1　进出口税则（2020）第十二章　含油子仁及果实等（截取部分商品）

知识拓展

欧美的普惠制

欧盟对我国的普惠制关税优惠待遇的前世今生

欧盟（欧共体）普惠制自 1971 年实施，旨在对发展中国家进入欧盟市场提供优惠，从而协助其减贫、促进良好管治及发展，并从国际贸易中获取额外收入。20 世纪 80 年代起欧盟（欧共体）单方面给予我国有关出口产品普惠制关税优惠待遇。以 2014 年为例，检验检疫局为我国某市企业签发欧盟普惠制原产地证 3 086 份，约占优惠原产地证总量的四成，涉及金额 1.5 亿美元，企业因此享有关税减免约 150 万美元。

2015 年 1 月 1 日欧洲委员会第 1421/2013 号法规正式生效，我国及厄瓜多尔、马尔代夫、泰国因连续三年被世界银行归类为高收入或中高收入国家，被剔出受惠国行列。对我国给予普惠制优惠的国家由 40 个锐减至 12 个。

为此，我国相关部门建议有关企业进一步谋求市场的多元化，积极开拓俄罗斯及东欧国家、澳大利亚、新西兰等给予我国普惠制待遇国家，以及东盟、新加坡、巴基斯坦、新西兰、智利、秘鲁、哥斯达黎加、冰岛、瑞士等与我国建成自由贸易区的国家和地区的市场，以缩小欧盟普惠制取消带来的负面影响。

美国普惠制 2017 年年底开始进入失效期

美国普惠制建立于 1974 年，是美国历史最悠久的贸易优惠政策，覆盖 120 个发展中国家和地区的逾 3 500 种产品。在这一制度下，2016 年有价值 190 亿美元的产品免关税进口到美国。通过这一政策，美国取消了数千种产品的关税，有利于促进受益国对美国的出口。

美国国会 2017 年 12 月曾对普惠制是否继续下去有过争议。美国普惠制上一次到期是 2013 年，因为国会未能延长有效期，时任总统奥巴马两年后才签署法案将有效期延长至 2017 年。此后，美国逐步对多个重要的合作伙伴停止给予普惠制待遇。例如，美国白宫在 2019 年 5 月 31 日发布总统公告，宣布美方 6 月 5 日将取消给予印度的普遍优惠制待遇。美国总统特朗普在公告中说，印度没有能够确保向美国提供公平、合理的市场准入条件，依据《1974 年贸易法》，美国政府将终止印度获得的普惠制待遇。印度 1975 年成为美方普惠制受益国，出口美国的汽车部件、轮胎和电器部件等产品获得零关税“优待”。美国政府数据显示，2017 年，大约 56 亿美元印度出口美国的商品获得普惠制待遇。

普惠制全称普遍优惠制，指发达国家承诺对从发展中国家或地区输入的商品，特别是制成品和半制成品，给予普遍的、非歧视的和非互惠的关税优惠待遇。这项政策有利于受惠国增加出口，促进工业化和经济发展。印度被认为是美国普惠制下的第一大受益者，但美国始终没有给予中国普惠制待遇。

（资料来源：美国国会研究服务中心官网。）

第四节　征税时限与关税分类

按照征收时限可以将关税分为暂定关税与正常关税。

一、暂定关税

暂定关税（Provisional Duties）是国家对部分进出口货物实行的一种临时性进出口关税。暂定关税一般每年修订一次。国家根据当年国民经济发展的实际需要和进出口关税税率的总体调整情况，每年都对部分进出口货物，尤其是影响国民经济运行、影响重点行业生产的国内不能生产的重要原材料和关键零部件实行暂定税率。企业可根据自身业务发展需要提出关税暂定税率调整的建议。根据我国《进出口关税条例》规定，适用最惠国税率、协定税率、特惠税率、关税配额税率的进口货物在一定期限内可以实行暂定税率。

暂定税率分为最惠国暂定税率和关税配额暂定税率。适用最惠国税率的进口货物有暂定税率的，应当适用暂定税率；适用协定税率、特惠税率的进口货物有暂定税率的，应当从低适用税率；适用关税配额税率的进口货物有暂定税率的，应当适用暂定税率。适用普通税率的进口货物，不适用暂定税率。

二、正常关税

正常关税是指与暂定关税相对的关税，即长期执行的关税。一般包括进口税、出口税和过境税。

第五节　世贸规则与关税分类

在世界贸易组织（以下简称世贸组织）规则中，存在约束关税、非约束关税和实施关税三个概念，三者有所区别又相互联系。

一、约束关税

约束关税（或税率水平），指世贸组织成员在一般情况下，不能将某产品的关税提高并超过该成员对该产品在《关税与贸易总协定》谈判中达成一致的并已写入该成员减让表的关税水平。世贸组织通过最惠国待遇条款、争端解决机制等一系列规则，保障约束税率的强制执行，为商业提供更大的确定性。除了世贸组织规定的例外情形（如征收反倾销税、反补贴税和保障措施关税）外，如果成员不向受到影响的贸易伙伴通过谈判提供补偿，是不能突破这些约束税率的。

二、非约束关税

非约束关税是指部分世贸组织成员对某些税目未做减让承诺，这些税目税率不受约束。乌拉圭回合后，非约束关税主要集中于非农产品领域。虽然未约束税目关税的实施方式受《关税与贸易总协定》相关条款约束（如最惠国待遇、国民待遇等），但其实施税率不受世贸组织约束，存在未来关税水平变动的可能性。非约束关税的存在，降低了市场准入的确定性和可预见性，可能影响贸易的正常发展。中国在加入世贸组织时承诺约束全部税目。部分发展中成员未约束税目分布较为广泛，通常是其敏感产品，平均实施税率也较高。部分发达国家也存在未约束税目，例如美国目前没有约束其原油税目税率。

三、实施关税

实施关税税率是指世贸组织成员在边境对进出口货物实际征收的关税税率。在一般情况下，实施税率不高于该产品的约束税率。

第六节　发展历程与关税分类

按关税的发展历程可以将关税分为国内关税、国境关税和关境关税。

一、国内关税

国内关税，又称为内部关税或内地关税，是对经过一国国境内所设关卡的商品征收的关税。

二、国境关税

国境关税，又称外部关税，是对进出一国国境的进出口货物和物品征收的关税。

三、关境关税

关境关税，是对进出一国或地区关境的货物和物品征收的关税，它是 20 世纪中叶以后在国境关税的基础上产生的。

从关税的起源来看，世界各国长期以来，国境关税与国内关税并存，即对进出国境的货物和过往境内交通孔道等关卡的货物所征的税都叫关税。一批货物在一国境内要被征数次关税。在国内关税制度下，关卡费、马路钱等税费都统称为关税。有学者指出，西方国家的关税起源，其最直接的动因就是增加君主的收入，并随着国家形态的成熟和扩大，财政需求日趋迫切，保护费、买路钱、通行费、使用费等便应运而生，但本质上仍然是一种通过税，这就是西方关税起源的基本轨迹。可见，关税的范围很广，还包括境内的通行费，并不特指海关征收的赋税。1651 年英国克伦威尔制订了《航海条例》，首先取消了国内关税，进出口商品只在进出国境关卡时一次征收关税，在国内流通时不再征收国内关税。法国从 1660 年开始废除内地关税，至 1791 年完全实施国境关税，随后，美、德等国也相继实施统一的国境关税制度。因此，海关是主权原则确立、现代民族国家产生、有了相对固定的国境后才产生的（娄万锁，2012）。

古代中国一直以中央大国自居，其他国家都被看作藩属国，与它们发生的贸易关系也是带“中央与地方关系”色彩的朝贡关系。“中国和周边国家的贸易关系是建立在承认皇朝中央集权和至高无上权力前提下的朝贡贸易关系，只有那些对皇朝无限忠诚并保持朝贡的国家和地区才被允许和中国进行贸易”。①

中国古代各个朝代在政府机构的设置上，也没有考虑设置专门处理外交事务的机构。自隋代形成“三省六部”制以降，直至清末，虽然涉及宰相权力的三省（尚书、中书、门下）在各朝代略有变动，但处理国家具体政务的六部，却一直未变。六部分别是隶、户、礼、兵、刑、工，唯独没有处理对外关系的专门机关。这也反映了当时的统治者压根就没有主权国际体系的概念，觉得没必要设置一个类似于外交部的机构。清政府不承认主权国家体系，在今天看来属于国际事务的外贸、海关等涉外事务均被看作是一个国家之内的地方性事务，相应的管理机构也不是设立在中央，而是由地方官员两广总督（后改为两江总督）执掌。

1861 年清政府成立了相当于外交部的总理衙门，后于 1901 年改为外务部，班列六部之首，“它标志了对传统外交体制的彻底抛弃和对近代世界各国外交组织通例的靠拢”

---

① ［日］朝仓弘教. 世界海关和关税史［M］. 吕博，安丽，张韧，译. 北京：中国海关出版社，2006：118.

（王立斌，1991）。外交机构设置上的这个变化，意味着清政府从法理上承认了英、法等国的主权国家地位，实际上也认可了现代国际体系，主权概念终于被中国人接受了。1861年，海关原来由两江总督管辖改为由总理衙门管辖，海关总税务司署迁至北京办公，同时，皇帝专门发布命令，“新定通商税则，既有外国人帮办税务一条，该英国人李泰国，系总税务司，所有新设通商各口，自可令其一体经理。” 英国人李泰国被任命为首任总税务司。自此，真正意义上的中国海关产生了。

知识链接

中国关税制度的历史演变

我国关税历史悠久，西周就有“关市之征”的记载，征税的目的是“关市之赋，以待王之膳服”（出自《周礼·天宫·大府》）。秦统一天下，国境的概念比较明显。随着国际贸易往来的逐渐增多，陆地边境关卡的征税和沿海港口市舶机构的征税，具有国境关税的特征。清初时设立江、浙、闽、粤四处海关，其后在不平等条约下增开对外通商口岸设立海关，征收关税。但国内各地关卡林立，常关税、厘金税、子口税、转口税等国内关税与国境关税同时并存。

常关税是一种过境税。清沿明制，于水、陆交通要道、关隘等地方，均设关卡，向通过货物课税。鸦片战争以后，由于指定海口通商，于是出现了进出国境的海关和内地原来的税关，为了区别，称原有关为“常关”或“旧关”，照旧征收通过税和船税。清光绪二十七年（公元 1901 年），清政府被迫签订屈辱的《辛丑条约》，在关税问题上又做了退让，以各洋关为中心，将距洋关 50 里内的常关移交海关，由税务司管辖，其关税收入指定作为庚子赔款之用。于是又有距离海关 50 里内常关与距离海关 50 里外常关的区别。

厘金税，也称厘金制度，旧中国一种商业税，亦称“厘捐”。厘金最初一般分行厘（活厘）和坐厘（板厘）。前者为通过税，征于转运中的货物，抽之于行商；后者为交易税，在产地或销地征收，抽之于坐商。行厘一般是货物在起运地征收一次厘金后，在转运途中又重复征课，有所谓遇卡纳税及一起一验或两起两验的办法。

子口税制度是第二次鸦片战争的产物。当时以海关所在口岸为“母口”，内地常关、厘卡所在地为“子口”。清代海关对进口洋货，除征收正税外，如洋货欲进入内地口岸销售，则须加征进口子口税，税率为正税之半，即货物每值百两，征进口子口税二两五钱，可随正税于母口一次缴纳完毕；凡内地货物欲从内地口岸出口者，也须于正税之外，在运途首经之子口，缴纳子口税，税率亦为正税之半。进出口货物在缴纳子口税之后，海关及口岸税务有司均应给票，作为途经其他子口时不必再行纳税之凭据。由此，子口税也叫作“复进子口半税”。

沿岸贸易税或称“复进口税”，是我国清朝末年实施的一种常见税种，指旧中国海关对中国土货从国内某一通商口岸运往国内另一通商口岸时课征的出口税。清咸丰十一年（公元 1861 年），《长江通商收税章程》规定，国产货物复进口时，除在装船口岸缴纳出口税（5%）外，并于卸货口岸缴纳复进口税，税率为上述出口税税率的一半（2.5%）。外商货物进口，缴纳进口税和子口税后，可任凭转运它口，不再征税。1931 年 1 月 1 日施行新的出口税税则时，沿岸贸易出口税仍保留，改称转口税。子口税、复进口税、厘金税、常关税均废除。故，1931 年以后才逐步撤销了内地关税，只在国境征收进出口关税。

新中国成立后，国家组建了海关总署，统一管理全国海关业务。1950 年 1 月政务院颁布了《关于关税政策和海关工作的决定》，同年 5 月颁布了《中华人民共和国暂行海关法》《中华人民共和国进出口税则》和《中华人民共和国进出口税则暂行实施条例》，统一了新中国的关税政策，建立了完全独立自主的关税制度。

（资料来源：黄天华. 试论中国关税制度的起源［J］. 社会科学，2008（8）.）

第七节　征收目的与关税分类

按征收关税的主要目的可将关税分为财政关税和保护关税。

一、财政关税

财政关税是指以筹集国家财政收入为目的而征收的关税。财政关税在各国历史上曾占据重要地位，其收入占财政收入的比重较大。随着资本主义制度的发展和现代经济的确立，财政关税的作用逐渐弱化，其收入所占的比重也有所下降。

二、保护关税

保护关税是以保护本国经济发展为目的而征收的关税。保护关税是为了保护本国工农业生产、保障经济长期且稳定的发展而征收的关税。对进口商品征收较高的关税，有效地保护本国新兴产业、朝阳产业和有发展潜力的高科技产业免遭先进国家制成品的竞争，保护本国市场的占有率，从而使得这些产业得以平稳发展，同时还能增加就业。

经济全球化提升和发掘了关税的保护作用并使得关税财政作用的削弱。目前各国所使用的关税基本上都是保护关税，财政关税已经处于次要地位。

第八节　征收顺序与关税分类

按照征收关税的主次顺序，关税可分为正税和附加税。

一、正税

正税是指按照一国进出口税则公布的税率而正常征收的关税，包括进口关税、出口关税和过境关税。具有相对的稳定性。

二、附加税

附加税是指国家出于某种特定目的，在对货物征收正税之外再加征的一种关税，通常包括紧急关税、反倾销关税、反补贴关税、保障措施关税和报复性关税。

（一）紧急关税

紧急关税是指当某种外国商品在短期内大量涌入进口国市场，对进口国国内同类产品生产造成了重大损害或产生重大损害威胁时，进口国为保护国内生产和市场而对该商品征收的一种进口附加税。

案例 1

南非动议起征“钢铁紧急税”，中国进口成主要打击目标

2016 年 4 月 4 日，递交世贸组织的一篇文章显示，南非政府计划对一些钢铁产品征收紧急税。

南非钢铁产业已经向政府提出了这方面的强烈要求。他们认为，大量的进口产品（主要来自中国）严重伤害了南非本地的钢铁产业，导致销售量和市场份额大大下跌。

南非团结工会与巨型钢铁公司安赛乐米塔尔均表示，在大量进口产品的冲击下，如果南非政府不及时采取保护措施，安赛乐米塔尔这个占据南非 70%本地产量的企业有可能关门，造成的影响将是灾难性的。

他们呼吁南非政府立即采取加税的措施，他们希望在 4 月底之前看到这一措施出台。在此之前，南非贸工部曾表示会在 6 月份决定是否加税，但是工会和钢铁企业均表示，这时候加税已经来不及。

在此之前，南非的另一个大型钢铁企业 Evraz Highveld Steel and Vanadium 已经关门，导致 2 200 人失业。2 月份，安赛乐米塔尔曾表示，为了稳定业务，将从 4 月份开始上调钢铁产品价格。在此之前，廉价的进口商品已经让他们损失惨重。2015 年，南非已经对进口钢产品加税 10%。这次再加税，影响如何？

（资料来源：商务部. 驻南非使馆经商处. 2016 年 4 月 6 日。）

（二）惩罚性关税

惩罚性关税（Penalty Tariff），又称报复性关税，是指当出口国家某种商品的出口违反了与进口国之间的协议，或者未按进口国的规定办理进口手续时，由进口国海关对该进口商品所征收的一种具有惩罚或罚款性质的进口附加税。

案例 2

美国对中国轮胎征收惩罚性关税

2009 年 4 月 20 日，美国钢铁工人联合会以中国对美轮胎出口扰乱美国市场为由，向美国国际贸易委员会提出申请，对中国产乘用车轮胎发起特保调查。6 月 29 日，美国贸易委员会建议在现行进口关税（3.4%～4.0%）的基础上，对中国输美乘用车与轻型卡车轮胎连续 3 年分别加征 55%、45%和 35%的特别从价关税。

此后，对从中国进口轮胎实施的惩罚性关税税率第一年为 35%，第二年为 30%，第三年为 25%。

（资料来源：李云莎. 浅谈升级下的中美贸易摩擦［J］. 中国经贸，2010（2）.）

案例 3

欧盟对华征收报复性关税　200 家中国公司受影响

新快报综合报道，欧盟委员会 2008 年 12 月 3 日通过了一次对中国出口的螺钉和螺栓征收报复性苛刻关税的方案。欧盟官员称，此举使双方陷入了国际性的贸易争端之中。

据媒体报道，此项报复性关税的税率为进口价格的63%～87%。此举意在阻止中国的制造者以极低的折扣价向欧盟市场倾销此类产品。拥有27个成员国的欧盟反倾销委员会在星期三的会议上以14票对11票通过了这项措施。

根据2007年的统计数字推算，该关税覆盖了每年从中国进口的价值约5.75亿欧元（约合50.4亿元人民币）的螺钉和螺栓产品。

中国是世界最大的螺钉和螺栓生产国，其中欧盟国家是最大消费群体。螺钉和螺栓被广泛用于从普通组件到航空产品的各个行业。

2008年12月3日，欧盟委员会的决议引爆了欧洲内螺钉和螺栓分销商以及中国出口商的一片哗然。欧盟委员会免除了两家欧洲公司——意大利的Agrati集团和西班牙的Celo集团——在中国的子公司的税收。中国生产商称，这一条款显示了欧盟方面更愿意牺牲中国竞争者的利益以偏袒欧洲公司。

受到影响的中国公司大约有200家。嘉兴铁钢固件企业联合会的成员将因此蒙受巨大损失。该联合会代表了嘉兴地区螺钉和螺栓生产商的利益以及中国20%的固件出口量。该联合会称，他们已经请求中国政府向世贸组织（WTO）提出抗议。该会一名发言人批评了欧盟对上述两家欧洲公司免税的做法，认为“存在公平性问题”。

一些欧盟国家也坚持说，欧盟生产商的产品更精密，能被用于航空等行业，但无法与低廉的中国制造竞争。尽管如此，他们补充说，欧盟的生产商仍然能赚钱。

（资料来源：金羊网－新快报，2008年12月08日。）

（三）反补贴税

反补贴税亦称“反津贴税”“抵消关税”，是对接受出口补贴或津贴的外国商品在进口环节征收的一种进口附加税，是差别关税的一种形式。所征税额一般与该商品所接受的补贴额相等。反补贴税始于19世纪末的英国。当时英国曾对接受出口补贴的欧洲砂糖征收此税，随后一些国家相继效仿。目的在于抵消进口商品享受的补贴金额，削弱其竞争能力，防止廉价倾销，以保护本国生产和国内市场。进口商品在生产、制造、加工及出口过程中所接受的直接、间接补贴和优惠，都可以构成进口国对其征收反补贴税的理由。

案例 4

光伏产品与反补贴税

2012 年 9 月初，欧盟委员会宣布对中国产光伏组件、硅片等发起反倾销调查。

11 月 8 日，反补贴大棒再度落下，欧盟委员会发布公告称，欧洲太阳能企业协会 9 月 26 日向欧盟委员会提出申诉，指控从中国进口的太阳能电池板及其主要部件得益于不公平的政府补贴，欧盟从即日起启动相关调查。

从涉案的太阳能产品的进口额来看，这是欧盟委员会迄今为止接到的最大的一起反补贴申诉。欧盟的数据显示，2011 年中国向欧盟出口了价值约 210 亿欧元的太阳能电池板和主要部件。

按照欧盟的贸易防御政策，此次调查将需要 13 个月的时间。如果有充分证据证明上述补贴指控属实，欧盟可以在 9 个月内征收临时的反补贴关税。

而就在欧盟立案前一天，美国国际贸易委员会（ITC）做出终裁，认定中国晶体硅光伏产品对美国产业造成了实质损害，美国将对此类产品征收最高达 249.96%反倾销和反补贴关税。按照程序，美国商务部将于 11 月 30 日签发反倾销和反补贴令，此后美国海关开始进入征收保证金的程序。

（资料来源：记者王璐　孙韶华/北京报道，经济参考报，2012－11－09。）

（四）反倾销税

反倾销税（Anti-dumping Duties），是对倾销商品所征收的进口附加税。当进口国因外国倾销某种产品，国内产业受到损害时，征收相当于出口国国内市场价格与倾销价格之间差额的进口税。

倾销是指一国（地区）的生产商或出口商以低于其国内市场价格或低于成本价格将其商品抛售到另一国（地区）市场的行为。倾销被视为一种不正当的竞争手段，为 WTO 所禁止，因此，反倾销也成为各国保护本国市场、扶持本国企业的强有力的借口和理由。

案例 5

取向硅电钢与反倾销税

2014 年 8 月，欧盟对原产于中国、日本、韩国、俄罗斯和美国的取向硅电钢进行反倾销立案调查。

2015 年 5 月 13 日，欧盟作出反倾销初裁，宣布自上述国家进口的涉案产品存在倾销，对欧盟产业造成了实质性损害，且倾销与损害之间存在因果关系，因此决定对涉案产品征收为期 6 个月的临时反倾销税。

具体来看，对中国宝钢股份、武钢股份的涉案产品征收 28.7%的临时反倾销税税率，对日本 JFE 钢公司、新日铁和住友金属公司分别征收 34.2%、35.9%的税率，对韩国、俄罗斯、美国涉案产品则分别征收 22.8%、21.6%、22%的税率。

（资料来源：王晓易，大智慧财经，2015－05－14。）

知识积累

完税价格与海关估价协议

征收从价税的一个重要问题和主要环节是确定进口商品的完税价格（Dutiable Value）。进口商申报的价格并不能直接成为进口货物的完税价格，只有当该价格被海关接受，才能称为完税价格。事实上，即使是完全相同的商品，也可能会有好几种不同的交易价格。同一商品即使在同一市场上，也可能由于交易的时间、地点和数量及贸易条件等方面的不同而出现价格的差异。另外，在国际贸易中也有一些不正当的商业行为。比如，进口商或出口商有可能在销售合同和发票上故意低开价格，以减少关税负担或推销商品。

由于存在上述现象，如何准确地对应税商品估价进而确定完税价格，就成为海关计征关税时应注意的重要问题。海关估价的目的就是为了客观、合理地确定应税商品的完税价格。但由于世界各国或地区海关估价的原则、标准、方法和程序等不尽相同，倘若海关高估进口货物的价格，就相当于提高了进口关税水平，从而对货物进口构成不合理的非关税壁垒，在一定程度上就抵消了各国或各地区在多边贸易体制下所做的关税减让的承诺。而且，在国际贸易中，海关对于来自不同国家或地区的同种商品实行不同的估价方法和标准，就构成了对国际贸易的歧视性影响，成为一种限制进口的非关税壁垒。因此，在多边贸易体制下，建立一个公平、统一、中性的海关估价制度，约束各国海关估价行为，是关税与贸易总协定（GATT）关税减让和其他重要原则得以实施的重要条件。

基于此，《1947 年关税与贸易总协定》规定，海关征收关税的完税价格应以进口货物或同类货物的"实际价格"为依据，不应采用同类国内产品的价格及任意或虚构的价格；计价采用的汇率应符合国际货币基金组织的有关规定。由于该规定不够具体，可操作性不强，因此，在 1973 年开始的东京回合谈判中，关税与贸易总协定缔约方通过谈判，达成《关于实施关税与贸易总协定第 7 条的协议》(亦称《海关估价守则》)，对如何实施上述规定做了详细解释。尽管《海关估价守则》在一定程度上消除了海关估价过程中的武断和歧视行为，反对将海关估价作为一种贸易保护主义手段来使用，但由于该守则与东京回合达成的其他协议一样，缔约方可自主决定是否加入，因而其适用性就受到了很大限制。

1986 年乌拉圭回合在对《海关估价守则》进行修订和完善基础上，达成了《关于实施 GATT 1994 第 7 条的协议》(又称《海关估价协议》)。

《海关估价协议》包括序言、正文及 3 个附件，其中，正文分 4 个部分、24 个条款。

《海关估价协议》在序言中明确了海关估价的基本原则：

1. 提供一个可供执行的具有统一性和确定性的规则，形成一个公平、统一和中性的海关估价制度，以防止任意或虚假的海关估价。

2. 对海关估价中的完税价格制定符合商业管理的简单和公平的标准，且估价程序应是普遍适用的，不应区分供货来源的不同；海关对货物估价的主要依据应为被估价货物的成交价格。

《海关估价协议》适用于商业意义上正常进口的货物。以下情况不适用该协议：

1. 倾销或补贴货物的进口。不能采用《海关估价协议》规定的估价方法确定倾销和补贴货物的进口价格，并以此作为征收反倾销税或反补贴税的依据。

2. 非商业性进口。包括旅客携带入境物品和行李、邮递物品等。

3. 非直接进口。主要包括暂时进口的货物，从出口加工区或保税区等特定贸易区进入到成员方关区内的货物、退运货物、运输中损坏的货物等。成员方自行确定如何对这些货物进行估价。

（资料来源：《海关估价协议》。）

思考题

1. 近几年对我国进行反倾销调查的国家有哪些?
2. 我国哪些行业遭受反倾销调查较多?
3. 中国企业遭受反倾销调查的主要原因有哪些?

第三章

关税的职能及效应

学习目标

1. 掌握进口关税和出口关税的职能类型。
2. 掌握关税的财政收入职能的含义。
3. 掌握关税的保护职能的含义。
4. 了解关税技术创新及其他职能的内容。
5. 了解关税的不同效应的内涵。

第一节　关税的职能

关税是最古老的贸易政策工具，是随着商品流通和国际贸易的发展而产生和发展起来的。国家的产生、疆界的形成和关卡的出现是关税产生的最初和最直接的原因，关税的征收成为国家（地区）经济政治独立的一种体现。但是，这并非关税设立的唯一原因。长期以来，众多学者对关税存在的原因及职能进行了大量的理论探讨和实证研究，提出了不同的观点。

一、财政关税职能

关税是国家税收的一种，组织财政收入是关税的基本职能之一。在早期，关税收入曾占一些国家财政收入的很大比例。17 世纪末，欧洲各国的关税收入多占其财政收入的 80%以上。美国建国之初，关税是其最主要的财源，1805 年美国联邦政府的财政收入 90%～95%是来自关税，1900 年仍占 41%以上[①]，1902 年关税收入还占其政府税收总额的 47.4%。

在当今，大多数国家特别是发达国家关税占财政收入的比重已经大大下降，如美国在 1995 年关税收入占财政收入的比重约为 2%，但同一时期在少数国家，关税仍然是财政收入的重要来源。表 3－1 为部分国家关税占政府收入的比重。

表 3－1　　部分国家关税占政府收入的比重　　单位：%

发展中国家				发达国家			
国家	1995	2005	2015	国家	1995	2005	2015
巴哈马	59	55	43	瑞士	8	0.6	1
所罗门群岛	56	/	25	爱尔兰	7	0	0
汤加	49	/	6	冰岛	5	0.9	0.7
几内亚	47	/	/	澳大利亚	3	2	3
多米尼加	44	23	6	加拿大	3	0.6	0.6
开曼群岛	42	/	/	新西兰	2	1	3
冈比亚	42	23	/	美国	2	2	2
尼泊尔	31	19	17	瑞典	1	0	0
卢旺达	31	/	5	丹麦	1	0	0
马耳他	25	0.7	0.5	芬兰	1	0	0

资料来源：IMF Government Financial Statistics Data Bank.1995、2005、2015）。

（一）财政关税职能概述

关税的财政收入职能（财政关税）是指以增加国家的财政收入为主要目的而征收关税。起初征收关税的目的就是为了增加国家财政收入，但随着各国经济的发展和国际经济竞争的加剧，各国征收关税的主要目的转变为抑制外国商品的进口，保护国内的产业和市场。

（二）财政关税职能的目的

在历史上关税产生以后的一个很长时期内，征收关税的目的主要是为了统治阶级或国家的财政收入或宫廷享受。资本主义经济发展后，由于资本主义市场激烈竞争，各国为了保护本国生产和经济的发展，利用关税作为保护手段才出现了保护关税，但财政关

① 谷志杰. 关税概论. 北京：中国财政经济出版社，1989：75；罗伯特·J.·卡博（Robert J.Carbaugh. 国际经济学. 大连：东北财经大学出版社，1998：101.

税仍然是国家财政收入的一个来源。

由于经济的发展，发达国家的财政收入改为以直接税为主，财政关税已很少使用。但一些发展中国家由于国内经济不发达，直接税源有限，关税在国家财政收入中仍占很大比重。因此，在关税及贸易总协定中对发展中国家的关税削减给予了一些例外的照顾。征收关税必然同时产生财政收入与贸易保护的双重作用。因此，以财政收入为主要目的的财政关税，其征税对象应该是进口数量大、消费量大、税负能力强的商品，而且应该是本国非生活必需品或非生产必需品，以便既有稳定的税源，又不致影响国内生产和人民生活。

财政关税制度有着自身的局限性，主要表现为进口税率过高，会形成关税壁垒，影响国家间的贸易关系；征收出口税，不利于提高本国产品的出口竞争能力。所以，进入 20 世纪后，一些主要工业国家都先后放弃了财政关税政策。

（三）关税在我国财政收入中的占比

改革开放以来，我国财政收支呈现以下几个特点：一是我国财政收入增长迅速，从 1978 年的 1 132.3 亿元人民币增加到 2004 年的 26 355.9 亿元人民币，增加了 22.3 倍；与此同时，我国财政支出也迅速增加，从 1978 年的 1 122.1 亿元人民币增加到 2004 年的 28 360.8 亿元人民币，增长了 24.3 倍。二是财政支出的增长速度快于财政收入，二者增长速度都快于同期 GDP 的年均增长速度。1978 年至 2004 年间，我国财政收入年均增长率为 13.7%，财政支出年均增长率为 14.2%，同期 GDP 的年均增长速度为 9.5%。三是财政赤字居高不下。在 1978—2004 年这 27 年中，处于财政赤字的年份有 24 个，财政赤字总额达 19 660.9 亿元人民币。

从以上数据中可以看出，要正常发挥政府的各项职能作用，增加我国财政收入、控制财政支出是一项重要工作。特别是自 1997 年以来在连续数年以拉动需求、刺激经济发展的积极财政政策引导下，我国财政支出增加较快，财政赤字增长过快。为了弥补巨额赤字，短期内增发国债是可以取得一定效果的，但是长期主要依靠发行国债来解决赤字促进发展是不现实的，因为当政府债务成为一种沉重负担难以正常偿还时，就可能引发无法控制的社会问题。在这种潜在危险下，应寻求更为有效的增加财政收入的途径。

税收天生就是政府筹集收入的形式，而具有征收便捷、集中、高效等优点的关税更受到各国政府的重视。由于关税是由海关在进出境口岸对货物征收的一种税收，在开放经济社会中其税源比较集中可靠，在组织收入方面，关税比其他税收更为方便和及时，关税所具有的这些优越性，使得关税通常作为一国的中央财政收入，一直受到中央政府的重视。新中国成立以来，我国关税筹集财政收入职能的地位和作用体现在以下方面。

第一，新中国成立初期到20世纪70年代中期，关税财政收入职能逐年削弱。图3－1和图3－2中，新中国成立初期到20世纪70年代中期，关税占中央财政收入的比重以及关税在各项税收收入中的占比都呈下降趋势，这一特点在关税占各项税收比重的指标中较为明显。

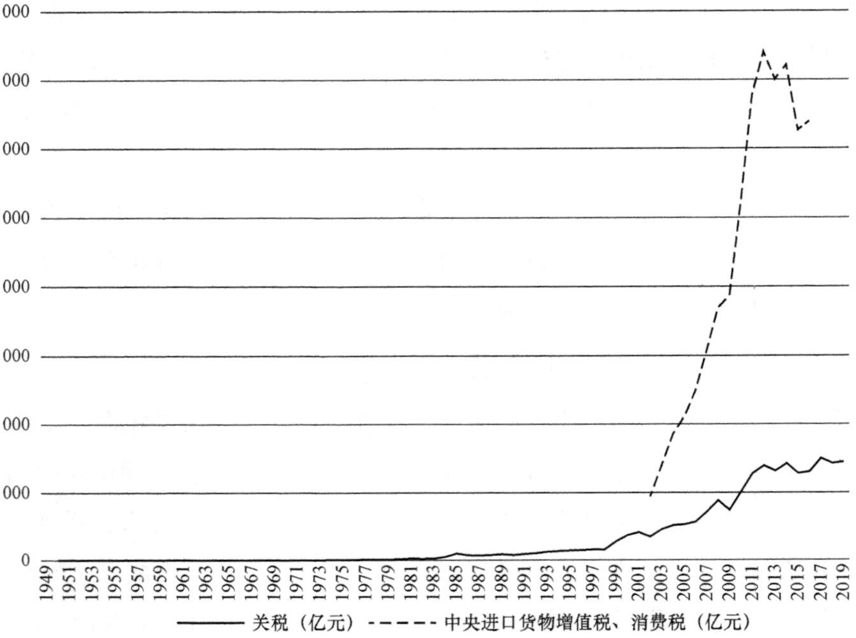

图3－1　1949—2019年中国关税及进口货物增值税、消费税规模

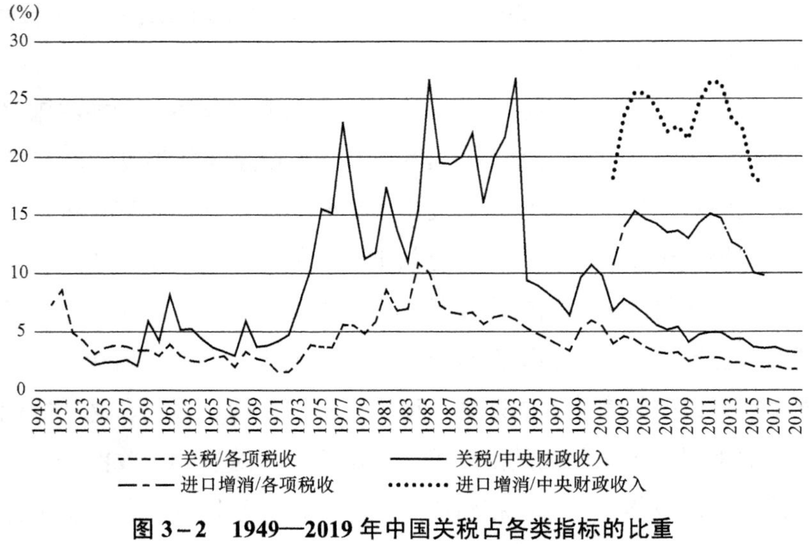

图3－2　1949—2019年中国关税占各类指标的比重

第二，20世纪70年代中期到21世纪初，关税财政收入职能表现得突出。尤其是90年代以来关税及海关税收收入都呈现持续、稳定和大幅度增长，关税和海关税收收入（进口环节代征增值税和消费税）占中央财政收入的比重约为10%至30%，超过之前年份的比重，成为我国中央财政收入的重要资金来源（见图3-3）。

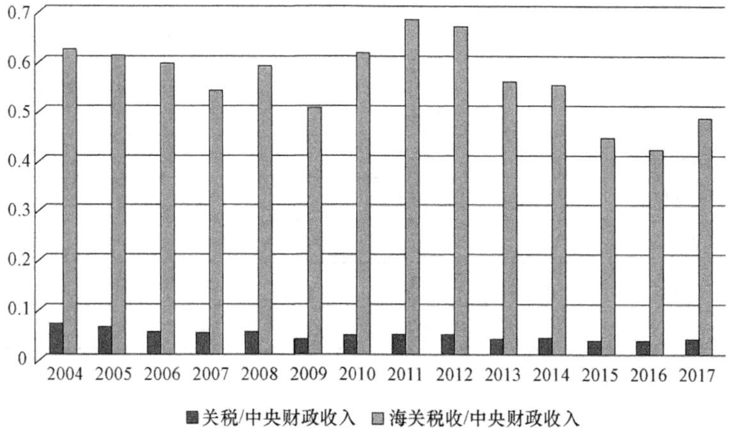

图3-3 2004—2017年我国关税和海关税收占中央财政收入比重

资料来源：根据中国财政收入年鉴数据整理。

第三，21世纪初期到现阶段，关税占各类税收及中央财政收入的比重逐步降低，但是这期间海关代征的进口环节增值税和消费税的比重远超关税的比重。我国目前社会经济发展所处的历史时期及改革开放所处的阶段决定了我国目前乃至将来很长一个时期内，关税和海关税收收入仍继续保持不断增长的趋势，其筹集财政收入的职能仍会占据重要地位。征收关税仍将是海关工作的重心，是其他关税职能赖以发挥的重要基础。

此外，如果考虑海关所代征的一并上缴中央财政的进口环节增值税和消费税，那么所占中央财政收入的比重更高（见表3-2）。在1994年税制改革以前，关税收入占中央财政收入的比重均在10%以上，最高时达到26.79%。自1994年以来，尽管由于关税税率大幅下调使关税收入的作用有所下降，但所占比重基本上仍在7%以上，而包括进口环节代征税在内的海关税收占中央财政收入的比重更是在20%以上，最高时达到32.08%。从我国关税收入总额来看，尽管也存在一些年份关税下降的情况，但总体是上升的。1994年以前，中央财政收入对关税的依赖程度较高，特别是1985年至1993年期间，由于实行中央、地方两级财政“分灶吃饭”的体制，导致中央财政收入占国民收入的比重以及其他税收占中央财政收入的比重出现大幅下降，这使得关税收入的作用更为突出。1994年大规模的分税制改革以后，关税在中央财政收入中的作用明显降低，但与许多发达国家甚至与一些发展中国家相比，关税的财政作用仍十分明显。由此可见，现阶段关税收入仍是我国财政收入的重要来源，它在我国财政收入特别是中央财政收入中的作用仍不可低估。

表 3－2　2004—2017 年我国关税及海关税收规模及占比

年份	关税（亿元）	海关税收（亿元）	关税/中央财政收入（%）	海关税收/中央财政收入（%）
2004	1 043.77	9 208.24	7.10	62.63
2005	1 066.17	10 181.25	6.44	61.52
2006	1 141.78	12 208.52	5.58	59.68
2007	1 432.57	15 050.91	5.16	54.24
2008	1 769.95	19 290.3	5.42	59.27
2009	1 483.81	18 265.43	4.13	50.86
2010	2 027.83	26 322.39	4.77	61.95
2011	2 559.12	35 204.8	4.99	68.59
2012	2 783.93	37 803.99	4.96	67.30
2013	2 630.61	33 349.53	4.37	55.40
2014	2 843.41	35 390.86	4.41	54.86
2015	2 560.84	30 561.99	3.70	44.12
2016	2 603.75	30 127.54	3.60	41.63
2017	2 997.85	39 034.73	3.70	48.12

20 世纪 60 年代西方一些学者对关税占国家财政收入的比重进行研究后逐渐形成的“财政收入对关税的依存度假说”认为，一个国家的财政对于关税的依存度与其经济发展水平是负相关的。在经济发展处于较低水平时，由于直接税的收集和管理费用相对较高，使得一个国家严重依赖于间接税。随着经济的发展，其他税种的筹集和管理费用相对于关税会降低，从而实现税收结构从关税等间接税转移至直接税的必要条件，经济水平的提高将对这一依存度产生负的作用。这种特征在我国不同历史时期的发展过程中展现了类似的趋势，参见图 3－4。从实践来看，随着贸易自由化和经济全球化的发展，世界各国的关税水平普遍降低，关税的财政作用也随之弱化。在发达国家，关税水平已降至很低，关税收入占财政收入的比重已微不足道。但在一些落后的发展中国家，关税仍是财政收入的一项重要来源，关税所占比重也较大。

2001 年底我国加入世贸组织后，外贸进出口额急剧上升，关税税率进一步下调，这对我国关税收入必然带来较大影响，关税的财政作用是否能够维持？到底会产生多大影响？这是应该研究的重要课题之一。以下是对决定关税收入因素的理论考察，并从计量经济学的角度来实证研究各种因素对关税财政作用的影响。

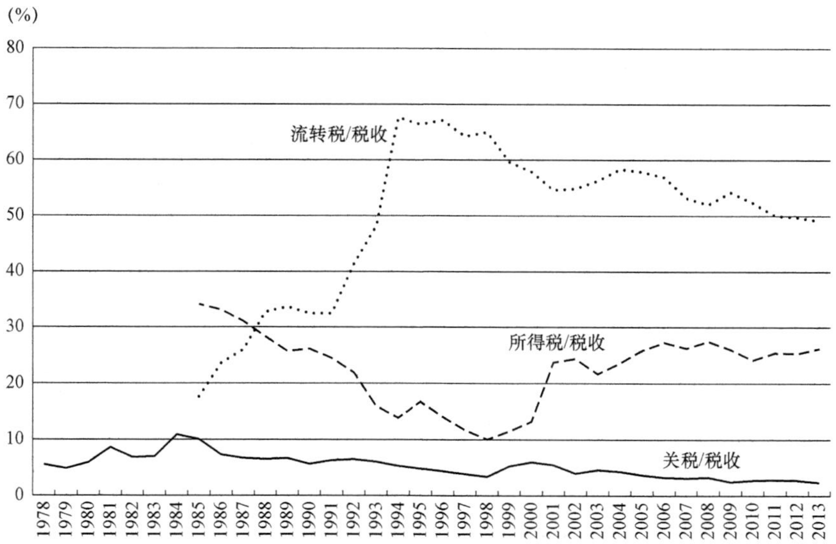

图 3－4　1978—2013 年我国关税、流转税、所得税占税收收入的比重

（四）决定关税收入的主要因素分析

目前我国关税包括对进口货物征收的进口关税和对部分出口货物征收的出口关税，由于出口关税占全部关税的比例很小，所以这里忽略不计。在进口关税中绝大部分都是从价征收的，只有极少部分货物采用从量税或复合税方式征收，而从量税或复合税从理论上都可折算为从价税，所以本节采用从价方式来计算我国关税。

一般来说一国关税收入主要受进口贸易额、汇率以及关税税率三个因素的影响，可以用以下函数式来表达：T＝F(M,E,i)。其中 T 代表关税收入总额，M 代表以外币计价的进口总额，E 代表直接标价法的本币汇率，i 代表商品的进口关税税率。

如果孤立地分析这三个因素对关税收入的影响，显然关税收入与这三个因素存在正向变动的关系。也就是说，只要进口贸易额增加，或者一国本币贬值，或者关税税率提高，都会使进口国的关税收入增加。然而由于这三个因素是在不断变化中的，相互之间关系紧密且存在替代效应，一个因素上升，可能同时导致其他因素的下降，因而就不能简单地判定关税收入的升降，所以有必要对其进一步加以分析。

通常而言，进口贸易额与汇率之间存在同向变化的关系，即本币汇率升值（表现为 E 值下降），有利于该国进口而不利于出口。单独考虑一国本币升值情况时，还存在本币升值幅度与进口增加幅度之间的敏感性问题，如果敏感性强，那么本币升值会带来该国进口的大幅增加，因而二者之积必然上升；反之，敏感性弱的情况下，本币升值使该国增加进口的幅度有限，二者之积则会下降。所以一国关税财政收入作用的大小不仅与本币汇率的变化有关，而且与汇率变动对进口额变动的敏感程度紧密相关。

关税税率与进口贸易额之间也存在紧密的关系。当一国进口关税税率提高，增加了进口商的进口成本，进口数量就会相应下降。这里存在一个税收弹性的问题，当进口的税收弹性小于 1 时，即关税税率上升 100，导致进口数量相应下降小于 100，如果是进口小国，进口商品价格不变，则关税收入会上升；反之，当关税税率下降，则会导致关税收入下降。但同样情况下，对于进口大国，关税税率上升导致进口数量下降，必然导致进口商品价格的下降（因为此时国际市场上该商品供过于求），这样关税收入总额的升降就取决于进口商品价格下降的幅度。如果价格下降幅度过大，则会导致关税收入下降，反之则上升。当关税税率下降也会出现这样的情况。而对于进口税收弹性超过 1 时，即关税税率上升 100，导致进口数量相应下降超过 100，此时对于进口小国，关税收入会下降；反之，当关税税率下降，则会导致关税收入上升。而对于进口大国，由于关税税率上升导致进口数量下降过多，进口商品价格下降幅度过大，关税收入必然下降许多；而当关税税率下降，会导致进口数量上升过多，进口商品价格会因供不应求而上升，此时关税收入必然会上升。

二、保护关税职能

关税的一个重要职能是它抵御外来竞争和保护国内产业的作用。

（一）保护关税职能概述

保护关税是“财政关税”的对称，为保护国内经济发展，对有损于本国经济利益的进出口商品征收的限制性关税。它一般适用于进口商品，规定较高税率，以削弱其在国内市场的竞争能力。有些国家为确保国内生产需要，对某些原材料也征收较高税率的出口税。保护关税政策最初为重商主义所推崇，成为资本原始积累的重要手段。19 世纪初期，保护关税政策又为后起的资本主义国家所运用。德国历史学派的先驱李斯特提出和阐述了促进德、美等国资本主义经济发展的保护关税理论。

（二）保护关税理论

系统的保护关税理论产生于美国和德国。

18 世纪末，美国第一任财政部长汉密尔顿根据美国摆脱英国殖民统治、发展本国经济的需要，强调要用关税来保护本国幼稚工业的发展。在汉密尔顿的主持下，美国联邦政府于 1789 年首先颁布了保护关税税则。

1841 年，德国历史学派先驱李斯特出版了《政治经济学的国民体系》一书，系统地论述了国家采取保护贸易政策和保护关税政策，以发展本国工业的理论。李斯特是最早系统性地论述贸易保护政策的经济学家之一。他站在德国工业资产阶级的立场上，针锋相对地反对英国古典经济学派代表亚当·斯密等人的自由贸易理论。李斯特认为，自由竞争只有当两个国家在工业发展水平处于大体相当的地位时，才能对双方有利。在没有限制的竞争下，一个不发达的国家不论在生产上存在什么自然优势，如果不加以保护，工业就不会取得有效的发展和完全的独立，因此必须采取贸易保护政策，而关税是保护国内工业的主要手段。他从自己的生产力学说出发，反驳了自由贸易主义者认为关税会给国家带来损失的论点。李斯特不仅以其有名的生产力理论阐述了运用关税来保护国内工业发展的必要性，同时也就保护关税的税率高低问题作出了有见地的分析。李斯特认为，财富本身和财富的原因（生产力）不同，财富的生产力比之财富本身不知要重要多少倍。保护关税如果会使财富有所牺牲的话，它却使生产力有了增长，足以抵偿损失而有余。保护关税在初行时会使工业品价格提高，但是在国家建成了自己的充分发展的工业以后，这些商品由于国内生产成本较低，价格是会跌到国外进口产品以下的。关税的税率应当随国内产业的发展而变动。“施行保护关税的目的总是在于为国家谋福利，但是工业就像树木一样，不能顷刻涌现，是要逐渐成长起来的，因此任何保护制度，如果仓促之间，雷厉风行，突然割断了原来存在的商业关系，就必然对国家不利”。具体地讲，在开始的阶段，关税税率应当是逐步地提高，使本国保持与国际市场的联系，并通过保护来加快工业的发展。而当本国工业有了相当的发展，进入从工业发展追求商业发展的阶段时，则应当让关税税率逐步降低。也就是说，关税税率应当是一个由低到高，然后再由高到低的过程，这样才最利于保护本国的工业。显然，李斯特的有关设想从理论上看是有价值的，但在今天的现实中难以操作。

李斯特还指出，由于各国在工业发展过程中所处地位不同，税率的修改必须逐步提高或降低。至于提高和降低到什么程度，要看落后国家与先进国家之间的具体情况。如果任何技术工业不能用原来的 40%～60%的保护税率建立起来，不能依靠在 20%～30%的税率的不断保护下持久存在，这个国家就缺少这种工业力量的基本条件。他还进一步提出，在机器制造业比较落后的国家，对于复杂机器的进口应当允许免税，因为机器工业是工业的工业。

西方国际经济学理论把注意力集中在关税的结构分析上，即对有效保护率进行了系统的研究。所谓有效保护率，是指征收关税对国内受保护产业的附加价值增加程度的影响，它与名义保护率不同，它不只是考虑关税对商品价格的影响。有效保护率的概念把对关税的分析引入到生产过程中来，得出了关税税率应当实行结构升级的结论。具体而言，一国应当根据进口商品在国内经济运行中的作用来征收不同税率的关税。对于国内生产需要的原材料等投入品，应当免税或只征收很低的关税，对于进口的半成品等则税率应当比前者高一些，而对于在国内市场直接销售的工业制成品等则应当征收比较高的关税。这样，关税就能真正有效地保护和促进本国产业的发展。同时，有效保护率理论也告诉人们，不同国家由于本身的产业结构不同，从而进出口商品的结构也不同，在名义关税水平相同的条件下，实际的保护率可能会存在很大的差别。然而，有效保护率仍然没有回答一个基本的问题，即关税的税率究竟多高比较合适？现实中的经验和理论上的分析都表明，关税定得过低，就不能给投资者提供足够的刺激，从而不能诱导足够的生产资源流入需要发展的产业中来；关税定得过高，受保护的企业就会躺在政府的保护伞下过日子，拒绝成长，长期不能形成国际竞争能力。

从重商主义到幼稚产业保护理论再到战略性贸易政策理论，均阐明了关税政策具有的产业保护功能。这些观点可归纳为三种：第一种观点为与自由贸易论相对的泛保护论，认为当一国处于经济发展的低级阶段或该国重要产业尚无比较优势时，可以利用关税提高进口产品价格，减少进口需求量，从而使需求量转向国内以保护本国产业的发展。该观点曾盛极一时，为贸易保护主义提供理论支持，该观点的具体政策体现为进口替代战略，直到今天仍被广泛应用于各国包括欧美等发达国家的农业保护政策中。第二种观点则是保护幼稚工业论，其基本观点是对于一些尚未发展或不具有国际竞争力，但长远来看具有比较优势或竞争优势的产业即幼稚工业，政府可以在产业发展的早期利用高关税政策提供短期保护，使之免受外国成熟竞争对手的竞争，直至其成长并能承受竞争力时为止。第三种观点由 Grimwade 于 1996 年提出，认为关税可为本国产业结构调整争取时间。该观点认为由于产品和要素市场的不完全竞争，当进口激增时可能由于市场不能及时反应而产生产业调整方面的问题，因此关税的征收可以增加进口成本，从而避免进口激增，为产业的调整提供时间。

发达国家对农产品加工产品设置较高的关税保护，使其国内生产成本在高于国际成本时仍能继续维持生产，人为地增加了发达国家国内加工品的附加值。例如，欧盟通过征收较高的附加税来保护其加工业，欧盟的加工食品（不包括初加工阶段）占所有关税高峰农产品的 30%，税率从 12%到 100%不等。欧盟对谷物和以糖为原料的加工品、水果制品、罐装果汁等征收高关税。美国的加工食品占关税高峰农产品的 1/6，且税率在 12%～100%。例如，橘子汁关税税率达 31%，花生油达 132%，烟草产品达 350%。日本的加工食品占关税高峰农产品的 40%，包括人造黄油、罐装的肉和肉制品、口香糖和其他糖甜食、可可粉和巧克力、意大利面食和其他谷物产品、腌制水果和蔬菜、果汁、咖啡、果汁茶及提炼品、香烟、烟草等。

（三）关税保护的目的与作用

在不同的国家、不同的时期政府征收关税的主要目的并不相同，有以增加国家税收为目的的关税，有以保护国内产业为目的的关税，有以保持国际收支平衡为目的的关税，等等。就保护国内产业的关税来说，征收关税的作用是增加进口商品的成本，使进口商品在国内市场的价格上升，从而使那些价格相对较高的国内产品能够与之竞争。实行关税保护原则的原因归纳为以下几点：

一是市场经济中价格的调节作用要得到保证，以关税税率的高低来影响商品的价格，从而可达到管理和控制贸易、保护本国市场的目的。

二是征收关税虽然会给进出口双方带来国民净损失，造成全球经济福利的减少，但征收关税所造成的福利损失，要比数量限制等非关税保护的损失少。

三是一国关税税率的高低基本可以用来衡量该国的贸易保护程度，而非关税措施的保护程度则难以衡量。

四是最惠国待遇原则在关税制度下比较容易执行，因此，世界贸易组织一方面规定只能通过关税保护本国的生产，而不得通过其他非关税措施来保护本国的生产；另一方面又规定关税要逐步削减，并通过关税减让表加以约束。

关税是世贸组织唯一允许的保护国内产业的手段，对发展中国家来说，允许保护的条件更宽。关税保护较之非关税保护的优点是，国内产业受保护的程度能明确地表示出来，而且允许一定程度的竞争，便于其他国家了解该国的贸易政策和贸易体制。关税减让是每个世贸组织成员的基本任务，关税的保护作用、职能将随着国际贸易的发展而不断削弱。通过多轮多边贸易谈判，世界关税总水平从 1947 年签定关税与贸易总协定时的 40%降低到 2020 年的约 5%，发展中国家降低至 10%左右，发达国家降至 3%，而我国关税简单平均水平由 2001 年的 15.3%大幅降至 2021 年的 7.5%以下。随着关税逐步降低并最终走向零关税（关税最后仅存在于农产品和资源性产品），国内产业的保护将更多地采用技术保护手段。

（四）关税保护原则

关税保护原则（Principle of Customs Duties as Means of Protection），又称为关税减让原则，是指仅允许“以关税作为保护手段”，原则上不允许使用其他非关税措施，现在实行的数量限制等非关税措施都要逐步转化为关税保护，然后，成员方之间在互惠互利的基础上进行关税减让谈判，逐步降低关税。

关税保护原则是世界贸易组织及其法律体系的一项基本原则，这一原则包含以下两层意思：首先，各成员方可以把关税作为保护本国工业的合法手段，一般应禁止、取消或限制各种非关税措施；其次，在肯定关税保护作用的前提下，各国应通过多边贸易谈判来削减关税，以促进贸易自由化。

世贸组织主张各成员方主要通过关税来保护国内产业和市场，也就是说，关税是唯一合法的保护手段，这是因为关税措施的保护程度显而易见，并且各成员方之间容易就关税措施的使用进行谈判。关税保护原则在肯定关税保护是合法手段，限制、取消或禁止使用各种非关税措施的同时，要求各成员方在互惠基础上通过多边谈判削减关税，各成员方政府不得征收高于它在关税减让表中所承诺的税率，因此关税保护的原则不是提倡用关税进行保护，而是只允许采用关税这种透明的保护措施而不是非关税措施，而且在原则上税率应当不断降低。

关税保护原则也有例外规定，例如发展中国家以促进经济发展或国际收支平衡需要等为由修改或撤消已做出的关税减让。

关税是国家主权的象征，是保护国家政治经济正常发展的重要手段。在国际交往和贸易往来中，征收关税可以有效防止国外的经济入侵和贸易歧视，维护国家主权和保护国内经济的正常发展，这就是关税的保护职能。一般是通过征收进口保护性关税，提高进口商品的价格，削弱其竞争能力，从而限制国外商品的进入，保护和支持本国新兴产业、支柱产业和朝阳产业等的生存和发展；提高进口商品价格的同时，也提高和维护了国内同类商品的价格水平，从而调动本国生产的积极性。而通过征收出口保护性关税，提高出口商品的价格，削弱其在国际市场上的竞争能力，阻碍本国商品的出口，限制本国紧缺的能源、原材料等大量外流，从而保护本国国内生产和消费的正常需要，同时增加财政收入。如何使本国在国际分工和贸易中占据更有利地位是各国关注的焦点。即便是发达国家，它们虽然倡导贸易自由化和关税削减，但至今没有一个国家真正放弃关税这一合法保护经济的手段。对发展中国家而言，关税保护经济的职能常常比发达国家更重要，也更艰巨。中国近代关税史就是我国关税自主权被掠夺和经济被入侵的屈辱史。“在鸦片战争前 50 年，中国进出口贸易中，80%～90%进口来自英国，65%～80%出口到英国。但总的是中国进量小，因而对英贸易一直是出超……”①鸦片战争之后，英国强迫清政府签订《中英南京条约》，垄断中国市场，掠夺中国的关税自主权。在当今世界经济政治发展不平衡但各国关系又日益密切的局势下，要既融入国际分工又保护本国经济的平衡发展，不仅不能放弃关税的保护职能，而且要深入研究国际惯例和准则，制订符合本国利益的关税政策和制度，充分发挥关税的保护职能。

三、关税的产业结构调整职能

（一）关税影响产业结构的机制分析

市场经济条件下，税收政策影响产业结构主要是作为一种间接干预手段，即通过改

① 李九领．我国现代关税职能的探析［J］．当代经济，2008（1）．

变某些经济因素并最终经由市场机制的作用影响产业结构，这些经济因素就是税收政策作用于产业结构的中介，主要包括需求因素、供给因素等。从需求途径来说，税收政策通过改变收入与财富的分配状况、改变消费品的比较价格，影响私人消费需求结构和政府消费需求结构，并通过宏观税负高低的选择，改变私人消费需求与政府消费需求的比例，从而影响消费品产业的内部结构；税收政策能够通过改变不同产业的比较收益率、直接提高私人对特定投资品的购买偏好及改变投资品的比较价格等，影响私人投资需求结构，并通过宏观税负的水平改变私人投资需求与政府投资需求的比例，从而影响投资品产业的内部结构。从供给途径来说，税收政策可以通过对工资率的影响来推动劳动力在各产业之间的移动；通过职工教育经费支出影响各产业职工教育水平，改变各产业劳动力质量，推动产业结构升级；通过对不同产业、不同产品施加差别税负来改变相关产业和产品的原始收益率，进而影响资本对不同产业和产品的偏好，改变资本投向，最终影响产业结构。

国家干预产业政策主要是通过基本税收制度手段和税式支出手段影响总供给与总需求的变化，进而影响三次产业产值的变动，最终导致产业结构的变动。基本税收制度手段和税式支出手段分别包括税种的设置、税目的选择、计税依据的确立、税率的设定和税收优惠、税收抵免、税收豁免、加速折旧等。关税是重要的税收制度，主要包括进口关税和出口关税两种。对进口商品和出口商品设置不同的关税税率和关税优惠政策，即通过税率的高低和关税的减免，影响国内进出口商品规模，进而影响国内总供给与总需求的变动，最终影响国内消费者的消费需求，调节出口产品和出口产品生产企业的利润水平，有意识地引导各类产品的生产和消费，调节进出口商品数量和结构，这些变动就会引起第一产业、第二产业与第三产业要素积累的相对变动，推动要素在不同产业之间流动，实现三次产业之间的结构调整，达到优化国内产业结构的目的。通过关税税率结构的设置，提高关税对国内特定产业的有效保护率，通过对国内稀缺产品征收出口税抑制其出口，以满足国内其他产业发展的需要；通过课征反倾销税保护进口倾销商品的国内竞争产业不受损害；通过差别出口退税率的设置对出口产品结构进行调控，从而对国内的产业结构施加影响。

诸多实证分析结果表明，改革开放以来我国关税政策对产业结构具有重要的调节作用。第一，关税税率与第一产业、第二产业和第三产业之间存在长期均衡关系，说明我国关税政策长期影响产业结构的调整。第二，关税政策对第一产业、第二产业和第三产业的影响效果是不同的。关税政策对第一产业的影响短期内是显著的正向效应，对第二产业的影响短期内是显著的负向影响，而对第三产业的影响总体来说是不确定且不显著的。

关税政策反映了一国一定时期内的贸易政策、产业政策以及国民经济发展的基本思路，是政府调节经济的重要方式。关税政策的调整一般可分为两种方式，一是自主性调整，二是具有外部约束的调整。自主性的关税政策调整的局限性在于关税政策调整的过程可能相对较长，没有外部压力的调整方式可能会因为国内各利益集团的影响而延缓政策目标的实现。具有外部约束的关税政策调整则不然，它强调一旦该国接受了某种协议，承诺要实行贸易自由化，那么该国的关税就必须按照所承诺的内容严格执行有关协议。因此，自我国加入 WTO 后，关税税率持续降低，税目不断调整以适应 WTO 各项协议的要求。

利用关税政策来调整国内产业结构要从以前的自主性调整向具有外部约束调整转变，进一步完善关税税率水平与结构，调整关税优惠政策，使其在调节经济、促进改革开放方面以及在正确保护民族企业生产、防止国外的经济侵袭、促进国内产业结构调整、增加国家财政收入等方面起到重要作用。

一方面，合理确定关税升级的适用范围。中国在《进出口关税条例》中明确提出，制定关税税率的基本原则的第一条即对原材料的进口税率一般不低于半制成品或制成品的税率。[①]这符合当时中国的基本国情，因为国内在经济发展过程中存在大量国内能够生产而国内同类工业又需要保护的产品，需要以关税升级理论为指导制定关税税率，提高关税的有效保护水平。但目前，中国已经成为全球第一大工业国、第一大出口国，部分产品的竞争力已经处于全球前列。在这种情况下，有必要考虑是否仍要将以保护为隐含核心的关税升级理论作为关税税率制定的出发点。尤其是目前的关税设计中，大量完全具有国际竞争力的产品仍然按照关税升级的规则设计关税，并以高关税税率进行强有力的保护，既不应该，也无必要。如根据拉菲指数进行测算，中国的纺织原料及纺织制品在各大类工业品中最具竞争力，而 2015 年中国的纺织工业的数据例如纺织工业加工总量占到了全球 54%、纺织品服装出口额占到全球的 37%等也都表明，中国的纺织制品在全球已具有绝对竞争优势。但纺织原料及纺织制品的关税仍符合关税升级规则，且处于较高水平。这样的高关税不仅无法发挥关税的正常作用，没有发挥关税保护职能的实质意义，且在一定程度上影响了中国纺织工业的转型升级，影响着纺织业的品牌建设，影响着产品创新和品牌差异化，难以实现满足多样化、个性化和时尚化的消费新需求。

另一方面，中国在《进出口关税条例》中提出“对于国内不能生产或质量不过关的机械设备和仪器、仪表的零、配件实行的税率要低于整机的税率；对国内不能满足供应

---

① 2003 年 11 月国务院发布的《进出口关税案例》立法原则第二条。

的且关系国计民生的必需品，给予免税或低税”。但对于中国生产技术水平无法满足需求的产品如何设计关税没有一个明确说法。以机械机器电气设备这一类产品为例，部分关税税率在5%以下的产品确实是中国技术水平未能达到国际水平、无法满足国内需求的产品，但仍有大量产品是中国生产无法满足实际需求，但出于保护国内产业目的，而征收高关税。如对国内技术水平完全无法满足实际手机组装需求的手机用摄像组件征收35%的高关税，这种高关税是否能起到促进国内相关产业发展的作用值得商榷。在高关税的保护下，国内摄像头生产厂商仍在低端摄像组件领域进行激烈竞争。尤其是机械机器电气设备，这类产品在一定程度上代表着中国制造业的发展水平，在关税的设计上，迫切需要进一步完善，应以《中国制造2025》等纲领性文件为指导，关注重点发展的制造业领域，梳理清楚哪些细分产品是需要用高关税保护促进其发展，哪些产品是需要低关税引进国外先进设备促进其发展，对关税税率进行优化调整，这将有助于中国制造强国目标的实现和中国相关产业结构的转型升级。

（二）关税税率与产业结构调整之间的关系

关税税率是体现关税产业结构调整的重要手段，因此分析我国关税税率的变化是非常有必要的。1992 年我国关税总水平（优惠税率的算术平均水平）约为 42%；普通税率平均为 56%。之后对关税总水平进行了几次较大幅度的调整，1992 年 12 月，降低为40%；1994 年 1 月，降低至 36%；1996 年 4 月，降低至 23%；1997 年 10 月，降低至17%。2002 年，我国关税总水平（最惠国税率的算术平均水平）由 15.3%降低到 12%，平均降幅 21.6%。在 7 316 个税目中，有 5 332 个税目的税率有不同程度的降低，降幅面达 73%。其中，工业品平均税率为 11.6%，农产品（包括水产品）的平均税率为 15.6%，比 2001 年分别降低了 23%和 17.5%。降税后，农产品（不包括水产品）平均税率为 15.8%，水产品为 14.3%，原油及成品油为 6.1%，木材、纸及其制品为 8.9%，纺织品和服装为17.6%，化工产品为 7.9%，交通工具为 17.4%，机械产品为 9.6%，电子产品为 10.7%。普通税率总体平均约为 57%。

我国为履行入世后关税减让的承诺，2005 年以来关税总水平不断降低。就不同的进口商品而言，2007 年的农产品平均税率由 15.2%降至 14.8%；工业品平均税率由 8.9%降至 8.7%。其中水产品平均税率为 10.3%，木材、纸及制品平均税率为 4.4%，纺织品和服装为 11%，化工产品为 6.7%，交通工具为 13.1%，机械产品为 7.6%，电子产品为 8.7%，信息技术产品等部分产品为零关税。

综上，各个时期不同产业之间的差异化的关税水平体现了国家在各个时期的整体产业发展政策，同时，能够成为有效调整产业结构的重要手段。

四、关税的技术进步、技术创新职能

建设创新型国家，实现产业升级和经济增长模式的转变是我国当前经济改革的重点。在全球经济快速发展过程中，经济增长的核心力量已经落在技术上，谁拥有能引领未来发展所需的新技术谁将拥有持续发展的力量。从我国的实际情况出发，我国的技术水平仍处于较低水平，仅依赖于技术引进和模仿是无法实现经济的持续增长的，技术引进与技术创新相结合，实现对国外先进技术的消化吸收，并形成本国拥有的新技术是非常重要的。促进技术创新，国家需要提供政策支持，包括关税政策。

（一）关税的技术创新职能的基本理论

由于经济的外部性，关税在对高新技术产业及知识密集型产业提供保护时会具有"溢出效应"（Spillover Effects），主要体现在两个方面：一方面关税保护有利于高新技术产业获得国内市场，并形成技术垄断，垄断利润可成为促进高新技术产业和知识密集型产业的创新动力；另一方面，关税对这些产业加以保护的同时也为与该产业共享知识的其他产业提供连带保护，高新技术产品的出口对经济增长的外部效应则会帮助其他部门成长，并在高新技术产品的生产中产生递增的规模收益优势。此外，对于发展中国家，技术引进是实现二次创新的重要方式，而适当的关税结构调整可为技术引进提供指导，如对于一些无长远增长力的技术或高能耗高污染的技术引进抬高关税，而有利于国家战略长远发展的技术引进则降低关税，可以提高技术引进效率，从而为技术创新提供条件。

基于不同的贸易政策偏向，关税理论的首要争论集中于关税水平上，在不同的经济学理论中，得出了完全不同的两个观点，一是高关税理论，二是低关税理论。

高关税理论起源于重商主义，以英国的托马斯孟（Thomas M.）为代表。重商主义认为财富即货币，因而对外贸易是增加一国财富的真正源泉，主张实行贸易保护主义政策，利用关税保护本国商品，保护本国贸易不受外国商品的冲击，同时减免本国出口关税，鼓励本国出口。近代的高关税理论则侧重于幼稚产业保护理论，最具代表性的人物是汉密尔顿和李斯特。这一理论在美国获得良好的实践效果。汉密尔顿是美国幼稚工业保护论的倡导者，主张利用高关税阻碍幼稚工业产品进口，为幼稚工业发展提供时间和国内市场，使其在此期间提升国际竞争力。李斯特认同落后国家通过高关税政策保护本国工业发展，认为工业发展水平相近的两国可以通过自由贸易主义实现共赢。

超保护主义发生于1929—1933年经济危机后。在第一次世界大战和经济危机的双重影响下，西方主要国家经济受到沉重的打击，由于产品相对过剩，经济危机使美国、英国、法国、意大利等国的产能水平大幅下降。受凯恩斯国家干预思潮的影响，各国为了摆脱危机，采用了超高的关税政策，被称为超保护主义理论。该理论把关税和就业理论联系了起来，认为通过关税限制提高顺差水平，扩大国内需求，可达到刺激就业水平的目的。

当代的高关税理论是以克鲁格曼（Krugman）为代表的战略性贸易流派。克鲁格曼首先改变了传统理论的假设，即完全竞争和规模报酬不变，在不完全竞争和规模经济及报酬递增前提下分析贸易政策对一国经济带来的影响，提出以战略性贸易政策为核心的关税政策新理论。克鲁格曼认为通过战略性贸易政策，包括保护性关税、进口配额及自愿出口限制等，可以改变竞争和规模报酬不变的状态，创造出内生比较优势。由于存在内、外部规模经济、干中学效应，通过动态创新最终可实现规模报酬递增，形成新的垄断优势。迪克（Dick）早在 1994 年把 IPEP 假说（Import Protection Act as Export Promotion，进口保护可以充当出口促进）推广到战略性贸易政策理论上，对战略性贸易政策进行了实证检验，认为进口品征税代替国内市场外国产品的国内征税，相对产出量的转变促使国内厂商下移它的边际成本。此外，20 世纪 50 年代，在发展经济学蓬勃发展的时期，保罗•普雷斯、辛裕（M.Singer）提出“外围—中心”理论，他们认为自由贸易只对发达国家有利，对发展中国家不利，因而他们主张发展中国家使用保护关税政策对其国内产业进行适当保护，主张建立合理的关税保护制度，既不要过分放开也不要过分封闭，循序渐进地放开关税，通过适度的放开来使本国的厂商和企业参与到国际竞争中。自 2008 年由美国经济危机引发全球经济萧条以来，贸易保护主义思潮再次回流。欧美国家为度过经济寒冬，开始抱团取暖。美国自 2011 年开始推进 TPP（跨太平洋伙伴关系协定）谈判，2013 年正式启动了 TTIP（跨大西洋贸易与投资伙伴协定）谈判，旨在建立世界上最大的两个自由贸易区：亚太自由贸易区（涵盖亚洲太平洋经济合作组织即 APEC 所有成员）和美欧自由贸易区，给新兴国家，包括中国在内，实现自由贸易建立了新的障碍。美国的这一举措实质上抛弃了多哈回合谈判的成果，架空了 WTO，实现了对区内的低关税，区外的高关税，特别是在农产品及农业利益上保持了高关税。

低关税理论源于自由贸易主义，首先由古典经济学派的亚当•斯密和大卫•李嘉图倡导。古典经济学家在完全竞争假设下，分析关税对资源配置的影响，结论是自由化的贸易政策，即低关税可以促进贸易，零关税则可以实现资源的最优化配置。马歇尔（A.Marshall）和俄林（B.Ohlin）等人实现了对自由贸易主义的补充和完善，提出相对需求理论、国际贸易和国际分工理论。在古典经济学研究范式下，以各国资源禀赋差异为分析前提指出国际贸易可使交易国双方均受益。李嘉图学派的分析则表明只要自由贸易在一个制度化的环境中进行，并让价格决定资源的分配，那么各交易国通过贸易获益在理论上是可行的；俄林则认为贸易壁垒促进了各国生产多样化产品和差异化产品。这些理论在推导上更为严谨，结论使人振奋，然而受到完全竞争的市场结构及低关税（零关税）的隐含假定的局限，在实际应用中大打折扣。

（二）关税政策推进技术创新的机制

关于技术创新的重要性，目前在各理论界和各国实践中均已达成共识。一个显著的证据是从经济合作与发展组织（OECD）整体来看，1975—1985 年商业企业的产业 R&D（研究与开发）的实际开支年综合增长率达 6%，时至今日这一增长仍在继续（格罗斯曼，赫尔普曼，2009）。与技术创新相关联的大量文献中，技术创新与技术进步作为关键词交替出现。狭义的技术进步主要是指生产工艺、中间投入品以及制造技能等方面的革新与改进；广义的技术进步则指技术所涵盖的各种形式知识的积累与改进。技术创新可看作是一个比技术进步内容更丰富的范畴，是技术进步与应用创新“双螺旋结构”共同作用催生的产物。对技术创新的研究已形成了庞大的成果群。从总体看，观点一致的论点中包括对创新理论起源的认知。

公认的创新理论起源是熊彼特于 20 世纪 30 年代的著作《经济发展理论》，这一概念在《经济周期》和《资本主义、社会主义和民主主义》中得以完善。有别于传统的创新理念，熊彼特将创新看作一个经济概念。他建立了一个新的生产函数，不将创新看作是科学家们仅仅基于自身的兴趣而做出的举动，而看作是一种资本家追逐利益而产生的经济行为，使创新成为重要的经济理论的一个部分。熊彼特研究了资本主义经济发展的实质、动力与机制，探讨了经济增长和经济发展的模式和周期波动，预测了经济发展的长期趋势，提出了独特的经济发展理论体系。综上所述，从关税理论出发，结合经济增长理论和新制度经济学的理论，可以得出关税政策对技术创新的影响是多方面的，同时关税政策的实施作为现代经济社会的一种制度安排，也会对技术创新产生影响。

关税政策对技术创新的影响应当从四个角度来分析，一是关税政策和关税实施的制度安排会为企业进行技术创新带来政治型交易成本，科学的关税政策及实施的制度安排可提升对技术创新的促进效应，而不适当的制度设计则可能会阻碍本国创新能力的释放，并进而阻滞经济的发展。因此，合理的组织结构、有效的内部管理及适当的关税征收流程都将带来企业交易成本的下降，有利于企业增加利润，促进企业增加技术创新研发资金投入，带动产业的创新与升级。二是适当的关税税率，会对进出口产品的价格产生影响，价格的变动进而会带来两个效应，首先是影响使用进口产品的企业的生产成本，通过价格变动引导企业进口产品的选择，为企业技术创新提供支持；其次是影响本国国际贸易产品结构，进而促进技术引进、技术扩散、产品的模仿及产品质量的提高，从而推动本国技术创新。三是合理的关税结构，调整关税税率的有效保护率，实现对技术创新的重要主体，即高新技术产业提供有效保护，不仅体现在降低高新技术产业发展过程中高技术产品，特别是设备进口的成本，还体现在支持本国高新技术产业产品走出国门，为其参与国际竞争提供条件。四是关税本身作为国家财政收入的一个部分，其收入效应可以增加政府的财政收入，进而为技术创新提供资金支持。

总之，适当的关税政策及实施的制度设计可改善当前国际市场竞争中存在的不平等现象，还可以实现国际竞争机制的引入，并通过自身组织体系的重构，实现政治交易成本的控制及进一步的降低，包括关税征收环节的科学化，监督管理的高效化等。关税政策通过对创新要素（技术引进，知识扩散）、创新主体（国家、企业，特别是高新技术企业）、创新制度（组织架构和法制改革等）、创新环境（国内及国际市场竞争机制）产生积极影响，实现对本国自主创新的促进，并进而实现对经济增长的促进。因此在不完全竞争市场结构下，关税政策作用于经济主体，可推动技术创新，实现经济增长。

不仅受加入世贸组织承诺的影响，更是由于当前我国正处于国内国外经济环境的大变革时期，我国的关税政策选择面临更多的难题，关税政策不得不承担更多的宏观调控责任。一方面，关税政策及实施的制度设计要着眼于当前中国转型期的特点，对产业升级和结构调整发挥引导和调控职能；另一方面，随着中国人口红利的消失，原来建立在劳动力成本优势基础上的制造业在国际市场中逐步丧失了价格优势，国际贸易条件与之前相比变得更为不利，关税政策的选择还需对当前国际市场中存在的制度性扭曲加以校正，应对不公平的国际贸易环境。在关税政策的选择和实施的制度变革中，政府必然要兼顾国内和国际两方面的因素。

关税制度对创新的影响机制还可从变量传导机制的角度来分析，在当前的制度安排下，关税政策可通过宏观、中观和微观三个层次实现对技术创新的促进。所谓宏观是指关税政策可通过改革组织结构，优化征收流程并提高执法透明度等手段实现对政治交易成本的降低，并由此对国家制度的创新提供条件；中观是指关税政策可以通过合理的税率水平及结构安排实现对产业的有效保护，特别是通过对我国高新技术产业和战略性产业的有效保护实现对技术创新的促进；微观则是指通过关税政策引导，可以实现技术引进成本的降低和高新技术产品出口成本的降低，有利于企业利润空间的上升和高新技术产业国际竞争力的提高，在降低企业技术创新的成本的基础上，增加企业技术创新的投入。具体而言，关税促进技术创新理论的变量传导路径如图 3 – 5 所示。

由图 3 – 5 可以看出，通过对关税政策及实施的制度设计优化可以实现交易成本的降低，在变量传导机制通畅的前提下，制度的优化最终可以推动国家的创新。通过关税税率的合理设计可以对企业的创新能力产生影响，同时对产业的创新和升级的实现产生推

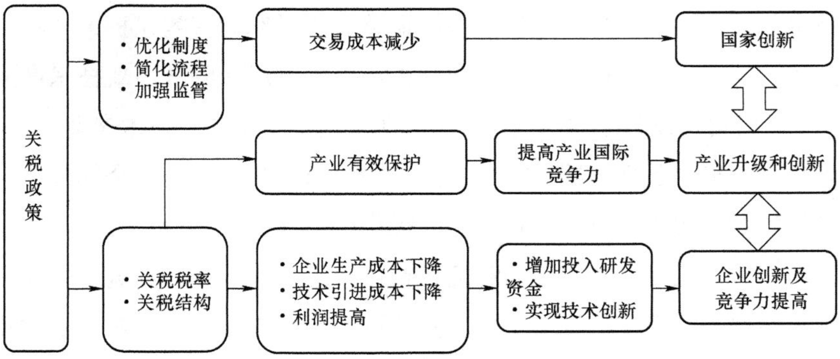

图 3-5　关税政策促进技术创新的变量传导机制

动力量，但是这一传导机制的实现依赖于企业将关税税率优惠所带来的利润增加用于研发投入。而对技术引进的优惠若要产生积极影响，则需要依赖于企业通过技术引进，获得新知识、新信息并最终应用于技术创新。关税有效保护对产业升级的影响机制则需在有效保护带来的产业国际竞争力提高的前提下得以实现。由此可见，并不是关税政策及实施的制度安排直接形成技术创新，其对创新产生的影响需通过多个层面多个路径且在一定的前提下来实现，因此要想使关税政策及实施的制度安排能促进技术创新，就需要对其发挥作用的前提条件有适度的制度安排，保证传导路径的通畅。

五、关税扩大就业的职能

根据凯恩斯的超保护理论，提高关税可以扩大和保护就业。由于提高关税可以减少进口，使对外需求转为对内需求，从而刺激本国相应产品的生产，实现扩大就业。对于发展中国家而言，可以利用高关税保护本国产业发展，实现进口替代产业的发展与扩张，从而扩大就业；对发达国家而言，可通过关税政策限制本国传统产业和夕阳产业的外国竞争对手进入，保障这些产业的国内市场，避免结构性失业。

可预期且明确的关税政策有利于扩大企业用工规模。研究表明，关税政策不确定性下降会显著促进企业就业净增长，且促进效应随时间推移逐步增强。从影响渠道看，关税政策不确定性下降同时通过“提高企业就业创造”与“降低企业就业破坏”两个途径显著促进企业就业净增长，其中前者的作用更突出。另外，出口扩张也是关税政策不确定性下降促进企业就业净增长的重要渠道。考虑到工资与就业是劳动力市场的两个重要维度，本书还从平均工资与工资差距两个视角进一步考察关税政策不确定性下降与企业工资的关系。结果发现，关税政策不确定性下降显著提高了企业的平均工资，且该效应在中国加入 WTO 之后不断增强。研究表明，出口扩张与企业利润率的提高是关税政策不确定性下降提高企业平均工资的重要渠道。此外，关税政策不确定性下降显著缩小了企业工资差距，因为关税政策不确定性下降显著提高了企业劳动密集型产品的出口占比，这意味着与资本密集型产品相比，劳动密集型产品的出口规模得到更大幅度的扩张，促进企业相对更多地雇用非技术劳动力，减少对技术劳动力的需求，最终有助于缩小企业工资差距。关税政策不确定性下降不仅显著促进了企业就业净增长，而且有利于提高企业的平均工资水平，同时还明显缩小了企业工资差距。这意味着，进一步降低关税政策不确定性与推进贸易自由化改革有助于创造更多的就业岗位，缓解就业难问题。更为重要的是，消除关税政策不确定性和营造稳定有序的外部经济环境还能有效提升员工报酬和改善收入分配格局。据此，中国政府应当积极探究和参与国际规则如 TPP（跨太平洋伙伴关系协定）、TTIP（跨大西洋贸易与投资伙伴协议）、TISA（国际服务贸易协定）等的制定，致力于通过签订自由贸易协定和落实“一带一路”倡议等举措来有效降低乃至消除贸易政策潜在的不确定性，充分发挥国际贸易对中国就业创造、收入再分配的带动作用。

六、关税保护本国资源环境的职能

保护本国资源和环境一般都是出口关税所具有的职能。

对出口商品征收出口关税，从经济角度看，增加了出口商品的成本，不利于其在国外市场上的竞争，因而征收出口关税会对出口商品形成一种负保护，阻碍本国商品的出口。近一个世纪以来，国际市场竞争非常激烈，各国已很少使用出口关税。但在某些情况下，它依然存在，甚至具有正保护作用。

对那些本国需求数量比较大的工业原料、初级产品及自然资源，征收出口税以限制其盲目出口，可防止资源耗竭。例如，我国从 20 世纪 90 年代就开始对山羊绒、铅、钽铌等产品的出口征收出口关税，以控制这些资源性产品的出口。进入 21 世纪后，我国继续开征出口关税，从而提高出口价格以控制部分高耗能、高污染、资源性产品的出口。同时，对出口的原料征税，有利于保障国内生产的需要和增加国外商品的生产成本，从而加强本国产业的竞争能力。例如瑞典、挪威对于木材出口征税，以保护其国内纸浆及造纸工业。

另外，出口关税也是增加财政收入的重要工具。一些最不发达国家或发展中国家经济比较落后，工业不发达，生产力水平比较低下，直接税等其他税源贫乏，只有依靠本国自然资源出口的优势创汇。对一些资源丰富、出口量较大的商品，尤其是在世界市场上有独占性的出口商品征税，只要不会过多地影响它在国外的销售数量，出口税仍成为其财政收入的一项稳定可靠的主要税源。

除此之外，征收出口关税能够保证本国市场供应。有些国家对本国虽有生产，但本国需求很大、供应不足的商品，征收出口税以限制其盲目出口，从而稳定国内市场价格。另一方面，利用出口税调节出口流量，以稳定其在国际市场上的价格或争取该商品的有利售价。

最后，征收出口关税能够满足其他政治或经济方面的需要。对国际上有独占性的产品出口征税，除了可以增加财政收入或改善本国贸易条件外，有时还附有政治性和其他经济方面的目的。如 1930 年，德国对当时只有德国能生产的化学产品、药物和光学仪器征收出口税；1973 年，海湾地区产油国家对石油征税；1974 年，巴拿马对香蕉征收出口关税等。这些措施当时都在政治上和经济上产生过一定的影响。

第二节　关税的效应

一、关税的价格效应

一个国家对进口商品课征关税立刻会表现为其对价格的影响。一个商人在他的商品被课以关税后，总是要设法把关税税负转嫁出去，这就会引起进口国国内外市场价格的变化。对进口货品征收关税产生的价格影响，称为关税的价格效应（Price Effect）。但进口国为贸易大国或是贸易小国，征收关税产生的价格效应并不完全相同。

所谓贸易小国，是指其进口数量在整个国际贸易的货品中所占比例很小，因此，贸易小国在国际市场上只能是“价格接受者”（Price Taker）。贸易小国对进口货品课征关税，由于其进口数量占国际市场销售总量的比例很小，进口品数量的多少对国际市场的价格影响很小，关税税负完全转由进口国的消费者承担，关税的价格效应完全表现在进口国国内市场价格的提高。

贸易大国征收关税的情况与贸易小国的情况不同。贸易大国征收关税后，一方面导致进口国国内市场销售价格的提高，另一方面，由于贸易大国的进口数量占国际市场销售量的比例很大，就会形成一定程度的市场控制力量。当进口国国内价格的提高引起其进口数量减少时，出口国的生产者或出口商为不过多地削减出口销售数量，获得更大出口收益，不得不降低其出口货品的价格。所以，与贸易小国相比，贸易大国征收关税不仅导致进口国国内价格提高，而且导致国际市场价格下降。当其他条件均相同时，贸易大国国内市场价格提高的幅度小于贸易小国价格调高的幅度。

二、关税的贸易条件效应

（一）贸易条件的概念

贸易条件（Terms of Trade，TOT），即进出口比价，是出口商品价格与进口商品价格之间的关系，是用来衡量在一定时期内一个国家出口相对于进口的盈利能力和贸易利益的指标，反映该国的对外贸易状况，一般以贸易条件指数表示，在双边贸易中尤为重要。最基本的表达方式是出口价格与进口价格之比。贸易条件的改善与恶化，是国际贸易中的一个重要问题。贸易条件对一个国家越有利，说明这个国家出口相同数量的商品所能换回的进口商品越多，贸易利益越大。

常用的贸易条件有三种不同的形式：价格贸易条件、收入贸易条件和要素贸易条件，它们从不同的角度衡量一国的贸易所得。其中价格贸易条件最有意义，也最容易根据现有数据进行计算。

价格贸易条件又称为净实物贸易条件，为一国出口与进口的交换比价，其计算公式为：

$$\text{价格贸易条件指数（}N\text{）}=\text{出口价格指数（}P_x\text{）/进口价格指数（}P_m\text{）}\times 100$$

如果贸易条件指数大于 100，说明出口价格比进口价格相对上涨，出口同量商品能换回比原来更多的进口商品，该国该年度贸易条件比基期有利，即得到改善；如果贸易条件指数小于 100，说明出口价格比进口价格相对下跌，出口同量商品能换回的进口商品比原来减少，该国该年度贸易条件比基期不利，即恶化了。

国际贸易理论认为出口导向型贸易增长会使一国的贸易条件恶化，而进口导向型增长则会改善一国的贸易条件。同时，根据克鲁格曼的标准贸易模型：一国贸易条件的改善会增加一国的福利水平；反之，贸易条件的恶化会降低一国的福利水平。

对贸易大国来说，对进口货物征收关税后，出口国的生产者或出口商为不过多地削减出口销售数量，获得更大出口收益，不得不降低其出口货物的价格。这样，在本国出口货物价格不改变时，进口国征收关税后的（国际）贸易条件得到改善，即使减少了贸易量，也可以获得较高的社会福利水平。但对贸易小国而言，由于进口数量少，不能迫使出口国降低价格，无法改善贸易条件，征收关税使贸易量减少，从而降低其社会福利水平。

（二）关税对贸易条件的影响

征收关税可提高进口产品的国内价格，但当进口产品的需求量大且弹性大时，关税的存在反而可以压低进口品的价格，从而使得贸易条件指数（出口价格与进口价格之比）得到改善。此外，在不完全竞争条件下，关税的征收可以促进本国进口替代产品的生产，若存在规模效益，则该类产品的平均成本会降低，因此关税的征收不仅有助于本国垄断，增加消费者剩余，同时还可以为本国带来关税收入，对生产者则产生“利润转移”效应。

在贸易保护主义理念下，关税政策对贸易条件具有显著的影响。保护主义的贸易条件改善论是一种“以邻为壑”的观点，是以牺牲其他国家的福利为代价。通过这种保护性贸易政策，虽然世界的总体福利水平和其他国家福利水平都下降了，但是本国可以提高贸易条件，即 P_x/P_m（P_x 代表出口价格，P_m 代表进口价格）的比价上升而增加福利。因为本国关税的提高将会减少世界市场对外国产品的总需求，进口品的世界价格将降低，从而 P_x/P_m 比价上升。

上述问题，我们可以利用供给曲线予以进一步解释。如图 3－6 所示，OC_1 代表本国的供给曲线，OC_2 代表外国的供给曲线，假设自由贸易时的贸易条件为 TOT_1，均衡点为 E_1。若本国增加关税，本国的供给曲线将移至 OC_1'，均衡点移至 E_2，此时本国的出口量由 OX_1 减至 OX_2，进口也由 OY_1 减至 OY_2，而贸易条件得到改善，变为 TOT_2，本国每单位的出口可以获取更多的进口，福利水平提高了。不过，需要指出的是，进口关税在迫使外国降低出口价格的同时也会减少贸易数量，从而缩小本国的整体贸易利益规模，这就牵涉到最优关税问题；同时贸易伙伴国的报复性关税也会对贸易条件产生不利影响。

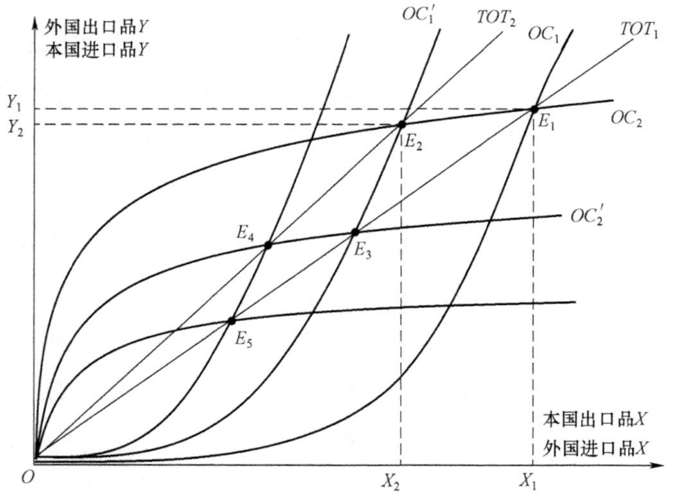

图 3－6　关税与贸易条件

1. 关税对贸易条件的直接效应分析

（1）最优关税税率与贸易条件

关税的征收虽然提高了 P_x/P_m 的比例，但是贸易量却减少了。在其他条件不变的情况下，由于本国减少了对低成本进口品的消费（进口品的生产本国处于劣势），所以本国的福利水平是下降的。若排除外国的报复性关税，那么改善贸易条件的关税调节政策应以由价格变动带来的利益和由贸易量变动带来的损失之和为约束条件。政策的目标在于寻求一种关税税率，即最优税率。所谓最优税率是指能使一国的福利水平达到最大的关税，在这种关税水平下，由外国出口产品价格下降而得到的边际利益等于因贸易量减少而形成的边际损失。最优关税率与外国供给曲线的弹性有关，而这种关系可以用下列公式表达：$t_1^* = 1/(e_2 - 1)$，其中 t_1^*为本国的最优关税率，e_2为外国供给曲线上的进口需求弹性。该公式表明，最优税率同外国进口需求弹性呈相反的关系，外国进口需求弹性越小，则本国最优关税率越高；外国进口需求弹性越大，则本国最优税率越低；当外国进口需求弹性为无穷大时，则本国最优税率为零，本国征税只能损害自身。所以若外国对本国出口品的进口需求弹性很大，则征税引起的本国供给曲线的移动对本国的贸易条件的影响很小。但是，需要强调的是，这种最优税率只适用于大国，即只有大国才可通过征税改善贸易条件。因为对小国来说，它是无法影响国际贸易条件的，征税只会使本国的福利减少，所以小国的最优税率是零。另外，这种最优仅仅是从价格贸易条件的改善而言是最优的，并不包括诸如保护幼稚工业的利益和保护低效率的损失。

（2）报复性关税与贸易条件

如前所述，进口关税的征收将提高征税国（本国）的福利而损害别国的福利，但是在现实条件下，受损的伙伴国可能会采取同样的关税手段予以回击报复，这样相对于自由贸易情形两国福利最终都会减少。我们仍以图 3－6 的供给曲线对本国进口品 Y 予以解释分析。本国征税后，在新均衡点 E_2 处，本国的贸易条件改善，福利增加。若外国同样予以征税使外国的供给曲线由 OC_2 移至 OC_2'，新的均衡点达到 E_3，此时相对于 E_2，外国的福利增加，本国的福利减少。然后本国会征收更高的关税，均衡点移至 E_4，外国立即做出反应使均衡点移至 E_5。最后“关税战”的结果使均衡点可能位于 E_5，此时贸易条件 *TOT* 未变，但是总的贸易量和贸易利益却大幅减少。所以从长期来看，单边性的关税征收对贸易条件的改善是没有作用的。

（3）关税对贸易条件直接效应的局限性

关税的直接作用仅在于改善价格贸易条件。但是，它只反映了短期国际市场力量所决定的贸易利益的变化，而不反映由经济发展水平与贸易结构所决定的贸易利益的变化。简单地说，仅仅用进出口价格之比来说明国际贸易利益和分配是不完全的，即使承认这种贸易条件“恶化”了，也不一定意味着贸易不利于国内的经济发展（这也是“贸易条件恶化论”的缺陷）。同样，通过关税保护而获得的价格贸易条件改善，并不能反映一国因此在其他方面的损失，无法衡量一国实际的贸易利益。所以，考察通过关税保护一国实际贸易利益的得失情况，不能仅从价格贸易条件评价。在国际贸易发展的过程中，特别是在对“贸易条件恶化论”的探讨过程中，形成了能更好衡量国际贸易利益及其分配的收入贸易条件和要素贸易条件。但是不管采用何种贸易条件，我们仍需要注意，贸易条件本身只是一种静态的评价指标，它忽略了一国参与国际贸易的潜在的和动态的利益。一定期间的贸易条件的恶化并不能说明贸易对该国的经济发展不利，所以如若运用关税等保护性政策一味追求所谓的有利的贸易条件，对一国来说可能会得不偿失。

2. 关税对贸易条件的间接效应

如前所述，我们讨论的关税直接效应主要是通过价格机制发生作用的。但是这种效应的发挥是很有限的，不仅从长期来看是无效的，而且在当今世界经济中，依靠这种纯粹的关税壁垒也是行不通的，因为它是有悖于 WTO 原则的，而各国都开始强调公平贸易原则。不过，WTO 原则也允许一国出于幼稚产业的保护而采取关税措施。所以，一国运用关税改善贸易条件只能通过间接效应。这种关税对贸易条件的间接效应就是指一国在一定的发展战略、政策下，通过合理的关税结构进行适度保护，逐步发展进口替代产业，实现产业结构的优化升级而达到贸易条件的改善。对此我们需要了解两点：贸易结构与贸易条件；关税政策与贸易条件。

（1）贸易结构与贸易条件

为什么我们说关税对贸易条件的间接效应是通过结构的优化升级而达到的呢？贸易结构与贸易条件之间会有什么样的关系呢？“贸易条件恶化论”指出发展中国家总体贸易条件恶化是由于其制成品贸易比重过小而初级产品相对制成品贸易条件更趋恶化造成的。虽然这种结论存在很多片面性、逻辑矛盾和统计上的错误，但是不可否认，在现实经济中却也存在合理、可信的地方，否则各国不会积极追求本国产业结构与贸易结构的动态优化升级。以人均收入为标志的经济发展道路显示，低级产业中的投入要素比重相对提高，而增加价值的比重相对下降；高级产业中则投入要素比重相对下降，而增加价值的比重相对上升。所以，以增加价值比重为标准的出口利益中，出口产业越是低级，贸易条件越趋于恶化；出口产业越是高级，贸易条件越趋于改善。同样我们从市场竞争的角度来看，产品层次越高，其越有可能利用一定的垄断地位使贸易条件有所改善；而产品层次低，由于市场可供能力大，其更有可能因市场竞争而导致贸易条件的恶化。需要指出的是，产品结构层次高低的划分是动态的，并不是简单的初级产品和制成品间的划分。辛格的“贸易条件恶化新论”中认为发展中国家大量制成品的出口可能只是转换了其贸易条件恶化的内容。这就从一个方面反映了发展中国家虽然实现了制成品的大量出口，但是制成品所含的技术已是标准化的且为大多数国家所掌握，从而使得世界供给大增，对贸易条件的改善有不利影响。所以，通过关税政策实现一国产品结构的优化升级是获取贸易条件改善所必需的。

（2）关税政策与贸易条件

运用关税的间接效应改善贸易条件必须使关税政策满足两点：第一，从总体而言一国的关税总水平不应过高。过高的关税水平一方面使国内工业的成本较高，不利于产业发展所需技术的引进；另一方面，过高的保护限制了竞争，不利于生产效率和效益的提高，这都会阻碍产业结构的优化升级，从而不利于贸易条件的改善。第二，关税政策应与一国的产业、贸易及外资政策等相协调。综合运用产业贸易政策，对不同产业实行不同的政策倾斜，逐步建立起动态的比较优势，获得长期内贸易条件的改善，是实现产业结构、贸易结构优化升级的必由之路。但是政策的长短期有时很难做到相一致。比如，如果为实现结构升级，关税等政策偏向于进口竞争品部门，这就会使短期内对外贸易条件恶化，国民价值的亏损增加；而若政策偏向于出口竞争品生产部门，短期内对外贸易条件得到改善，但不利于结构的优化升级。如何协调长短期目标呢？这就需要各国政府能够进行有效政策导向，同时也要有健全的国内经济运行机制能对国际经济变化作出灵活的反应。

3. 区域一体化下的关税与贸易条件

以区域一体化作为政策的措施也会改变一国的贸易条件。在前面我们提到，由于报复性关税的存在，关税的贸易改善效应将失效，且对贸易双方的福利有较大损失。但是在区域一体化条件下，关税政策的效应将会大于单边关税政策，不过这主要是通过贸易对象的变化而非市场价格机制的作用引起贸易条件的变化。贸易创造与贸易转移是其中的两个机制。

假设在形成区域贸易一体化以前某商品的价格本国最高，伙伴国次之，世界市场最低，那么本国会从世界市场进口，在单边关税作用下，进口量较低。区域一体化后，由于一国对区域内外成员不同的关税政策，进口从世界市场转向伙伴国，进口价格提高，若仍低于原征税价，进口量会大增，可见贸易伙伴国得到利益，改善了贸易条件。相反，若作为出口商，对本国就会有改善贸易条件的影响。再假设，该商品本国价格低于伙伴国但高于世界市场价格，那么只会产生贸易创造效应。虽然一体化后基本上不会改变进口价格，但进口量的增加使该商品的价格指数在整个贸易条件的权数增大了，故也会对贸易条件有所影响。从发展中国家的实际经验看，追求贸易条件的改善是发展中国家选择一体化政策的主要原因。效率较低、关税水平较高的发展中国家加入一体化组织后，其与伙伴国之间的贸易条件可能会变得更恶化，但该国与同盟外国家之间的贸易条件却可以得到改善。

除了前面所说的贸易创造、转移效应外，还有一体化“溢出”效应，即由于该国加入一体化组织后，谈判能力大大增强，一体化组织作为一个整体可以通过一切贸易措施来促使区外国家降低其供给价格；加之一体化后各成员国都减少从区外的进口，为了降低因出口的减少而受到的损失，区外国家也会自动地把其出口价格下调，从而该国的贸易条件也同一体化组织一样得到了提高。但是在区域一体化下利用关税改善一国的贸易条件是与该一体化组织的开放程度有关的。如果该国参加的一体化组织是封闭性的，一体化后该国与区外非成员国之间的贸易往来大大减少，甚至完全取消，则该国虽然在理论上与非成员国间的贸易条件提高了，但由于双方实际贸易交往很少，这种效果意义不大。而另一方面，封闭的一体化会促使该国一体化内部的往来增多，由于其内部贸易条件在一体化后变得恶化，那么对该国而言，其一体化内部贸易条件的消极效果将大于它因与非成员之间贸易条件提高而获得的积极效果。所以对于发展中国家来说，要想通过一体化获得同非成员国之间的贸易条件提高的积极效果，它必须参加一个开放度很高的一体化组织。

三、关税的消费效应

征收关税后，进口国国内市场的价格提高，理性的消费者因价格提高而减少消费，这一结果称为消费效应（Consumption Effect）。从积极方面看，利用关税的这一效应，可以引导人民的消费倾向或人民的生活习惯，限制对非必需品或奢侈品的高消费；从消极方面看，减少消费数量将降低进口国社会福利水平。

从另一角度看，若降低关税，会通过降低进口商品的市场价格，从而刺激进口，进而扩大进口商品的多样性，丰富消费者选择的种类，从而可提高消费者效应及其福利水平。

四、关税的生产效应

征收关税后，进口品在进口国国内市场上价格提高，根据市场充分竞争的法则，进口国国内生产的同类同质产品也可以以相同的价格出售。国内生产者因国内市场价格提高而增加产品供给数量替代进口品，称之为生产效应（Production Effect）。这是关税为国内产业提供保护的结果，因此，也称为保护效应（Protection Effect）。

五、关税的贸易需求效应

对进口商品征收关税产生的生产效应和消费效应，使进口国对进口品的需求数量减少，逐渐减少该商品的进口数量，减少进口的数量等于增加生产的数量与减少消费的数量之和，称之为贸易效应（Trade Effect）。贸易效应的大小在理论上等于生产效应和消费效应之和。但由于许多国家在国际贸易中并不是以本国货币结算的，而征收关税通常都是以本国货币计征，因此，贸易效应还会受到本国货币与外国货币汇率的影响。当本国货币相对外国货币升值时，一方面以本国货币计算的货品的价格会降低；另一方面，虽然关税税率没有改变，但关税完税价格降低，关税税额也会减少。因此，生产效应和消费效应相应地降低，贸易效应也会相应降低。反之，当本国货币相对于外国货币贬值时，贸易效应会相应增大。

六、关税的国际收支效应

进口数量的减少导致外汇支付的缩减，改善了国际收支状况，称为国际收支效应（Balance of Payment Effect）。利用关税的这种作用可以调节进出口商品数量，维持国际收支平衡。一个国家进口商品数量过大，而无法用出口货物换取足够的外汇，势必造成国际收支的逆差，限制进口数量是其解决的方法之一。例如，美国 1971 年因为国际收支逆差过大而对进口货物加征特别关税，以减少进口数量，控制外汇支出，但因各国反对，不久就取消了这种特别关税。

七、关税的收入效应

对进口品征收关税，进口国为此取得财政收入，称为关税收入效应（Tariff Revenue Effect），又称为财政收入效应（Revenue Effect）。关税是一种税收，组织财政收入是关税的最基本属性，也就是关税最基本的职能。自关税产生以来，它就负担着为国家筹集财政资金的职责。

目前，发达国家的财政收入都改为征收直接税为主。关税是间接税，在当前的国际经济贸易合作和倡导贸易自由化的背景下，关税被认为是阻碍贸易自由化的壁垒，受到国际协定的约束，关税组织财政收入的作用相对降低。通过关税及贸易总协定（GATT）、世界贸易组织（WTO）的关税减让谈判，各国关税水平大为降低，关税收入占税收总额的比重在发达国家中已微不足道。如英国目前关税收入占总税额的比重不到 1%。

但在一些发展中国家，国民收入较低，国内的其他财源有限，征收关税仍是其财政收入的一个重要来源。如前所述，关税首先是对进出口货物征收的一种流转税，它的产生就在于它能为政府提供有效而可靠的收入途径，关税的这种财政收入功能对政府的影响更为直接具体，尤其对于经济发展水平较低的发展中国家而言，关税财政收入作用更为明显。历史上我国关税对政府财政收入所作的贡献也十分突出，在 1994 年税制改革以前的十年时间内，关税收入占中央财政收入的比重基本都在 20%以上。从各国发展历史来看，关税财政收入作用的发挥根本上受制于一国生产力发展水平，经济落后的国家，对关税等进出口税收的依赖性强，而经济较发达的国家从国内获得的其他税收更有保障，因而对关税的依赖性会大大降低。

八、关税的再分配效应

关税的再分配效应包括两个方面。一方面，对进口货品征收关税直接对进口国的生产者和消费者之间的利益形成再分配。进口国征收关税导致进口品和国内生产的被保护产品在进口国市场上的价格提高，消费者不得不减少购买数量，使得消费者的福利水平降低。而进口国国内市场价格的提高，使生产者因此获得更大的利益。生产者获得的利益来自消费者的福利损失，形成了进口国国内生产者与消费者之间的利益再分配，因此称为收入再分配效应（Income Redistribution Effect）。

另一方面，关税和其他税收一样，体现着一定的分配关系。国家对进出口商品征收关税，再通过政府财政支出重新分配给国家各部门、单位和个人，以从事各种经济活动，从而参与国民收入的再分配。在对日用必需品进口征收低税或免税的同时，对高价的非必需品或奢侈品进口征收高额关税，也就是对使用高价非必需品或奢侈品的富人多征税，可以调节社会的贫富不均。

九、关税的社会福利效应

社会福利效应（Social Welfare Effect）亦称净损失（Dead – weight Loss）。进口国征收关税虽然使本国生产的产品替代了进口品，但生产的增加是在国内企业高成本、低效率的基础上进行的。生产同样数量的产品，国内生产者比国外生产者消耗了更多的资源，资源的浪费降低了社会福利水平。此外，进口国的消费者因价格提高而不得不减少消费数量，也降低了社会福利水平。

由于降低关税带来的进口量增加，使得税基增加，税率下降对税收收入的影响不一定是同向。一方面，由于关税下降使得进口商品的价格相对下降，进而使得产品进入国内后，国内生产厂商所利用的中间投入品价格降低，产出增加，税基增加，导致国内税收收入增加。另一方面，国内生产商利用进口中间品加工生产最终品相比之前出口具有竞争优势，因而会使得出口增加导致出口相关税收收入增加。

知识积累

入世以来关税宏观调控和公共财政职能加强

2001 年 12 月，我国正式加入世界贸易组织，开始实行有管理的贸易自由化。加入世界贸易组织以来，我国对外开放的广度和深度进一步扩大，与世界经济的融合度进一步加深，宏观调控的任务也更加繁重。我国关税工作较好地把握了关税调控宏观经济、增加财政收入和促进外贸发展三大功能的关系，针对国内社会经济发展需要和国际经济形势变化情况，科学、精细地调整关税税率、税目，丰富调控手段，关税调控经济的职能得到有效发挥，并逐步改变了以往“重生产、轻消费”的做法，在继续促进工农业生产发展、技术创新和节能环保的同时，更多地向民生领域倾斜。

一、优化进口商品结构

近年来，我国通过暂定税率的形式，对进口关税进行了多次集中调整，重点降低了重要能源资源性产品、农业生产资料、基础工业原材料、先进技术装备和关键零部件、部分百姓日常生活用品等商品的进口税率。截至 2010 年 12 月 31 日，共对 600 多项商品实施进口暂定税率，平均税率低于 5%，相对于最惠国税率，优惠幅度达到 50%以上。数据表明，实施进口暂定税率的商品一般贸易进口增长明显高于全国的平均增速。实施进口暂定关税，在满足国内经济社会发展需要、加快转变经济发展方式、促进贸易平衡、提高人民生活水平等方面发挥了重要作用。

1. 为支持农业和农村经济发展，提高农民收入，促进社会主义新农村建设，对饲料、化肥原料、种畜、种苗、受精鱼卵、牛羊脂肪、印楝油、可可豆、蓝湿皮革、农药中间体等农业原料和产品以及大马力联合收割机、棉花采摘机等农用机械设备产品实施较低的暂定税率。

2. 为保障公共卫生事业发展，提高人民群众健康水平，对医用红外或氦氖激光胶片、头孢烷酸、人工耳蜗植入装置、X 光片、人造血浆原料、人血白蛋白和人用疫苗等医疗卫生商品实施暂定税率。

3. 为丰富国内市场供应，进一步满足老百姓日常生活需求，促进消费，对冻猪肉、鳕鱼、婴儿食品、植物油、厨房炊具、餐具、食品加工机、视力矫正镜片、玻璃杯、黑珍珠、烫发剂、定型剂、建筑材料、装饰用陶瓷、冰箱、空调等与百姓生活密切相关的日用品实施暂定税率。

4. 为建设资源节约型、环境友好型社会，从实现节能减排目标的角度出发，对甘油、石脑油、航空煤油、成品油、燃料油、氧化铝、电解铜、稀有金属、煤炭、煤气、沥青焦、石油焦、蜡油、硼砂、石料、天然橡胶、天然软木、碱金属、铌铁、镍铁、铬铁以及风力发电设备关键件等实施较低的进口暂定税率。

二、控制“两高一资”产品出口

2002—2004 年，我国仅对包括鳗鱼苗、铅矿砂、锌矿砂、锡矿砂、生锑等产品征收出口关税，税率为 5%～30%，应税商品范围基本没有进行过调整，税率也基本维持不变。我国首次调整出口关税商品范围是在 2005 年。一方面，纺织品一体化后，我国面临着原设限国家和其他发展中国家共同要求限制我纺织品出口的严峻形势，为缓解矛盾，促进我国纺织品出口结构优化，我国对外衣、裙子、非针织衬衫、裤子、针织衬衫、睡衣内衣等 6 类产品，开征出口暂定关税，税率为 0.2～0.5 元/计量单位。这一出口税率执行至 2006 年底。另一方面，为保证农业生产需要，2005 年对尿素开征季节性出口暂定关税。此外，还调整了黄磷、硅铁、电解铝等产品的出口关税，同时在税率方面开始采用从量税、季节税等多种方式。

2006 年 11 月开始，为保护国内资源和环境，我国逐步加大对高耗能、高污染和资源性（“两高一资”）产品出口的调控力度，除了对化肥的季节性出口暂定关税在税率适用时间等方面进行了进一步完善，还调整了磷灰石等矿产品，煤炭、原油等能源类产品，铜、镍等有色金属初级产品，钢坯等钢铁初级产品，以及木地板、一次性筷子等产品的出口关税，共计五大类、110 项，调整后的税率为 5%～15%。

2007 年和 2008 年上半年，我国继续扩大出口关税征收范围和提高税率，对氢氟酸、钨冶炼中间品、钼、锑、铬、不锈钢锭、附加值较低的 H 型钢等钢材产品以及部分粮食产品等开征出口关税，提高了萤石、稀土金属等产品的出口关税税率。

2008 年下半年以来，为应对国际金融危机，我国对出口关税的征收范围和税率进行了一些调整以稳定出口，但仍严格控制“两高一资”产品出口。截至 2010 年 12 月 31 日，我国共对 200 多项产品征收出口关税，主要为煤炭、原油、化肥、有色金属等“两高一资”产品。有关政策有效控制了高耗能、高污染和产能过剩行业的盲目发展，并起到了引导产业结构优化的作用。

三、保障国内经济平稳运行

近年来，根据国际、国内经济形势的变化，我国关税政策及时发挥了调控商品进出口流向的作用，缓解国内有关商品的供需矛盾，促进市场稳定，保证国内经济的平稳运行。

（一）保障国内市场供应，稳定市场物价

1. 调整进口关税政策

在国内重点商品供不应求、物价上涨压力较大时，实施较低的进口关税甚至零关税来鼓励进口，增加国内市场供应，保证国内市场供应和价格稳定。例如，2004 年，针对国内市场粮食供应偏紧、价格波动较大的情况，制定了进口小麦、大米的免税政策，配合其他宏观调控措施的实施，对稳定市场粮价、保障充足的粮源供应发挥了重要作用。2005 年，为缓解国内煤炭供应的紧张形势，对进口动力煤实施较低的进口暂定税率。为保证国内成品油市场的正常供应，2005 年降低了柴油和航空煤油的进口暂定税率，2006 年对一定数量进口的柴油和航空煤油免征关税；此外，配合成品油价格机制改革，从 2006 年 11 月 1 日起将成品油税率由 5%～6%下调为 2%。2007 年，为稳定国内市场的食用植物油价格，降低国内榨油企业的生产成本，保证榨油原料的供应，对进口黄大豆实施 1%的暂定税率（此前执行 3%的税率）。

2. 综合实施进出口关税政策

在国际市场大宗初级产品价格高位运行时，国内外市场价差扩大，重点商品出口增长，国内市场价格上涨，部分地区、部分商品供应紧张。在这种情况下，进口关税措施需要与出口关税手段相互配合，共同调控国内物价走势。通过开征出口关税、提高出口关税税率甚至开征特别出口关税，控制国内紧缺商品出口，增加国内市场供应，保证国内市场物价稳定。

2008 年上半年，部分商品价格过快上涨、通胀压力加大成为经济运行中的突出问题。为此，我国一方面调整进口关税政策，扩大国内紧缺农产品等进口。如为稳定国内食用植物油价格，两次调整政策，将大豆进口税收优惠政策的实施终止时间延长至 2008 年 9 月 30 日，以降低国内榨油企业的生产成本，并在不影响国内主要植物油品种生产的前提下，从 6 月 1 日至 9 月 30 日（国产大豆上市前），将椰子油、橄榄油等的进口关税由 9%～10%下调至 5%；为缓解猪肉价格上涨的压力，自 6 月 1 日起，将冻猪肉进口税率由 12%下调至 6%，用于生猪饲养的豆粕饲料由 5%下调至 2%。此外，6 月 1 日起，还将部分水产品、坚果、水果等食品以及乳清、酵母等共 9 个税目商品的进口税率由目前的 6%～25%降低至 2%～11%，平均降幅 42%。有关政策措施均取得“立竿见影”的效果，更重要的是，有关政策稳定了消费预期，对平抑市场价格发挥了“四两拨千斤”的作用。另一方面则运用出口关税手段。例如，为保证国内粮食生产安全，自 1 月 1 日起，对小麦、玉米、稻谷、大米、大豆等粮食原粮及其制粉征收 5%～25%不等的出口暂定关税。为限制化肥出口，保证农业生产顺利进行，2008 年 4 月，国务院关税税则委员会依据《中华人民共和国关税进出口条例》第四条“关税税则委员会决定在特殊情况下税率的适用”的规定，开始对化肥及部分化肥原料在原有出口税率基础上，加征100%的特别出口关税。5月，特别出口关税的适用范围扩大到黄磷、磷矿石等初级磷产品。9月1日起，又将氮肥及合成氨的特别出口关税提高至150%。一系列政策效果逐渐显现，化肥出口呈现逐月递减趋势。

（二）鼓励商品出口，稳定外需

在出口形势不利、出口呈现下降趋势时，取消或降低出口关税，有利于鼓励出口，防范经济下滑风险，保持国内经济平稳发展。2008年下半年以来，随着国际金融危机不断蔓延并冲击实体经济，对我国经济的负面影响逐渐显现并日益加重。针对出口急剧下滑的严峻外贸形势，在继续严格限制“两高一资”产品出口的同时，我国先后于2008年12月、2009年1月和7月、2010年1月共四次取消或降低了部分商品的出口关税，涉及部分粮食、钢材、有色金属等上百种商品。

1. 调整钢材产品出口关税

我国钢铁业受世界经济危机影响较大。为缓解钢铁行业面临的困难，自2008年12月1日起，我国取消了67个税目钢材产品的出口关税，主要包括冷热轧板材、带材、钢丝、大型型钢、合金钢材、焊管等，继续保留出口关税的主要是生铁、铁合金、钢坯钢锭等初级钢铁产品以及附加值较低的线材、螺纹钢等。2009年7月1日起，进一步取消了钢丝、棱角钢砂等产品的出口关税，降低了截面高度小于80mm的H型钢、工字钢、角钢、丁字钢等中小型型钢的出口关税。

2. 调整化肥产品出口关税的征税范围和税率

2008年12月1日起，降低了部分化肥及其原料的出口关税，降低了氮肥、磷肥等及其部分原料的特别出口关税，并调整了部分化肥产品的淡季出口关税征税方式，以差价税的方式，使化肥既可在淡季适量出口，又可有效防止因价格突变出现化肥出口失控问题，做到“有序、可控”地调节化肥出口。2009年7月1日起，进一步取消了黄磷等27项化肥及化肥原料产品的特别出口关税，并延长尿素等3项化肥产品淡季出口税率的适用时间，以促进化肥行业平稳运行，支持农业生产。2010年1月1日，又降低了部分化肥及其原料的出口暂定税率。

3. 取消粮食产品的出口关税

自2008年12月1日起，取消了玉米、杂粮及其制粉等粮食产品的出口关税，降低了小麦、大米及其制粉等产品的出口关税。2009年7月1日起，进一步取消了部分粮食产品的出口关税，包括小麦、稻谷、大米、大豆等粮食作物。

4. 调整棉花滑准税政策

从2008年6月5日至10月5日，即在国产新棉集中上市前，将进口价格较高的高品质棉花适用的从量税从 570 元/吨降低至 357 元/吨，相当于将棉花滑准税由 5%～40%降至 3%～40%。有关政策安排既没有影响国产棉花的销售，又缓解了纺织企业生产成本上升的压力。

5. 调整部分工业品的出口关税

自 2008 年 12 月 1 日起，取消了硝酸铵、硫酸铵等化工产品的出口关税。自 2009 年 7 月 1 日起，进一步取消了硫酸的出口关税，取消了磷灰石、黄磷、磷酸等产品的特别出口关税，降低了微细目滑石粉，部分氟化工品，部分钨、钼、铟等有色金属及其中间品等产品的出口暂定关税。

（资料来源：中国财政部网站，2012 年 4 月。）

思考题

1. 请阐述关税的主要职能。
2. 请结合相关的数据说明关税的财政收入规模及与其他税种之间的关系。
3. 请阐述关税的保护作用的主要类型。

第二篇

政 策 效 应

第四章

关税的财政收入效应

学习目标

1. 掌握关税增减对供求均衡的影响。
2. 掌握关税的最大规模测算方法及图形解释。
3. 了解小国和大国情形下，最优关税政策的制定原则。

从第四章起详细讨论关税的政策效应，主要侧重于关税的经济政策效应。关税的经济效应可以用多种方法来研究，如局部均衡方法、一般均衡方法和可计算一般均衡方法等。局部均衡方法对研究一种商品的关税经济效应或两种有关联的商品的关税经济效应是很有效的；研究关税整体的经济效应，一般运用一般均衡方法进行分析，但这种分析只能得到非常抽象的哲理性结论；如果要研究关税整体结构的较为实际的经济效应，则需要运用可计算一般均衡方法，这种研究可直接为政策决策提供依据，但要求掌握较深的数学知识和拥有充分的统计资料。本章主要采用局部均衡方法对关税的财政收入效应进行分析。

第一节　关税的供求作用机制

为研究在对外贸易条件下的国内供求均衡与关税效应，需要从没有对外贸易的国内供求开始逐步进行分析。主要包括无对外贸易的国内供求均衡、有对外贸易无关税的国内供求均衡、征收关税的国内供求均衡等三个层次。

一、无对外贸易时的国内供求均衡

在没有对外贸易时，商品的国内市场价格是根据商品的国内供求均衡条件决定的。所谓供求均衡是指在某一价格下，供给方（此时供给方仅为国内生产商）愿意并且能够提供的商品数量与需求方愿意并且能够购买的商品数量相等的一种静止稳定的状态。通常，价格越高，愿意提供的商品数量越多而愿意购买的商品数量越少；相反，价格越低，愿意提供的商品数量越少而愿意购买的商品数量越多。这样，供求双方在市场上不断调整价格和他们愿意供求的数量，从而使价格和数量趋向于均衡点。在均衡点上，价格称为均衡价格，供求数量相等称为均衡数量。

图 4－1 显示的是无进口时的国内均衡。纵坐标 OP 为价格坐标，横坐标 OQ 为数量坐标，从左上向右下倾斜的斜线 D 为需求曲线，从右上向左下倾斜的斜线 S 为国内生产供给曲线，e 点为国内供求均衡点。p^*为均衡价格，q^*为均衡数量。

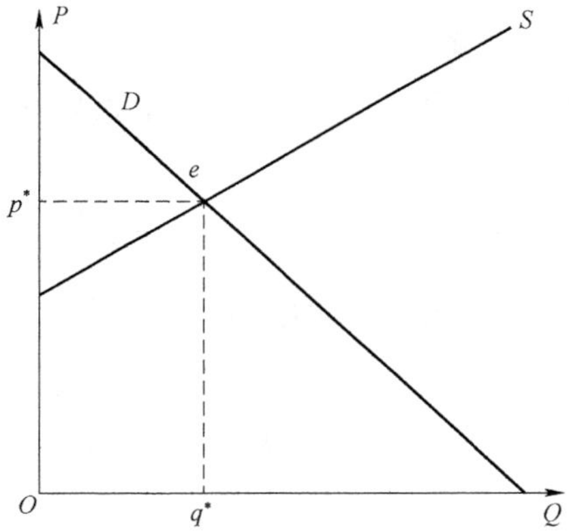

图 4－1　无进口时的均衡图

二、有对外贸易但无关税时的国内供求均衡

在有对外贸易时，上述原理并没有改变，但国内供给不单是国内生产供给，而是由国内生产供给和进口供给两方面组成。这两方面的条件并不相同，进口供给的价格是由国际市场供求关系决定的，在一般情况下，它不受进口国国内需求量变化影响。相反，当国际供给条件优于国内供给条件时，国内市场价格受进口供给价格的影响，以进口价格为国内市场价格。在有进口时的国内供求均衡图中，进口供给表现为一条水平线。在

国际贸易理论中，这种情况称为“小国效应”。图 4－2 以夸张和直观的方法表示了小国效应进口供给的形成。假设国际供求量以亿吨计，而国内供求量以百吨计，这样，即使国内供求量增加数倍，对国际供求量的影响也是微乎其微的，可以忽略不计，即国内供求量变化对国际均衡价格没有影响。

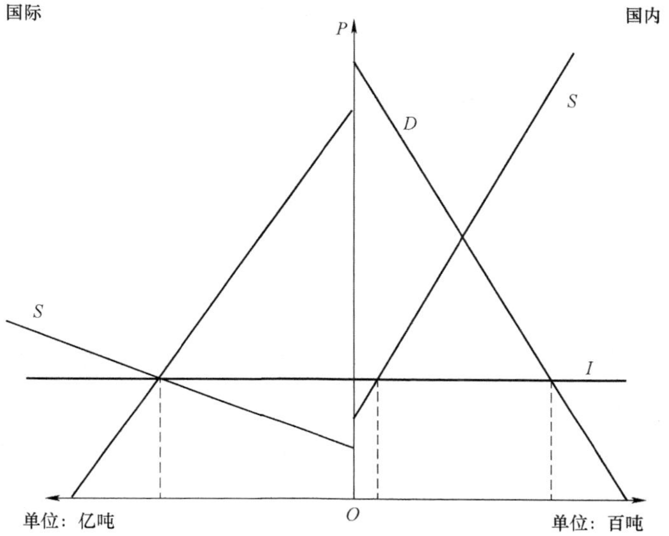

图 4－2　小国效应进口供给的形成

当国际供求均衡价格低于无进口时的国内供求均衡价格时，国内均衡价格服从于进口供给价格。如图 4－3 有进口时的均衡图所示，水平线 I 为进口供给曲线，国内供求均衡点从 e 移动至 e'，国内供给由国内生产供给和进口供给两部分组成，f 点为在国内供求均衡时的国内生产供给与进口供给的分配点，简称为国内供给分配点。q_1 为国内生产

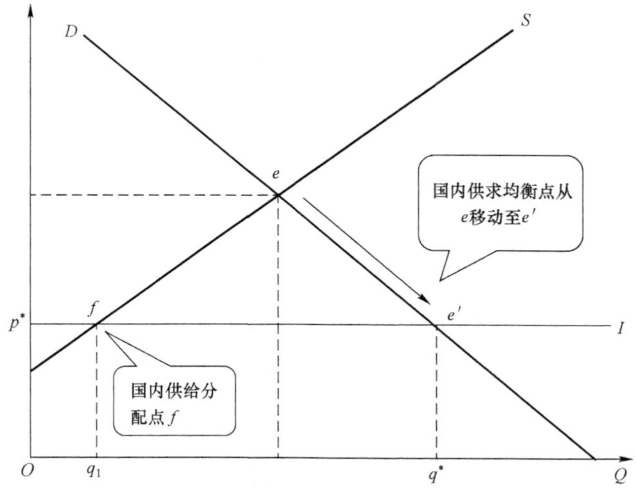

图 4－3　有进口时的国内均衡

供给量，(q^*-q_1) 为进口供给量。国内生产供给愿意提供的数量相应减少，国内生产的发展受到限制。

当国际供求均衡价格高于无进口时的国内供求均衡价格时，则国内生产除了满足国内需求外，还能提供出口。因为一般只研究进口关税经济效应，所以在分析关税效应时，一般不讨论国际市场价格高于国内市场价格的情况。

三、征收关税时的国内供求均衡

如果对进口商品征收关税，如图 4－4 所示，图中水平线 I＋T 为征收关税后进口供给曲线，国内市场价格为进口商品的关税后价格 ($I+T$)，它高于进口价格 I。与图 4－3 相比较，均衡点从 e'向左上方移动至 e''，国内供给分配点从 f 向右上方移动至 f'。国内需求量减少，(q_2-q^*) 为国内需求减少量；国内生产供给量增加，(q_3-q_1) 为国内生产供给增加量；进口供给量减少，($q_2-q^*+q_3-q_1$) 为进口供给减少量，即国内需求减少量加国内生产供给增加量等于进口供给减少量，或者说，进口供给量因关税的征收从两个方向减少。这说明关税的征收至少将影响国内三方面的利益，即国内生产商的利益、消费者的利益和进口商的利益。

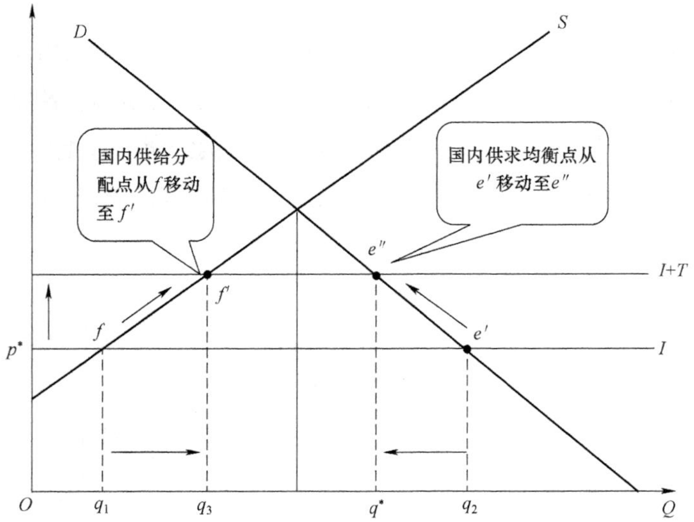

图 4－4　有关税时的国内均衡

如果现实是从图 4－3 向图 4－4 发展，即关税从无到有或从低到高，那么，关税使国内生产供给增加，国内需求减少，进口供给受到这两个方向的挤压而减少；如果现实是从图 4－4 向图 4－3 发展，即关税从有到无或从高到低，那么，关税使国内生产供给减少，国内需求增加，进口供给从这两个方向得到增加。

四、关税对经济影响的长期分析

关税税率下降，在短期内会增加就业量，劳动力投入会增加，产出增加，并提高资本的投资回报率，从而增加投资，使得经济总量增加。长期而言，就业是由人口总量和人口结构决定的，因而关税税率下降对就业量的长期效果会逐渐降低，但是其对投资回报率提升带来的投资增加会使资本存量不断提高，从而在长期增大经济总量。从另一个角度思考，由于关税的征收导致国内价格高于国外价格，导致扭曲，一方面，较低效率的国内生产代替了高效率的国外生产，导致生产扭曲；另一方面，消费者购买产品多付出了成本，导致消费者剩余减少，造成消费扭曲。因而通过降低关税税率会降低扭曲，增加社会福利水平，并刺激宏观经济发展。

五、关税对生产要素税收收入的影响

进口关税的下降将使得进口中间产品的成本降低，国内厂商用于生产产品的成本就随之降低，这样会调动国内厂商的生产积极性，增加劳动、资本等要素投入，扩大生产规模，提高经济效益，因而，税基的提高导致生产要素税收收入增加。然而，关税下降将使得国内产品价格相比较高，降低本地企业在国内市场上的竞争优势，厂商或消费者转而向国外市场进口产品，降低国内市场需求，使得本地市场萎缩，厂商产出下降，降低要素投入，税基减少进而使得生产要素税收收入降低。因而，关税下降对生产要素税收的影响方向不确定，有待于实证分析的检验。

第二节　关税的财政收入效应

关税的财政收入作用依赖于关税财政收入职能，关税的优点在于税源非常集中可靠，收入持续且及时，但是关税能发挥多大的财政收入作用，还须由各方面条件来决定。其中一个重要的条件就是关税税率高低与纳税人承受能力大小之间的关系。一般仅讨论关税自身的财政收入作用，但我们认为，这是不够的，除讨论关税自身的财政收入作用外，还要与所得税等其他税收相结合讨论征收关税对全部财政收入的作用。

一、税收的收入效应

在讨论关税的财政收入规模之前，我们首先通过拉弗曲线来探讨税率和税收总收入（或者 GDP）之间的内在联系。

在经济学界，美国供给学派经济学家拉弗（Arthur B Laffer）知名度颇高。拉弗先生以其“拉弗曲线”而著称于世，并当上了美国里根总统的经济顾问，为里根政府推行减税政策出谋划策。

税收总收入能否最大化，拉弗已经提供了证明。如图 4－5 拉弗曲线所示。

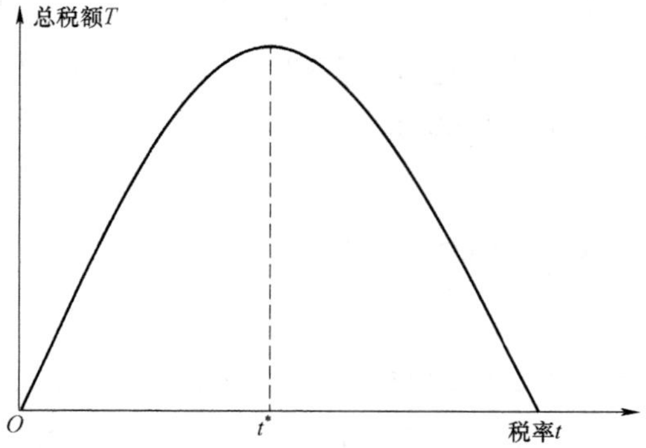

图 4－5　拉弗曲线

拉弗曲线说明当税率为零时，税收总收入为零；当税率足够大时，因纳税人退出应税经济活动，税收总收入也为零；只有当税率适当时，税收总收入才能最大化。在图 4－5 中，当税率为 t^*时，税收收入便实现最大化。当然，拉弗的本意不是为了追求税收最大化，而是为了警示人们，过高的税率反而使税收总收入下降，甚至为零。人们也可以反其意而用之，利用拉弗提示的原理，寻求使税收总收入最大化或次最大化的适度税率。从图 4－5 中我们可以领悟到如果财政收入使人们的经济行为收缩，就可能破坏社会的和谐性，这才是拉弗曲线的真意。

但是拉弗曲线过于简单，与其说是一种经济模型，不如说是一种量化的哲理。我们讨论关税收入最大化时，可以直接使用关税模型。

二、关税的财政收入效应

从国内供求均衡与关税效应的分析中，我们已经了解关税税率与进口量成反比，税率越高，进口量越小；反之，税率越低，则进口量越大。税率高，单位商品的关税额就多，但进口量小，应税商品的数量就少；反之，税率低，单位商品的关税额固然少，但进口量大，应税商品的数量就多。显然，税率过高或过低都会减少关税收入，只有适度的关税税率才能保证关税的财政收入并使其最大化。利用供求均衡图能进行较详细的分析。具体分析见图 4－6，图中各字母含义如前。

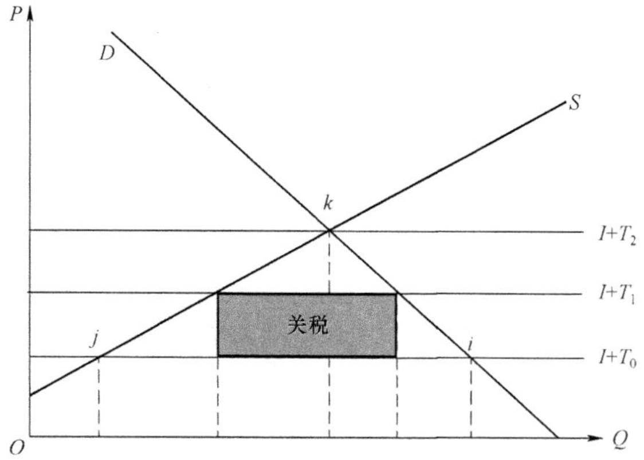

图 4－6　关税财政收入效应

如图 4－6 所示，如果按 $T=T_0$，即 $T=0$ 征税，关税财政收入总额为零；如果按 $T=T_1$ 征税，关税财政收入总额亦为零；$I+T_1$ 在三角形 *ijk* 的中位线上，如果按 $T=T_2$ 征税，图中阴影部分面积所表示的关税财政收入总额为最大值。当 T 大于或小于 T_2 时，关税收入总额都小于 T_2 时的关税总额。关税财政收入总额最大的单位商品关税税额应等于 S 与 D 的交点至 I 线的距离的一半。

三、关税及所得税的财政收入效应

上述关税财政收入最大化决策的分析结论是孤立地考察关税财政收入得出的，如果联系所得税加以考察，情况更为复杂。无论是国内生产企业还是进口企业，都有向国家交纳企业所得税的义务。它们的销售价格中隐含了所得税，如果不征关税，国内生产企业因销售量少，售价低，交纳的所得税也少；进口企业进口量大，交纳的所得税也多。如果征收关税，进口量减少，进口企业交纳的关税可能增加，进口企业交纳的所得税会减少；国内生产企业销售量增加，售价提高，其交纳的所得税也增加。关税财政收入政策对财政收入的贡献应当是使进口企业的所得税加进口关税加国内生产企业的所得税为最大值。

分析与所得税相联系的关税财政收入作用时，对供求均衡模式应作适当修正。按经济学习惯的假定，在国内生产的供给曲线 S 中隐含了企业的正常利润，而进口商品的进

口价格 I 中不含进口企业的正常利润（只含有与本命题无关的出口商的正常利润），因此，进口商品在国内市场上加价出售，撇开其他因素，则所加的乃是进口企业的正常利润。记正常利润为 M，则进口商品的无关税国内市场价格为 $I+M$，$I+M-G$ 为利润 M 中扣除所得税以后的价格，进口商品的关税后国内市场价格为 $I+T+M$，国内供求均衡点为国内需求曲线 D 与进口商品国内市场价格线 $I+M$ 或 $I+T+M$ 的交点，国内供给分配点为国内生产供给曲线 S 与 $I+M$ 或 $I+T+M$ 的交点，见图 4－7 和图 4－8。

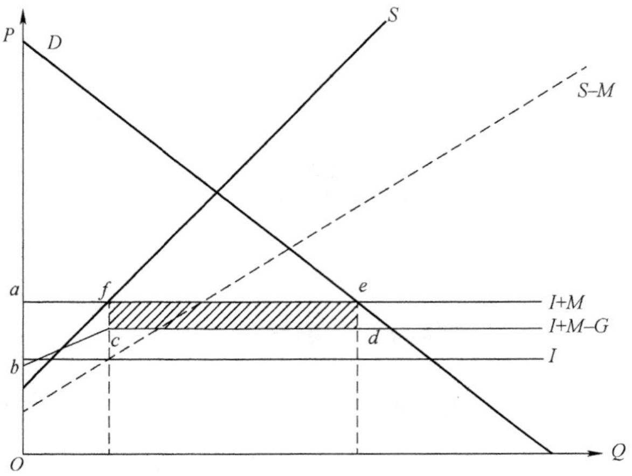

图 4－7　无关税时的所得税

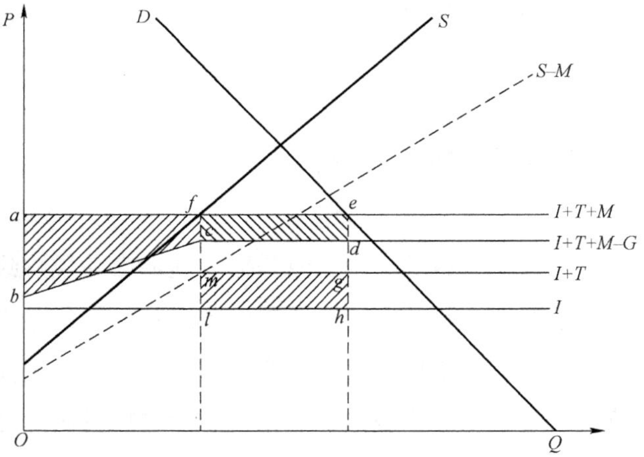

图 4－8　关税和所得税的效应

假定进口国企业所得税税率为 50%，则图中进口企业的所得税包括在其正常利润中，G 为正常利润中包含的所得税额，那么，所得税总额为图 4－7 中矩形 *cdef* 面积。加征关税时，进口关税总额为图 4－8 中矩形 *ghlm* 面积，国内生产企业的所得税包括在其全部利润（正常利润加超额利润）中，所得税总额为图 4－8 中梯形 *abcf* 面积。因此，关税对财政收入的贡献可归结为：关税税率的调整使这三种税收的总额最大，即这三块几何图形的面积总和达到最大。

四、财政收入最大化的关税税率

（一）关税自身的财政收入作用

设国内生产供给曲线为 $P_s=a_s+b_sQ_s$，其反函数为 $Q=P_s/b_s-a_s/b_s$；国内需求函数为 $P_d=a_d-b_dQ_d$，其反函数为 $Q_d=a_d/b_d-P_d/b_d$；进口供给为 I；关税税率为 t，当：$t=(I\cdot a_d/b_d+I\cdot a_s/b_s)/2(I^2/b_d+I^2/b_s)-1/2$ 时，关税收入最大化。

（二）关税对包括所得税在内的全部财政收入的作用

设国内生产供给曲线为 $P_s=a_s+b_sQ_s$，其反函数为 $Q=P_s/b_s-a_s/b_s$；国内需求函数为 $P_d=a_d-b_dQ_d$，其反函数为 $Q_d=a_d/b_d-P_d/b_d$；进口供给为 I；关税税率为 t，正常利润率为 m；所得税税率为 g，均衡价格为：

$$P^*=I(1+t)(1+m)=I+I\cdot m+I\cdot t+I\cdot m\cdot t$$

当关税税率为：

$$t=\{-g[(I+I\cdot m-a_s)/bs-m(2I+2I\cdot m-a_d)/b_d]+[(a_d-I-I\cdot m)/b_d-(I+I\cdot m-a_s)/b_s]\}/2I\{g[(I+m)/2b_s-(m+m^2)/b_d]-[(1+m)/b_d+(1+m)/b_s]\}$$

关税及所影响的所得税总和为最大值。证明略。

第三节 关税的社会福利效应

一、关税税负

（一）关税税负的定义

关税税负是指关税的税收负担由何人承担。因为，关税是进出口贸易成本之一，进出口厂商就可能加价出售他们的商品，这样，就可以将税负转移给其下家；进出口厂商也可能压低商品的买价，这样，就可以将税负转移给其上家。但这仅仅是一种可能，要成现实，还必须有其他条件的配合。下面就进出口贸易的不同条件进行分析。

（二）进口关税税负的转移条件

进口关税税负一般都能向前转移给下家，但如果下家具有垄断地位，它可以通过减少购买量迫使进口厂商降低出售价格，进口厂商只能以其正常利润的损失来承担一部分关税税负。但这种税负的承担只有短暂的效应，进口厂商一定会改变进口策略，以躲避税收负担。如果下家不具有垄断性，下家就要承担全部税负。全部进口关税向前转移的这一特点源于"小国效应"，国际市场价格不受本国需求的影响。进口关税税负的向后转移源于在国际市场上具有垄断性，这在国际贸易理论中称为"大国效应"。本国进口需求量的变化对国际市场的均衡价格会产生决定性影响，在国际供求规律的约束下，本国进口需求量下降，国际市场的均衡价格就会下降，进口关税的一部分税负就会向国外转移。这种迫使国外厂商降价的效应，对本国能带来有利影响。

（三）出口关税税负的转移条件

出口关税税负的向前转移依赖于本国出口供给在国际市场上的垄断地位，即本国出口供给量的变化能影响国际市场均衡价格。如果本国出口供给量因征收关税而下降，国际市场的均衡价格就会上升，出口关税的一部分税负就会按照国际供求规律向国外转移。如果出口商品的国内生产者和出口厂商都具有较强的竞争性，他们之间的激烈竞争就会严重损害本国出口供给的垄断优势。在这种情况下，出口关税保护本国资源和本国产品在国际市场上的垄断优势的作用就非常明显。如果出口厂商或出口商品的国内生产者具有较强的垄断性，出口关税的上述保护作用就不明显。因为厂商会自觉地调整其产销决策，在国际市场上寻求最佳利益。如果出口产品在国际市场上不具有垄断地位，那么，出口关税仅仅能阻止本国资源因受国际市场行情引导而不顾本国需求结构盲目出口的行为，起到保护本国资源的作用。无论出口厂商或出口商品的国内生产者是否为国内垄断企业，出口关税都有维护本国需求结构、保护本国资源的作用。在这种情况下，如果出口厂商具有垄断性，出口关税税负就会向后转移，即向出口商品的国内生产者转移，这种转移与保护资源的政策目标并不相左。

二、进口关税损益

关税损益是指关税给各有关方面带来的损失和利益。它的范围比关税税负更广，如果把关税税负广义理解为关税给各有关方面带来的损失，则关税损益包括了广义的关税税负。由于进口关税是关税的主要部分，所以在本书中关税损益主要讨论进口关税的征收（含进口关税税率的提高）给各有关方面带来的损失和利益。

为了说明关税损益，需要从无进口时国内供求双方的利益到有进口时的损益再到进口关税的损益，逐次进行比较分析。基本的分析原理是：在供求规律的作用下，市场价格由均衡价格决定。愿意提供的价格高于均衡价格的供给方和愿意购买的价格低于均衡价格的需求方都被排斥在市场之外；而愿意提供的价格低于均衡价格的供给方和愿意购买的价格高于均衡价格的需求方不仅能进入市场，而且能从意愿价格与均衡价格的差额中得到利益。从无进口到有进口再到有关税，这种利益发生了变化，对这种变化的分析就是关税损益分析。

无进口时，如图 4－9 所示，在均衡点 e 右面的供求力量被排斥在市场之外。在均衡点 e 左面，供给方意愿价格低于均衡价格，得到的利益为直角三角形 A；需求方意愿价格高于均衡价格，得到的利益为直角三角形 B。

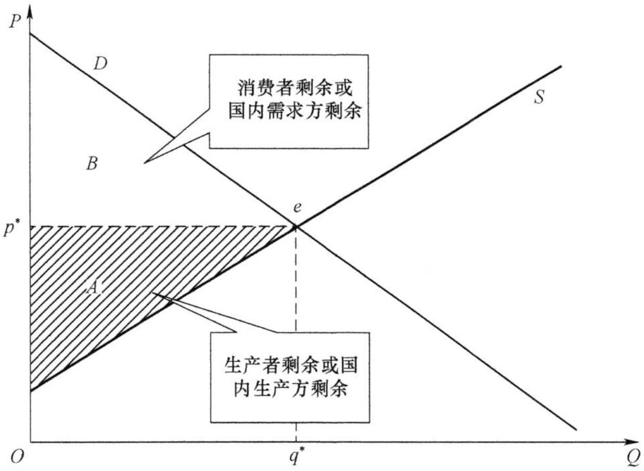

图 4－9　无进口时国内供求方利益图

有进口时，如图 4－10 所示，均衡点 e 移到国内需求曲线 D 与进口供给曲线 I 的交点 e'，在国内生产供给曲线 S 与进口供给曲线 I 交点处即 f 点为国内供给分配点，分配点 f 右方的国内生产供给和均衡点 e'右方的国内需求被排斥在市场之外。国内生产供给方得到的利益为小直角三角形 1，其利益比无进口时损失了梯形面积 2；需求方得到的利益为大直角三角形（2＋3＋4＋5），其利益比无进口时增加了梯形面积 2 和三角形面积（3＋4），损益抵消后，供求双方的利益之和增加了三角形面积（3＋4）。仅从这一局部均衡也能看出，对外贸易能使国民经济得益。

征收关税与不征关税相比增加了政府的收益，因为此时政府取得了关税收入。在图 4－11 中，国内生产供给方得到的利益为三角形（1＋a），需求方得到的利益为三角形（2＋3），政府关税收入的利益为矩形面积 c。

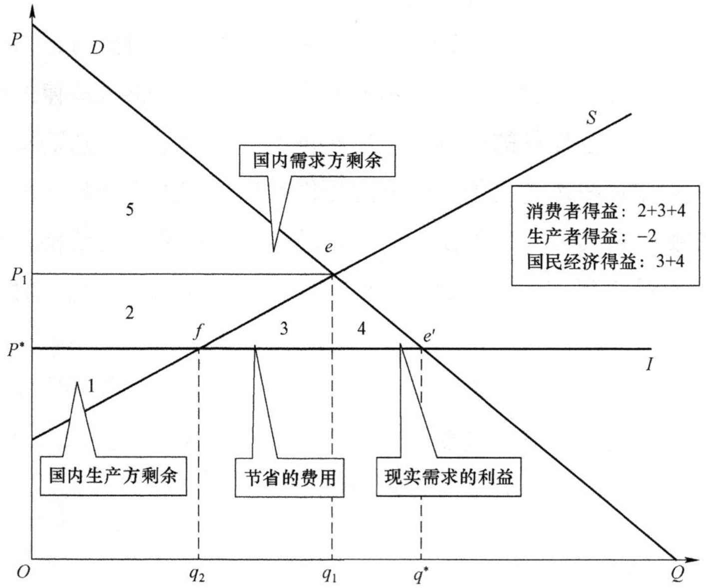

图 4－10　有进口时的损益

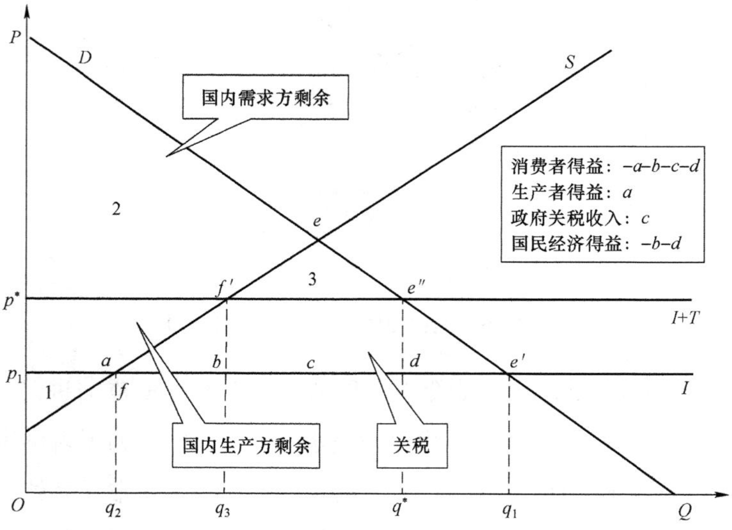

图 4－11　进口关税的损益

将图 4－11 和图 4－10 比较，国内生产者的利益增加了梯形面积 a；国内需求者的利益损失了梯形面积 a、三角形面积 b、矩形面积 c 和三角形面积 d 之和，政府关税收入利益增加了矩形面积 c。损益抵消后，国民经济的净损失为三角形面积 b 和三角形面积 d。也就是说，关税的征收总是使国民经济受到损失。这一结论，是自由贸易主义反对关税保护的一个重要依据。

三、进口关税损益计算公式

关税税率的提高或降低都会对国民经济的损益产生影响，这种影响可用以下公式进行粗略的计算：

国民经济在关税税率变动下的净损益（正为收益，负为损失）=1/2×进口价格×|新税率－原税率|×（新进口量－原进口量）

式中原进口量即为关税税率变动前的进口量，新进口量即为关税税率变动后的进口量。通常，当新税率高于原税率时，新进口量小于原进口量，关税损益为负；当新税率低于原税率时，新进口量大于原进口量，关税损益为正。因此，式中取税率差的绝对值|新税率－原税率|，使新税率减去原税率恒为正，这样，关税损益为正为负两种情况的符号都可以通过（新进口量－原进口量）的结果来表达。新税率或原税率可等于零，以适应在关税征收变化条件下关税损益分析。

图4－11中，三角形 b 的底边是由于国内生产供给变化产生的进口变化量，三角形 d 的底边是由于国内需求变化产生的进口变化量，两者之和是关税变化产生的进口变化量。三角形 b 和三角形 d 的高是单位商品的关税变化额，它的绝对值等于进口价格×|新税率－原税率|。可见，净损益的公式等于三角形 b 和三角形 d 的面积之和。

将公式各变量的内涵展开后，可知公式所计算的正是三角形（$b+d$）的面积。

进口价格×|新税率–原税率|为三角形（$b+d$）的高，（新进口量–原进口量）为三角形（$b+d$）的底，两者相乘除以2得三角形（$b+d$）的面积，也就是国民经济在关税税率变动下的净损失。

四、进口关税与国内生产补贴的损益比较

反对征收关税的人士，往往提出以国内生产补贴取代进口关税的主张。因为，国内生产补贴使国内生产者可以以较低的价格出售其产品，而降价的损失又从政府的生产补贴中得到补偿，国内生产者从补贴中可得到与进口关税同样的利益；又因为国内市场的均衡价格没有上升，国内需求者也没有损失，整个过程中所损失的只是政府的补贴额。政府损失与生产者得益相比较，损益抵消后，国民经济净损失仅相当于征收关税时的国民经济净损失中的三角形面积 b。

国内补贴损益的分析见图4－12，假定对国内生产实施定额补贴，其效应在图4－12

中表现为：在国内生产供给曲线 S 下划出其平行线 $S-T$，平行线与国内生产供给曲线在垂直方向上的距离即为单位产品的补贴额。平行线 $S-T$ 也是国内生产供给变动曲线，在补贴的条件下，国内生产者的决策基础不再是原来的供给曲线，而是它的平行线。如果以平行线上某点的价量出售，再加上补贴又回到原来的供给曲线。此时，国内生产的分配点也移到国内生产供给变动曲线与进口供给曲线的交点上。与自由贸易相比较，补贴的损益为：政府补贴损失为（$a+b$），生产者得益为梯形 a（等于梯形 a'），消费者损益为零，国民经济净损失为 b。为了使国内生产补贴对国内生产的保护效应能相当于关税，分配点的国内生产供给量必须与征收关税时相等，如果其他条件不变，单位商品的关税税额应当等于单位商品的贴补额。补贴与关税损益相比较，补贴的国民经济净损失为 b，而关税的国民经济净损失为 $b+d$，孰优孰劣显然很清楚了。但是，补贴的损失者是政府，即使是经济非常发达的国家，政府的财政收入状况也无法承受巨额补贴支出；而关税却是政府的净得益。所以，如果需要保护，关税仍是一种成本较低的财政支持手段。

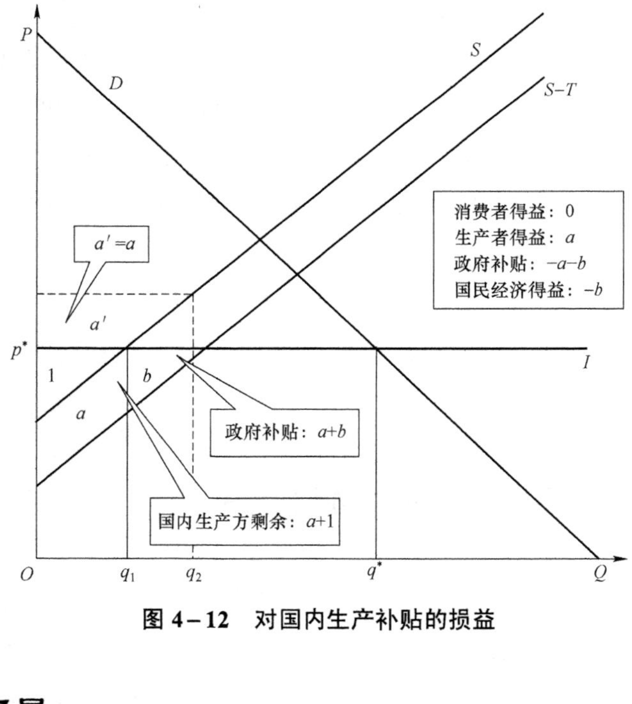

图 4－12　对国内生产补贴的损益

知识拓展

进口关税与国内生产补贴的损益比较

征收关税能够起到保护国内产业的作用，但是在 WTO 自由贸易框架下，关税壁垒通常会通过各种方式遭到谴责和质疑。那么，发展中国家如何既不违背贸易便利化的整体大背景，又能够有效为国内产业发展提供政策扶持？这是一项重要的挑战。与关税的产业保护作用类似，政府对某些产业提供的补贴也可以起到保护特定产业的功能。因此，有些研究反对征收关税，并要求以国内生产补贴取代进口关税政策。下面进一步探讨关税政策和补贴政策都以相同国内产业规模增长为政策目标时，国内生产补贴和关税政策的效应比较。

国内生产者可以以较低的价格出售其产品，降价的损失又从政府的生产补贴中得到补偿，国内生产者从补贴中可得到与进口关税同样的利益。因国内市场的均衡价格没有上升，国内需求者也没有损失，所损失的只是政府的补贴额。

如图 4－13 所示，政府补贴损失为平行四边形面积 $a+b$，生产者得益为梯形面积 a，消费者损失为零，国民经济净损失为 I 与 S 以及补贴后新的国内生产分配点决定的价格形成的直角三角形面积 b。具体而言，消费者得益变化为零，生产者得益变化为 a，政府补贴规模为（$-a-b$），因此，国民经济得益为$-b$。

关税和政府补贴进行比较的话，生产补贴后的国内生产供给分配点应该与征收关税时相同，单位商品的关税税额应当等于单位商品的贴补额，补贴的净损失小于关税的净损失。但是，生产补贴的损失者为政府，即使是经济非常发达的国家，政府的财政收入状况也无法承受巨额补贴支出，而关税却是政府的净得益。故需要进行国内产业的保护的话，关税仍是一种成本较低的财政支出手段。

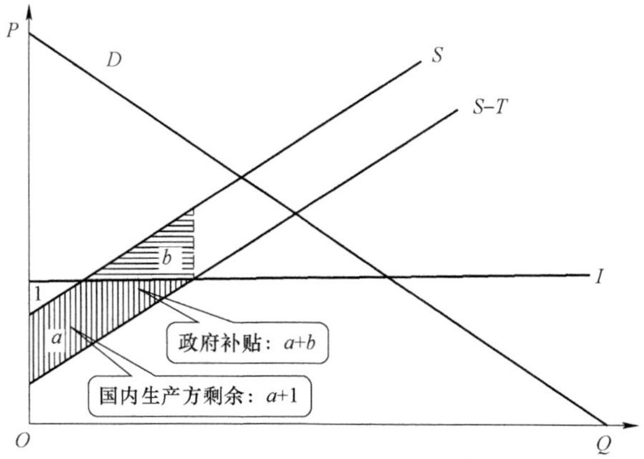

图 4－13　生产补贴的损益

案例分析

中国加大力度补贴本土汽车生产商[①]

据《华尔街日报》报道，中国正在向年产值超过7亿美元的本土汽车生产商发放更多补贴。不过中国汽车行业已经面临着汽车工厂数量庞大、国内生产商多达170家的问题。

中国政府一直希望打造出技术精湛的国内汽车产业，使之能够与德国、美国展开竞争，并且推动本土汽车生产商走出国门。但采取补贴的做法可能会阻碍中国实现整合国内众多小公司的目标，而且贸易关系亦会因此变得复杂。

美国上周五表示，世界贸易组织（World Trade Organization，简称WTO）裁定，中国向年产值大约50亿美元的美国产豪华轿车及运动型多用途车（SUV）不当征收了关税。WTO建议中国修改反倾销法规。

有专家表示，中国政府发放的补贴将拖延产能过剩的局面，并且会妨碍那些有可能逐鹿全球市场的本土佼佼者的发展。

麦格理证券（Macquarie Securities）分析师珍妮特·刘易斯（Janet Lewis）称，这实际上是地方政府和中央政府之间的拉锯战，前者想要汽车行业带来名声和高薪制造业工作岗位，而后者想要行业整合。

华盛顿的美国企业研究院（American Enterprise Institute）研究员Derek Scissors将中国的补贴计划称为“永久救助”。

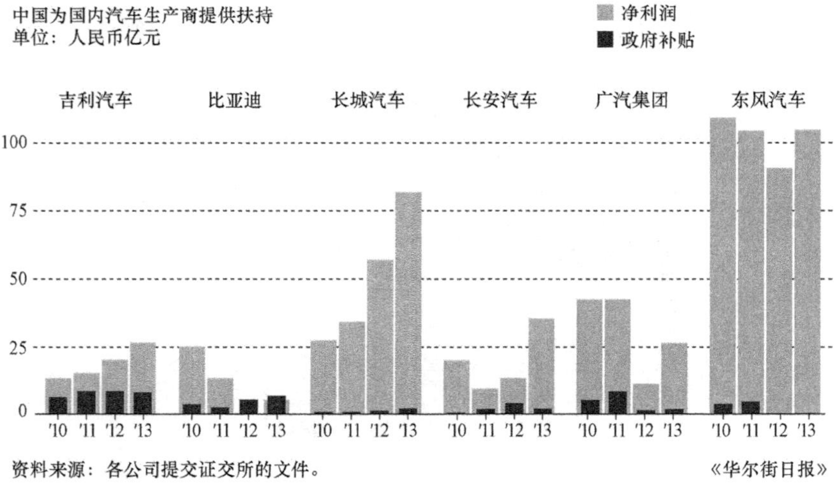

图4-14　中国主要汽车生产商的净利润和补贴情况对比

---

① 资料来源：2014-5-26，参考消息网。

根据数据提供商万得资讯（Wind Information Co）的信息，中国 22 家上市汽车生产商 2013 年一共获得了 55.9 亿元人民币（合 7.36 亿美元）的补贴。这较 2012 年的 39.7 亿元人民币增加了 16%，比 2011 年的 26.1 亿元人民币则增加了一倍。

这些补贴的形式多种多样，其中包括地方政府行政指令和国产车采购补贴，因此地方和国家对国有汽车厂商的财务支持总额很难计算。根据中国审计署的信息，单中央政府在 2011 年就花了 138 亿元人民币来推广电动汽车和新能源汽车的使用，在 2012 年则又投入了 29 亿元人民币。

无独有偶。自 2009 年以来，美国政府也提供了 50 亿美元资金来激励其国内电池产业及电动汽车的发展，同期还发放了 83.9 亿美元低息贷款以帮助建造工厂以及生产更节能的汽车。

在中国，政府对钢铁、玻璃、光伏面板等行业的补贴一直被视为是促进增长、增加就业以及创立国家领军企业的一种方式。但这部分补贴主要由地方政府出资，因此加重了地方政府的财政压力。

有经济学家此前称，中国严重依赖鼓励短期增长的补贴举措，可能会导致产能过剩的问题。瑞银证券（UBS Securities）提供的数据显示，到 2015 年，中国乘用车市场产能过剩将达到大约 800 万辆，其中多数来自国内汽车生产商。

外资汽车生产商也在增加产能。大众汽车（Volkswagen AG）计划将在华年产能从 330 万辆提高至超过 400 万辆。虽然外资汽车生产商在中国市场的产能不断增加，但他们在中国的市场份额也在扩大，这一点是中国的汽车生产商未能做到的。

中国汽车工业协会（China Association of Automobile Manufacturers）公布的数据显示，2014 年 4 月份乘用车市场国产品牌的市场份额从上年同期的 39.6%降至 37.1%。

中国汽车补贴的方式有现金、低息贷款以及退税等。汽车生产商的财报显示，补贴主要用于研发和建设新设施。

除了为生产商提供补贴，中国相关部门还为消费者购买本地品牌汽车提供奖励。举例来说，重庆市为购买重庆长安汽车股份有限公司（Chongqing Changan Automobile Co）生产的部分车型的消费者提供最高 3 000 元人民币的购车补贴；长春市为购买国有企业一汽轿车股份有限公司（FAW Car Co）生产的部分车型的消费者提供 3 500 至 7 000 元人民币的购车补贴。

受到补助的厂商之一是比亚迪（BYD Co），该公司生产电动汽车和电池，并有美国投资者巴菲特（Warren Buffett）的支持。比亚迪从地方政府和中央政府总共获得了 6.77 亿元人民币，超过了该公司 5.33 亿元的利润。2014 年第一季度，比亚迪获得了 9 800 万元的补贴，而同期该公司的利润仅 1 200 万元。

比亚迪在一份声明中说，美国、德国和日本也进行了类似的新能源补贴。声明说，随着产量增加、技术进步，补贴会逐渐减少并最终消失，这是包括比亚迪在内的汽车生产商都希望见到的。

万得资讯的数据中没有包括的一家公司是香港上市的吉利汽车控股有限公司（Geely Automobile Holdings Ltd.，简称：吉利汽车），该上市公司的母公司拥有瑞典的沃尔沃（Volvo）品牌。备案文件显示，吉利汽车得到了 8 亿元人民币的补贴，大约相当于该公司利润的 30%。

吉利汽车的发言人杨学良（Victor Yang）说，其中大部分都是退税。他说，为了吸引汽车投资，一些地方政府提供了优惠的税收条件。吉利汽车在中国的 10 个城市里有生产设施，其中包括西部城市兰州和南部城市湘潭。

杨学良说："我们接受了补贴，因为我们为当地的经济做了贡献。随着我们汽车销量的增长，补贴占利润的比重已经下降。"该公司的财报显示，2011 年，这一比例为 57%。

政策速递

中国对美国生产整车加征关税[①]

中华人民共和国商务部在 2018 年 6 月 16 日凌晨发布《关于对原产于美国的部分商品加征关税的公告》，原产于美国的汽车进入中国市场将在 7 月 6 日加征 25%的关税，这意味着 7 月 1 日下调整体关税后，仅仅再过 5 天从美国生产进口到国内的汽车关税又升至 40%（15%+25%）。

当然，这场中美贸易摩擦是美国先挑起的，中方以坚定的态度予以反击。

2018 年 6 月 15 日，美国政府发布了加征关税的商品清单，将对原产于中国的 500 亿美元商品加征 25%的进口关税，其中对约 340 亿美元中国输美商品的加征关税措施将于 7 月 6 日实施，对其余约 160 亿美元商品的加征关税措施将进一步征求公众意见。美方不顾中方的坚决反对和严正交涉，执意采取违反世界贸易组织相关规则的行为，严重侵犯了中方根据世界贸易组织规则享有的合法权益，威胁了中国经济利益和安全。

对于美国违反国际义务对中国造成的紧急情况，为捍卫自身合法权益，中方依据《中华人民共和国对外贸易法》等法律法规和国际法基本原则，决定对原产于美国的大豆等农产品、汽车、水产品等进口商品对等采取加征关税措施，税率为 25%，涉及 2017 年中国自美国进口金额约 340 亿美元。上述措施将从 2018 年 7 月 6 日起生效。

① 资料来源：中华人民共和国商务部，2018.6.16《关于原产于美国的部分商品加征关税的公告》。

美国本土品牌如林肯、凯迪拉克、福特、别克、Jeep、特斯拉的进口车市场售价将会大幅上升，特别是国内销量还算较大且纯进口的林肯和特斯拉。

值得注意，除了美国车企受伤之外，德系、日系车企同样大受影响。在美国设厂生产的宝马、奔驰等豪华品牌都有对华出口，例如奔驰 GLS、GLE，宝马 X4、X5、X6 等。日本品牌英菲尼迪 QX60，讴歌多款车型都会涨价，这些日系豪华品牌会更加难以生存。

五、对关税损益理论的评价

对于关税使国民经济受到损失的观点，要从两方面进行分析。首先，应该肯定，关税损益分析的逻辑是严密的，其结论是有道理的。但是，同时也应看到，这种分析的缺陷和不足在于它是静态分析。在关税损益分析中，供求规律是不变的，即供求曲线不发生位移。但实际上，在价量以外因素的影响下，供求曲线不但会发生位移，而且曲线形状也会发生变化。更进一步推论，只要关税政策运用得当，关税的征收会使供求曲线发生符合预期政策目标的位移，甚至其曲线形状也会更加符合国民经济总体结构的要求。如图 4－15 可能的关税动态效应所示，国内生产在关税保护下，取得规模经济效应，国内生产供给曲线由 S 发展为 S'，在关税条件下的国内供给分配点由 f 变为 f'，生产者得益大大增加；如果此时撤除关税保护，国内供给分配点由 f' 变为 f''，生产者得益仍比关税保护前增加很多。

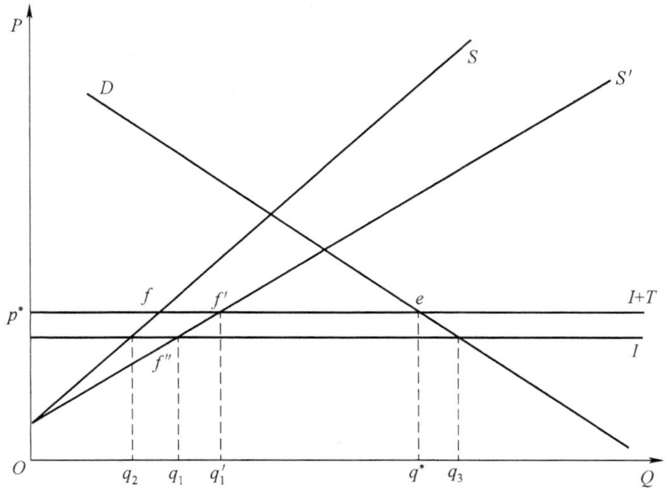

图 4－15 可能的关税动态效应

从静态看，关税使国民经济受到损失；而从动态看，关税有可能使国民经济的得益远远超过其在静态中的损失。这才是完整而全面的结论。

有人又争辩说，关税毕竟使消费者增加支出，把一批消费者排斥在市场之外。但是生产者的损失是失去收入的损失，在某一商品生产上失去的收入，很可能是生产者的全部收入；消费者的损失是增加支出的损失，在某一商品的消费中增加的支出，只是消费者全部支出中的一部分。而且，生产者是一个比较集中的社会集团，消费者是一个非常松散的社会集团，两者相比，对于社会而言，生产者的损失是“断指”的损失，断一指也难以忍受，消费者的损失是“伤指”的损失，要视伤势程度而定。孰轻孰重应当分得清楚。况且，生产者也是消费者，其今天的生产收入即是明天的消费支出。所以，当不得不对国内生产进行保护时，即使有补贴可供选择，政府仍以关税作为政策手段，是非为之不可的明智之举。

关税损益分析提示我们，关税在静态中对国民经济造成损失是必然的，而它在动态过程中对国民经济的促进作用仅是可能的。因此，政府在制定关税政策时应当谨慎从事，过度的保护会对国民经济带来双重损失。

同时，也应认识到，所有对关税的批评意见都是值得重视的。在政策决策时，特别应重视消费者的承受能力，重视受保护的国内产业以及与关税保护政策有抵触的国内产业在国民经济中的地位及其发展前途。

第四节　关税的最适度效应

从前两节的分析中可以看出，关税的征收既有有利影响，也有不利影响，那么，如何掌握分寸便是提高关税政策效益的关键，即本节要讨论的关税效应的“度”。

一、最适度关税

为了提高关税政策的效益，就需要对各种商品制定最适度关税。但是，在国际贸易理论中，对最适度关税做了最狭义的解释。国际贸易理论认为，最适度关税应当是在静态条件下使国民经济净得益的关税，这样，只有在“大国效应”下，才有调整关税税率使国民经济净得益达到最大值的可能；而在“小国效应”下，只有零税率才是所谓的“最适度关税”。

（一）国民经济静态净得益的“最适度关税”

虽然在“大国效应”下，关税能使国民经济净得益，但如果关税税率过高，也会适得其反。关税之所以能使国民经济净得益，关键在于关税税负向国外转移，在转移过程中使国际供求关系发生变动，从而使国际供求均衡点位移。但这种位移是受国际供求规律约束的，因此，关税税率的修订必须遵循国际供求规律。其中，出口与进口的特点又有不同，为了简化分析，假定在大国效应下，大国的出口等于全部国际供给，大国的进口等于全部国际需求。

进口的"大国效应"见图 4－16。假定该商品只有进口国才有需求，进口国的需求等于全球需求。进口国征收进口关税，本国需求曲线 D（同时也是国际需求曲线）变动为 $D-T$，国际供求均衡点从 D 与 I_s 的交点移动到 $D-T$ 与 I_s 的交点。此时，如果国际供给方没有作出供给变动的响应，那么，进口国需求价格的下降是以需求量的收缩为代价的，图 4－16 中，均衡价格从 p 降到 p'，而均衡数量 q 收缩到 q'；如果国际供给方以提高技术、降低成本等手段作出响应，国际供给曲线就可能变动为 I_s^+，进口国的需求量就可扩大，并且，需求价格也可进一步降低。至于需求量扩大的程度和需求价格进一步下降的程度，完全取决于国际供给方响应的程度。如图 4－16 所示，则进口国的需求量又回复到 q，而价格却从 p'降低到 p''。

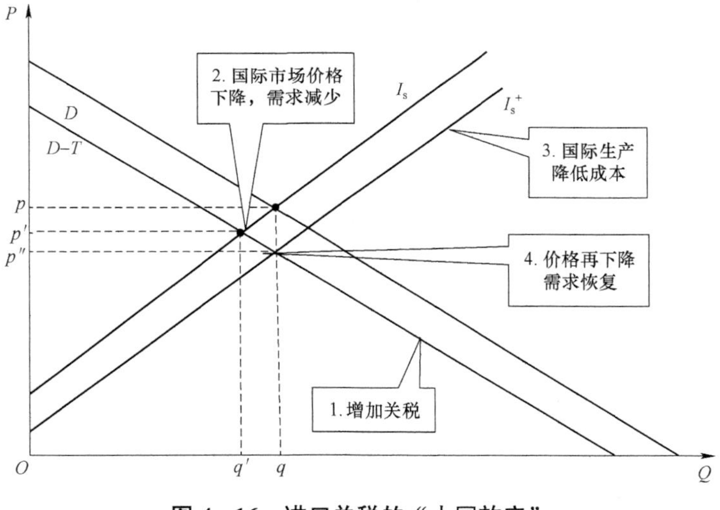

图 4－16　进口关税的"大国效应"

出口的大国效应见图 4－17。假定该商品只有出口国生产，出口国的产量就是全球产量。出口国征收出口关税 T'，出口厂商加价出口，出口国供给曲线 S 变动为 S'，国际供求均衡点从 S 与 I_D 的交点移到 S'与 I_D 的交点。此时，不管生产者和出口厂商的利润如何，从整个出口国的效益来看，出口量减少了，而总价值增加了，这对外汇短缺的国家是有一定意义的。但如果出口关税提高到 T''，加价出口使国际供给曲线变动为 S''，国际供求均衡点从 S'与 I_D 的交点移到了 S''与 I_D 的交点。此时，出口商品的单位价值是增加了，但总价值却减少了。其原因在于 S'与 I_D 相交于 I_D 的中点，而 S'与 I_D 的交点又远

离 I_D 的中点。而在图 4－17 中需求曲线为直线的条件下，需求曲线中点的需求总额为最大值。如果追求的目标是利润最大，则问题更复杂，还要考虑厂商的竞争条件、成本等因素。对发展中国家来说，有一种出口现象是需要用关税来保护的，那就是当产品在国际市场上占有垄断地位，而国内的生产条件处于完全的竞争状态时，失控的竞争会导致“肥水外流”，而关税可以抑制生产的过度膨胀，使本国的生产要素得到最充分的利用。

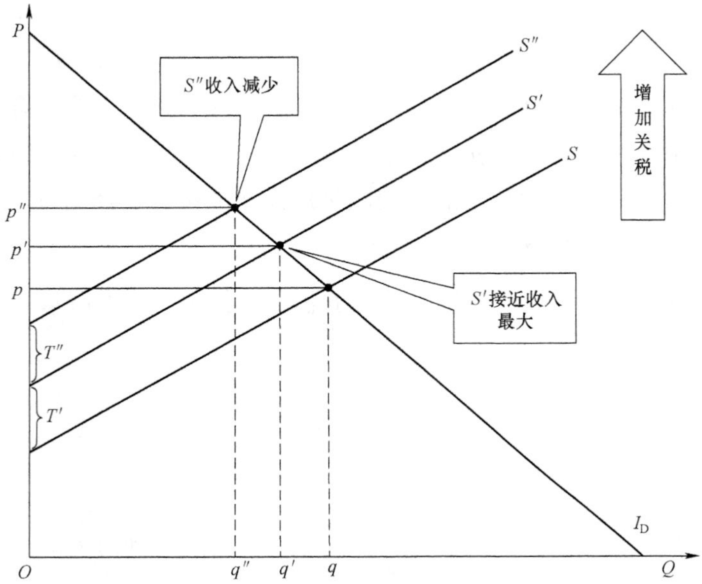

图 4－17　出口关税的“大国效应”

（二）关税政策综合平衡的“最适度关税”

为了适应关税政策综合平衡的需要，必须对“最适度关税”重新作出解释。最适度关税是指在充分考虑关税利弊的前提下，使既定政策目标达到最佳效果的关税。也就是说最适度关税不仅要考虑国民经济的静态净损益，更要考虑其动态净损益。对于不同的关税政策目标，最适度关税有不同的要求，应当分别进行讨论。

1. 财政收入的最适度关税

财政收入的最适度关税就是使关税以及有关产业的所得税之和最大化的关税。这在本章第一节已有阐述。

2. 保护国内生产的最适度关税

在制定关税保护政策时，应充分考虑关税的局限性，使关税的保护程度限制在必要的水平。

3. 促进国内生产的最适度关税

促进国内生产往往是以降低关税为政策手段的，给国民经济带来的是静态净得益。

但是，对某一种商品降低关税可能意味着对另一种商品提高关税。因此，制定政策时必须对产业之间的利益进行比较。

二、差额关税

差额关税是指税额等于商品的国内市场价格减进口价格之差的关税。国际贸易理论认为这是一种不科学的定义。因为在通常的直线式的供求均衡图上，从国内生产供给曲线与国内需求曲线的交点到进口供给曲线，除了那个交点以外，根本找不到何处是国内市场价格的位置。但是直线式供求均衡图是一种简化的分析，它没有包括国内生产条件的各种情况。如果国内生产处于图 4－18 那种情况，供给曲线 S 在向右上方伸展至一定阶段，向上弯曲并陡直延伸，这表明生产条件严重恶化，即使市场价格再高，生产量也只能略有增加。任何一种生产发展到一定的规模，必然会发生这种生产条件恶化的情况，所以，仅此还不足以说明差额关税的意义，还需要加上需求因素进行分析。当国内需求曲线与国内供给曲线在折点上方相交时，有利于国内生产的最佳市场价格应位于国内生产供给曲线开始弯曲处，需求未能满足的部分则由进口弥补。在这种特殊情况下，最佳国内市场价格可以优先确定，其与进口供给价格的差距由关税填补，只有在这层意义上，差额关税才有其科学性。

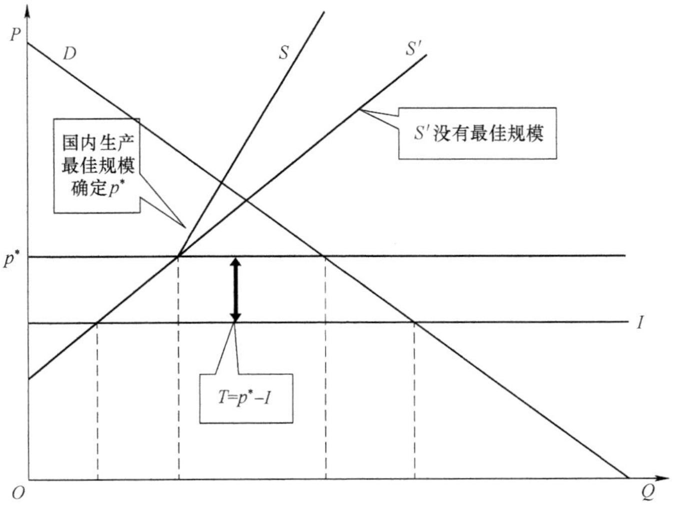

图 4－18　特定国内生产与差额关税

如果把差额关税的定义改为以预定的国内市场价格与进口商品价格之差额，那么，差额关税几乎成为保护关税政策的表面依据。因为正是在自由贸易加关税的条件下，国内市场价格等于国际市场价格加关税。这种差额关税的合理之处，是决策思路从国内生产发展所需的国内市场价格为出发点；其缺点是在供求均衡模式中得不到直接依据，显得过于简陋。

差额关税较为实际的政策意义是在维持国民经济原有产业结构的条件下，使国内生产各行业取得与进口商品同等的竞争地位，这种观点作为关税政策的指导思想是不可取的，因为它完全背离了比较利益理论。但作为关税政策的中性分界，仍有其实际意义。在促进国际贸易的前提下，多数商品的国内市场价格应逐步向国际市场价格接近。在世界经济环境严重恶化，各国都转向保护贸易的情况下，多数商品难免会实行差额关税。

思考题

1. 结合小国情形，分析关税税率处于何种水平时关税收入规模最大。

2. 请结合理论知识说明进口国提高关税税率水平以后，进口国相关商品价格上涨，而出口国出口价格降低的原因。

3. 请结合图形说明大国的关税收入效应。

第五章

关税的名义保护效应

学习目标

1. 掌握关税保护效应的类型及含义。
2. 理解关税名义保护的衡量指标。
3. 分析不同时期各国关税名义保护水平。

第四章分析了国内供求均衡与关税效应，通过这些内容可了解到关税对于进口既有限制也有促进作用。现实经济社会运行中，关税的保护职能一般可从两个层面进行衡量，一是名义的保护，二是实际的保护或者有效保护。本章着重论述关税的名义保护概念、衡量指标及各国关税名义保护程度的比较，并讨论关税保护促进作用的实现过程，以及如何将理论分析转化为可操作的数据处理。

第一节　关税名义保护影响因素

一、关税保护的作用

（一）扩大国内生产的国内市场

关税财政收入效应分析中可以得出通过关税保护扩大国内生产的国内市场的结论。

扩大国内生产的国内市场意味着原有的国内市场不够大，这是由多种原因造成的。主要的原因是国内工业的技术水平有了较大的发展，但在企业的规模发展初期，单位产品的成本还很高，不足以与进口产品相抗衡。只有进一步发展企业的生产规模，使企业的生产要素实现优化组合，降低成本，才能在国内市场上站稳脚跟。关税应该提高多少，这是关税能否实现其政策目标的关键问题，可以从成本分布和生产规模分布两方面考察，也可以从行业应达到的规模考察应有的保护水平。

（二）维护国内生产的国内市场

如果国内产业不具有先进性而又面临进口商品的竞争压力，那么，关税至多只能维护其国内市场，并且，这种维护不排斥国内生产整体规模的必要收缩。

国内生产需要关税维护其国内市场的局面也是由多种原因造成的，而且不同发展水平的国家有不同的原因。发达国家往往是因为国内技术水平停滞不前，失去领先地位，而工资水平又过高，在后进国家的类似技术水平和廉价劳动力的竞争下，难以为继。发展中国家往往是因为技术水平低下，产品更新换代迟缓，而进口的同类产品体现了全新的技术、全新的性能甚至是全新的消费观念，具有很强的竞争力。在这种情况下，由于产品不同质，不能简单考察企业的成本，必须考察进口商品的关税后价格要提高到什么水平，国内才会有多少消费转向购买国内产品。

另外，还有一种情况是，国内产品在国际市场上竞争失利，需要关税为其扩大国内市场以替换其失去的国际市场份额。从现象上看，似乎是扩大国内市场，但因为是市场的转换，所以本质上仍是维护市场性质的保护。这种情况的进一步扩展，还可以包括维护本国产品在国际市场上的竞争优势的超保护关税措施。超保护关税措施（Aggressive Protective Trade Policy）是以高关税提高国内市场价格，使企业在国内市场上取得高额利润，从而在国际市场上以较低的价格倾销本国产品，打击他国现实的甚至潜在的竞争力量，维护本国的竞争优势。但本国的这类产业实际上已失去了竞争所必不可少的进取性，因此，这种关税保护本质上仍属于维护本国产品固有市场的性质。

关税维护国内生产的国内市场的必要性取决于该产业在该国国民经济结构中的地位。既然该产业已失去了技术先进性，它就无法成为国民经济的龙头产业；既然它需要关税来维护其国内市场，它对国家财政收入的增加也就不会有太大的作为。所以，从经济上看，它在国民经济结构中的重要性应该主要体现在对就业问题的影响上。这可从两个层次上考察，首先，是该产业自身所能容纳的就业量及该产业的投入品产业（对该产业有依赖性）所容纳的就业量；其次，是该产业依赖于它的投入品产业的就业人员在产业萎缩、转型时期的重新就业机会、难度及所需的时间和社会追加的投入。

国家在制定有关政策时，首先应分析的指标是该产业及其投入品产业的就业规模、这些产业的就业人口占全部就业人口的比重、产业的区域集中程度、就业人口的年龄及文化程度和性别分布等，以确定需要保护的产业及其重要性的次序。至于需要保护的程度，应根据产业国内市场占有量或占有率的下降程度、企业利润的分布状况和企业利润的下降程度等来确定。

关税维护国内生产的国内市场方面的其他原因还包括国防和利用本国资源等。

国防领域，在国际生产要素流通的前提下，有些产业从国民经济的生产要素优化组合角度看，已无存在价值。但一旦发生战争，国际生产要素流通被阻断，这些产业难以及时恢复，国家在战争中就会面临极大的危险。所以，从国防的观点看，具有战略意义的产业，即使比较成本过高，也必须在关税等措施的保护下维持一定的规模。当然，维持国内生产规模和进口储备战略物资之间可以作出适当的平衡。尽管国内有关资源的储量有一定的规模，但完全取消国内生产是不可取的。

利用本国资源方面，有些产业虽然比较成本较高，但其所利用的本国资源舍此无其他更好的利用途径，因此，也需要关税的保护。不过，仍应寻求提高技术、降低比较成本的可能性。

国防和利用本国资源之间有一定的联系，最典型的例子就是农业。一些发达国家的农业都存在着比较成本过高的问题。但从战略上看，不能没有农业；从资源利用上看，也不能使本国的可耕地都变成城市和花园，而从国外进口农产品。如果没有科学技术的根本性突破，农业的保护是不可避免的。

有些情况下，为了维护国内利益，也会制定超出正常保护贸易政策范围以外的措施，即所谓的超保护贸易政策。超保护贸易政策是指西方发达国家为维护国内市场的垄断价格和夺取国外市场而采取的一种侵略性的对外贸易政策，又称侵略性保护贸易政策。

（三）提高国内生产的技术水平

如果国内产业尚不具有先进性，但能通过引进先进技术加以改造，关税也能发挥其促进作用。

发达国家的某些技术相对于更先进的技术已然落后，又由于工资水平过高，该类技术的比较成本过高，只能在国外寻求相对廉价的生产要素并与之相结合，这就给发展中国家的发展提供了良好的机遇。这种机遇有不同的档次，如何在对外经济交流中抢先引进对本国发展最有利的先进技术，是发展中国家所面临的一个重大课题。所谓对本国发展最有利的先进技术要考虑多方面的条件和制约。既要考虑本国消化吸收先进技术的能力，也要考虑先进技术现实的和潜在的市场及竞争对手；既要考虑某种先进技术对本国国民经济产生的良性滚动效应，也要考虑该技术因其负面效应特别是对环境的负面效应而被淘汰的可能性。

关税在引进先进技术方面的作用是通过降低有关产业的投入品的进口关税，促进含有先进技术的投入品进口，提高该产业的技术水平，使该产业成为国民经济的支柱产业和龙头产业，甚至在国际竞争中取得优势地位。所谓投入品，不仅包括生产所需的原材料、零部件，也包括机器设备、仪表仪器等。降低投入品的进口关税，只是各种政策手段中的一种重要手段。

在降低投入品关税的同时，并不排除对该产业本身的加工过程提供关税保护。这种促进和保护的机制比单纯的保护要复杂得多，促进意味着关税从高向低变化，在供求均衡图上所反映的并不是该产业加工过程本身，而是它们的进口投入品和国内的投入品工业两种互相矛盾的问题纠缠在一起，一方面，这类产业需要多少进口投入品，其能承受的关税后价格是多少；另一方面，国内投入品工业是否也需要关税保护，其本身有没有发展潜力，或者是否承担了沉重的就业包袱，更进一步，国内投入品工业能不能改造，是否需要改造，等等。诸如此类的相关问题往往以直接利益冲突的方式表现出来。这一促进与保护的复杂机制将在后续章节中加以进一步解释。

知识链接

关税政策对技术类产品的进口影响较深的是世界贸易组织《信息技术产品协议》，这是世界贸易组织成立后 1997 年生效的新协议。任何世界贸易组织成员和申请加入世界贸易组织的国家或单独关税区均可参加该协议，但需要提交关税减让表、产品清单等文件，并获得《信息技术产品协议》已有参加方的审议通过。

1996 年 12 月 9 日至 13 日，世界贸易组织在新加坡召开第一次部长级会议。会议期间，29 个国家和单独关税区签署了《关于信息技术产品贸易的部长级会议宣言》(Ministerial Declaration on Information Technology Products)，即《信息技术产品协议》，简称《信息技术协议》。宣布协议将开放到 1997 年 4 月 1 日供各成员和申请加入世贸组织的观察员签署加入，必须达到有占世界信息技术产品贸易 90%以上的参加方授权才生效。

1997 年 3 月 26 日，在美国和欧盟的极力推动下，共有 40 个国家和地区宣布加入《信息技术产品协议》，他们的信息技术产品贸易额超过了全球信息技术产品贸易额的 90%，因此该协议于 1997 年 4 月 1 日生效（到 2003 年 4 月 25 日，共有 59 个国家和单独关税区参加）。

（四）关税保护与促进作用之间的循环关系

扩大国内市场、维护国内市场和促进引进之间有相互关系。这种促进和保护的机制比单纯的保护要复杂得多，涉及某一产业产品及它的进口投入品和国内投入品。两种互相矛盾的问题纠缠在一起，往往以直接利益冲突的方式表现出来，图 5-1 展示了扩大国内市场、维护国内市场和促进引进之间的循环关系。

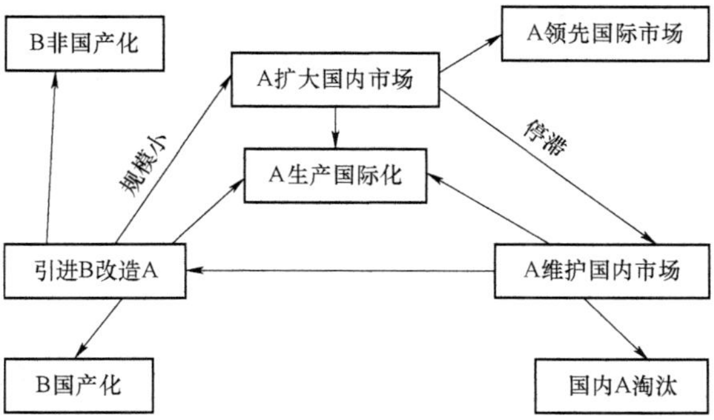

图 5-1 保护促进作用的循环关系

在图 5-1 中 B 产品为 A 产品的投入品。从 A 产品扩大国内市场出发，简要地观察关税保护与促进作用的循环关系。

A 产品在国内具有先进性，但在国际上只具有相对的先进地位，如果 A 产品能够在扩大的国内市场上取得规模效应，有可能具备与国外先进产品竞争的能力。为此，对 A 产品进行关税保护。当 A 产品在关税保护下，取得与国外先进产品竞争的地位后，A 产品不再需要关税保护，而是依靠成长起来的实力领先于国际市场。

但如果 A 产品的生产者在取得成就后故步自封、因循守旧，其生产技术可能再一次表现为停滞落后，甚至 A 产品成为落后产品，面临被淘汰的危险。如果 A 产品成为国民经济一时难以放弃的包袱，只能启动关税等手段，对它再一次进行保护。但这次保护只是维护其国内市场，因为它已无先进性可言。

如果政府或企业认为 A 产品应当继续发展，必须引进先进的投入品 B，就关税而言，只讨论引进国外的先进投入品 B，即以低关税促进 B 产品的输入。由于引进投入品 B，A 产品又获得了相对先进性（因为国外不可能输出最先进的技术），如果 A 产品不能自行在国际市场上争得一席之位，仍然需要关税保护来扩大其国内市场。

以此类推，A 产品陷入关税保护促进的循环之中，其中，保护的是 A 产品自身，促进的是 B 产品的引进和 A 产品的改进。

A 产品也可以退出关税保护循环。当 A 产品在关税保护下，取得与国外产品竞争的能力后，能不断进取，争取和保持领先地位，A 产品可以退出保护促进循环；当 A 产品面临淘汰，而国民经济又能够承受这种淘汰时，A产品也可以退出保护促进循环；当A产品以国际市场为目标改进技术，在全球组织生产要素进行生产时，A产品的生产经营超越了一国关税保护的视野，也可以退出关税保护促进的循环。

B产品在引进并实现对A产品的技术改造后，自身也面临着一个是否需要关税保护的问题。如果对B产品有国产化要求，B产品也可能形成关税保护促进的循环。但这只是可能。如果B产品的国内生产企业在国际竞争中能自立于市场则不需要关税保护；或者对B产品没有国产化要求，则B产品不需要关税保护，也就不会形成关税保护促进的循环。

从对关税保护促进循环的分析中可进一步看出，关税对于产业只能起到“保姆”的作用，国民经济中需要关税保护的产业越少，则国民经济越有活力。

综上所述，贸易保护不利于发展中国家的产业升级，相对应的贸易自由化则可以促进发展中国家产业结构升级。之所以会出现这个结果，可能还有以下原因：一是贸易自由化给一国制造业带来的竞争效应，贸易自由化导致更多的国外同类产品进入本国市场，而这些产品一般拥有更低的价格或更高的质量，会挤占国内企业的市场份额，加剧国内市场的竞争。如果国内企业竞争能力差、技术水平低，则很难应对国外商品的冲击，会造成一国制造业的萎缩。而从制造业撤出的物质资本和人力资本可能向服务部门转移，带来服务业生产规模的扩大和产出的增加。二是贸易自由化导致的货物贸易的增长会对服务业形成引致效应。这是因为，任何货物贸易都离不开服务贸易，货物贸易的生产过程必然包含着服务贸易。在跨国传递和运输过程中，国际贸易商品的价值由货物贸易和服务贸易两部分构成，商品制造的原材料、中间投入品等体现为货物贸易，而产品的设计、包装、营销、零售等则体现为服务贸易。因此，货物贸易的发展极有可能带来一国对服务业需求的增加。运输服务、电信服务和金融服务等服务贸易均可视为货物贸易的附属品，多伴随着货物贸易的产生而产生。但是，虽然服务业主要是依托于货物贸易的发展而发展的，但服务业一般却处于价值链的高端，因此贸易自由化的发展给服务业带来的积极作用极有可能超过对制造业的促进作用，进而促进一国产业结构升级。

从对关税保护促进循环的分析中可以进一步看出，关税对于产业只能起到“保姆”的作用，国民经济中需要保护的产业越少，则国民经济越有活力。

二、关税保护作用的影响因素

（一）成本因素

在成本方面应该看到，生产同一产品的各企业的生产技术水平和生产效益是不同的，综合反映为同样质量的产品其生产成本的不同。有些企业的技术水平和生产效益接近世界先进水平或平均水平，但这类企业在行业中只是少数，否则就不需要关税保护了；有些企业甚至停留在应当淘汰的阶段；多数企业则落后于世界平均水平。关税过高，不但落后的企业可从高关税中得到保护，那些在国内处于先进水平的企业也会因从高关税中得到优厚利润而故步自封，不求进取；关税过低，不但那些尚不应淘汰的企业甚至会因此而被迫退出市场，先进企业也会在进口商品的竞争面前陷于困境（如图 5-2 所示）。

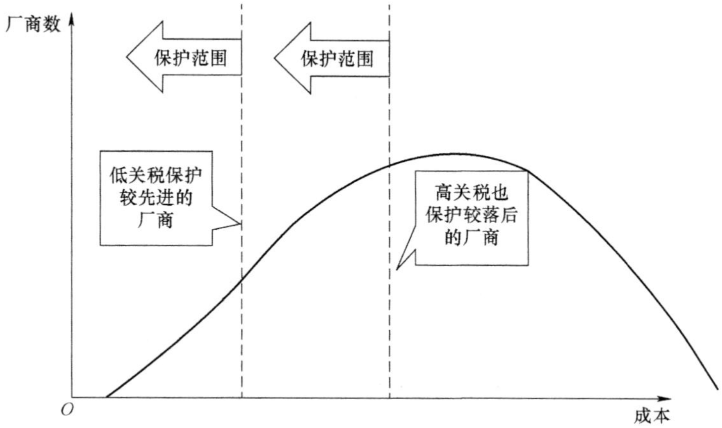

图 5-2　按企业成本分布确定保护范围

（二）规模因素

从规模方面看，既要考虑企业生产规模也要考虑行业的总体规模。企业生产规模的大小主要反映企业是否得到较高的规模效应；行业总体规模的大小则反映行业对国内资源的利用程度，图 5-3 是按企业规模分布确定的保护范围。一般可以依据最大规模企业的平均成本或利润水平来设计关税水平，在这种情况下，规模小但成本低的企业也理所当然地得到了保护。

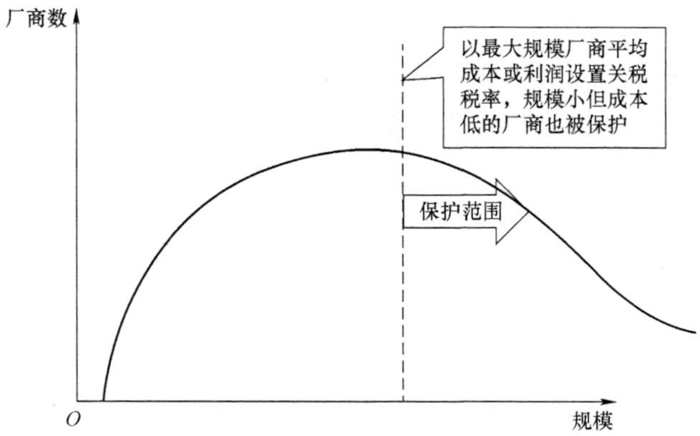

图 5-3　按企业规模分布确定保护范围

行业应达到的规模可以从国内生产的国内市场占有量和占有率来确定关税保护水平。以现实的国内产品市场占有量和预期的国内产品市场占有量及相应的价格差计算关税税率。占有量指标和占有率指标都是将国内产品与进口产品在市场上作整体比较。

除此以外，还可用具有相对先进的代表性的国际产品的市场价格及单位产品利润率考察国内生产供给对于进口产品的竞争条件，如果利润率适度，说明关税税率适当；如果利润率过低，则说明竞争条件不利，应当适当提高关税税率；如果利润率过高，则说明关税保护过度，应当适当降低关税税率。

应当指出，上述所有方法及相关指标只是从各个角度反映了国内生产对于进口产品的竞争条件，至于国内生产是否具有一定的先进性，必须另外做技术性考察。而且，生产技术的先进性也应当符合国情。

在第二次世界大战以前，关税保护是一般国家实现本国工业化或提高本国工业化水平的重要政策措施。第二次世界大战以后，随着国际分工在纵向和横向的深入广泛的发展，实现本国工业化或提高本国工业化水平的首选策略不是关税，而是寻求与国内外的适合的生产要素相结合。中国在 20 世纪 70 年代末，便走上了寻求与国内外最适合生产要素结合发展本国工业的道路。所以关税对保护本国产品市场的作用逐步弱化。加入世界贸易组织的进程也是我国关税税率不断下降的进程，2006 年我国关税总水平为 9.9%。

第二节　关税名义保护衡量指标

关税的名义保护程度可以通过关税水平进行衡量。关税水平通常是指一个国家的平均进口税率，计算方法主要有简单平均法和加权平均法两种。

简单平均法是单纯根据一国的税则中税率（法定税率）来计算的。不管税目实际的进口数量，只按税则中的税目数求其税率的平均值。具体而言，以一国税则中所有税目中税率相加的总和，除以所有税目的总数，求出税率的平均值。其公式是：

平均关税税率 = 所有税率之和 ÷ 所有税目数之和

虽然看似简单、容易操作，但是简单算术平均法有其自身的缺陷。一是由于有的税目税率很高，是禁止性的关税，实际很少进口。二是有些在贸易中的重要税目（如汽车）和不太重要的税目（如汽车座椅、安全带等）作为同样分量的两个税目计算，显然不太合理。三是从量税要换成从价税率才能相加，折算也有困难，因此具有一定缺点。

加权平均法，即以进口商品的价值作为权数，进行平均，按一个时期内所征收的进口关税税款总金额占所有进口商品价值总额的百分比计算。

由于统计的口径不同，进行比较的范围不同，又可有下列几种计算方式：

$$关税水平=进口关税税款总额/所有进口商品总价值\times 100\% \quad (1)$$

$$关税水平=进口关税税款总额/有税进口商品总价值\times 100\% \quad (2)$$

公式（1）中分母为所有进口商品包括征收进口关税和零税率、免税的商品。因为各国都有很多零税或免税的进口商品，（2）式要比（1）式计算出来的百分比值高一些，且一般情况下，算术平均率的百分比数值最高。

在统计分析或对等谈判时，只对某大类商品或某个行业商品的关税水平进行比较，则其公式为：

$$某类商品的关税水平=该类商品的关税总额/该类商品的进口总值\times 100\%$$

第三节 关税名义保护水平分析

一、世界各国历年名义关税水平

1947年关税与贸易总协定签订之时，全世界的平均关税率超过40%。后经多轮多边贸易谈判，到1995年世界贸易组织正式成立并运行以来，关税率继续下降。发达国家的平均关税率降为4%，发展中国家的平均关税率降为12%。与此同时，世界贸易总额则从1947年的500多亿美元增加到2007年的142 110亿美元。

2016年，发达国家中，加拿大加权平均关税率仅仅0.8%，而美国则达到1.6%。在发展中国家中，中国加权平均关税率只有3.5%，远远低于巴西的8.0%、印度的6.3%。世界上关税最高的是巴哈马，加权平均关税率为18.6%，加蓬也高达16.93%。2016年世界各国加权平均关税水平见表5-1，美国及金砖五国的加权平均关税水平比较见图5-4。

表 5-1　　2016 年世界各国按所有产品加权计算的平均关税税率

低税率（<2.5%）	中低税率（2.5%～4.77%）	中等税率（4.77%～7.10%）	中高税率（7.10%～9.62%）	高税率（>9.62%）
冰岛	俄罗斯	印度	阿根廷	马达加斯加
日本	墨西哥	南非	厄瓜多尔	委内瑞拉
澳大利亚	韩国	乌干达	巴西	尼泊尔
英国	中国	格鲁比亚	古巴	巴基斯坦
美国	莫桑比克	智利	阿尔及利亚	孟加拉国
以色列	赞比亚	玻利维亚	尼日尔	乍得
欧盟	津巴布韦	巴拉圭	马里	加蓬
加拿大	印度尼西亚	乌拉圭	安哥拉	巴哈马
阿曼	乌克兰	菲律宾	坦桑尼亚	尼日利亚
土耳其	哈萨克斯坦	马来西亚	埃及	加纳
新西兰		越南	圭亚那	肯尼亚
		也门		

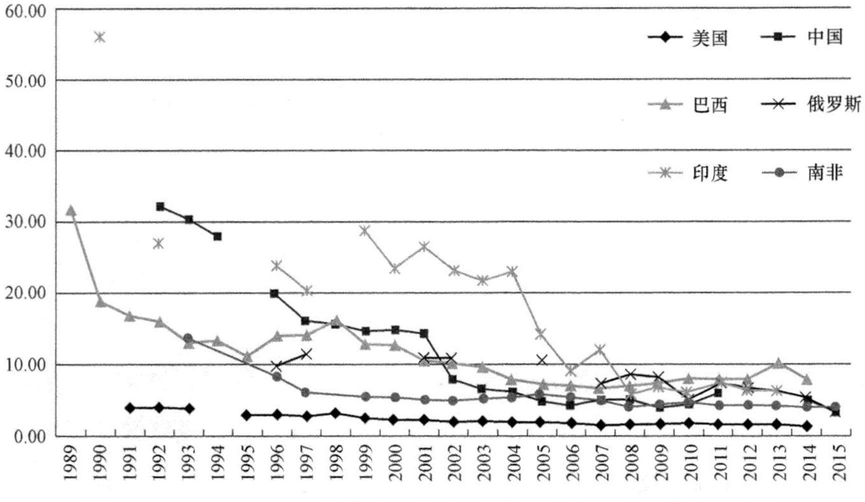

图 5-4　1989—2015 年美国及金砖五国的加权平均关税水平比较

数据来源：WITS 的 ASH weighted average。

二、我国历年名义关税水平

从新中国成立到 20 世纪 70 年代，我国名义关税税率一直处于较高水平。1978 年改革开放以来，我国逐步削减各行业的进口关税水平。20 世纪 90 年代开始加快了名义关税的削减步伐，2001 年加入 WTO 以后，减税频次进一步加快，幅度进一步提高。近年来为了顺应高水平开放的政策目标，继续通过降低关税来推进高质量发展。

2015年至2018年间，我国六降关税，我国平均关税（算术关税）降至7.5%。2015年6月1日，我国降低了护肤品、毛制服装、鞋靴、纸尿裤等14项商品进口关税。2016年1月1日起，我国降低了部分箱包和服装、围巾、毯子、太阳镜等16项商品进口关税。2017年1月1日起，我国降低金枪鱼、北极虾、蔓越橘等特色食品和雕塑品原件等文化消费品共16项商品进口关税。2017年12月1日起，我国降低187项日用消费品进口税率，涵盖食品、保健品、药品、日化用品、衣服鞋帽、家用设备、文化娱乐、日杂百货等。2018年5月30日，国务院常务会议确定，自当年7月1日，进一步降低日用消费品进口关税。2018年9月，国务院常务会议确定，从2018年11月1日起，降低1585个税目工业品等商品进口关税税率，将部分国内市场需求大的工程机械、仪器仪表等机电设备平均税率由12.2%降至8.8%，纺织品、建材等商品平均税率由11.5%降至8.4%，纸制品等部分资源性商品及初级加工品平均税率由6.6%降至5.4%，并对同类或相似商品减并税级。至此，2018年出台的降低关税措施减轻企业和消费者税负近600亿元，我国关税简单平均水平由上年的9.8%降至7.5%。

表5-2　　我国关税水平变化一览表　　单位：%

年份	关税总水平	工业品平均	农产品平均
1992	42.5		
1995	35.9		
1998	16.4		
2001	15.3	14.8	23.2
2002	12	11.4	18.1
2003	11	10.3	16.8
2004	10.4	9.5	15.6
2005	9.9	9	15.3
2006	9.9	9	15.2
2007	9.8	8.95	15.2
2008	9.8	8.9	15.2
2009	9.8	8.9	15.2
2010	9.8	8.9	15.2
2011	9.8	8.9	15.2
2015	9.8		
2018	7.5		

思考题

1. 请举例说明哪些指标能够衡量关税保护程度。

2. 提高关税和提供补贴能够起到扩大国内企业生产规模的作用。请结合图形来说明关税和财政补贴的方式都能够实现相同的生产规模时，比较并量化分析关税和补贴的损益的大小。

3. 请说明发达国家和发展中国家的关税名义保护率有哪些差异。

第六章

关税的有效保护效应

学习目标

1. 掌握关税有效保护率的定义。
2. 熟悉关税有效保护率的计算方法。
3. 理解关税有效保护率判别公式。
4. 利用关税有效保护率理论分析关税政策。

第一节 关税有效保护理论的含义

一、关税有效保护理论的产生与发展

关税有效保护论是保护关税的一个理论延伸和分支。传统意义上的保护关税是与“财政关税”相对应的概念的对称，是为保护国内经济发展，对有损于本国经济利益的进出口商品征收的限制性关税。它一般适用于进口商品，规定较高税率，以削弱其在国内市场的竞争能力。

有些国家为确保国内生产需要，对某些原材料也征收较高税率的出口税。保护关税政策最初为重商主义所推崇，成为资本原始积累的重要手段。19 世纪初期，保护关税政

策又为后起的资本主义国家所运用。德国历史学派的先驱李斯特提出和阐述了促进德、美等国资本主义经济发展的保护关税理论。

资本主义发展早期，系统的保护关税理论是在美国和德国产生的。18 世纪末，美国第一任财政部长汉密尔顿和德国历史学派先驱李斯特都是早期保护关税理论的重要代表人物。

保护关税对一国经济的影响是复杂的。一方面，本国关税水平上升，将提高同类进口品价格，从而在一定程度上保护国内厂商免受国外厂商的竞争，并因此为国内企业带来一定的利润；但另一方面，上游产品关税水平的上升将导致进口中间产品价格上升，从而增加了下游国内生产厂商的生产成本，因此将在一定程度上降低国内厂商的利润水平。特别是在全球价值链（GVC）深入发展的背景下，一个产品的生产过程被分割为分布于不同国家的不同生产阶段，世界各国的生产紧密联系，共同成为世界市场不可分割的一部分。因此，一国关税水平的上升也势必沿生产链条蔓延至各个国家，从而影响各国的生产成本。在此背景下，一国增加关税，是否真的能够切实有效地保护本土产业的发展仍有待探讨。

随着国际分工的逐步深化，大规模生产由一种产品从始至终的全过程纵向全面展开，发展到零部件、投入品的专业横向分工生产与合作，从而形成了以中间产品为主的国际贸易商品结构。由于中间产品的存在，名义关税率已经不足以反映贸易保护的真实程度。因为保护的结果必然还受到对加工活动保护的影响，而不仅取决于最终产品本身的关税水平。针对这种情况，经济学家开始采用有效保护率来描述关税对资源配置的影响。综上所述，随着工业化和全球分工协作的快速发展，各国需要大量进口原材料和中间产品，并出口最终产品。因此，在关税谈判中，什么商品可以减税，减税幅度多大，如何不影响对本国加工制造业的保护而又达到相互减让关税的目的尤为重要，在关税减让谈判中应注意的是有效保护率的提高，这就涉及谈判的策略问题。

有效保护不但注意关税对成品价格的影响，也注意投入品（原材料或中间产品）由于征收关税而增加的价格，因此有效保护率计算的是某项加工工业中受全部关税制度影响而产生的增值比，是对一种产品的国内、外增值差额与其国外增值的百分比。国外加工增值为自由贸易条件下的国外成品价格减去投入品费用。在乌拉圭回合的关税减让谈判中，大部分仍集中在发达国家之间进行。

有效保护的概念是加拿大经济学家巴伯于 1955 年提出的，到 20 世纪 60 年代才开始作出理论性的阐述而被引用。1970 年在日内瓦召开的关于有效保护理论的学术讨论会推动了这一理论的发展。从最初级产品到消费品之间存在着不同加工深度的中间产品，它们之间的关税税率实质上反映了关税对加工过程增值的影响。对这种影响的分析称为关税有效保护率理论。随着中间产品的国际贸易成为国际贸易商品结构的主要组成部分，关税有效保护率理论得以产生，并日益显示其重要性。

二、关税有效保护的概念

从理论上说，衡量关税对一国经济的保护程度主要有两个指标，即名义关税率和有效关税率。名义关税率是海关对具体进口的某一种产品征收的税率，显然，这种名义关税率越高，则该国对这种进口替代产品保护程度就越高。与名义关税率相比，有效关税率更准确地衡量了关税对某一产业的保护程度。

有效关税率提示了一个产业的关税贸易保护程度不仅受对该产品征收的名义关税率的影响，而且还受对作为其中间投入品征收的名义关税率的影响，以及这种中间投入品在该最终产品中所占的价值比例即投入产出系数大小的影响。关税有效保护率或有效关税率的定义是指征收关税后单位产品附加价值的增加率。

第二节 关税有效保护的衡量指标

一、关税有效保护率指标的界定

关税有效保护率的定义分为规范定义和通俗定义。规范定义是指对某工业从投入品到制成品的系列商品征收关税后，该工业中将投入品加工成制成品的国内加工生产增值对于自由贸易条件下加工增值的增量比。从通俗的意义上来讲，关税有效保护率是指整个关税制度（和有效保护措施）对某类产品在其生产过程中给予净重增值的影响，一种产品在国内外加工增值差额与其国外加工增值的百分率，也就是由于整个关税制度而引起的国内增值的提高部分与自由贸易条件下增值部分相比的百分比。

从通俗意义上导出关税有效保护率的公式：

$$\begin{aligned}\text{关税有效保护率} &= \text{国外加工生产增值额的关税率}\\ &= \frac{\text{国外加工生产增值额的关税额}}{\text{国外加工生产增值额}}\\ &= \frac{\text{进口成品关税额} - \sum \text{进口投入品关税额}}{\text{成品进口价} - \sum \text{投入品进口价}}\end{aligned}$$

$$=\frac{\text{成品进口价}\times\text{成品关税率}-\sum\text{投入品进口价}\times\text{投入品关税率}}{\text{成品进口价}-\sum\text{投入品进口价}}$$

$$=\frac{\text{成品进口价}\times\text{成品关税率}-\text{成品进口价}\times\sum\text{投入系数}\times\text{投入品关税率}}{\text{成品进口价}-\text{成品进口价}\times\sum\text{投入系数}}$$

$$=\frac{\text{成品关税率}-\sum\text{投入系数}\times\text{投入品关税率}}{1-\sum\text{投入系数}}$$

中文简化后的公式可以表示为如下的字母形式：$e=\dfrac{T-\sum a_i t_i}{1-\sum a_i}$

其中，e 代表关税有效保护率，T 表示成品关税率，t_i 为投入品关税率，$\sum a_i$ 为投入系数。通常用于生产成品的投入品数量较多，即投入品的关税种类繁多，为了简化不同类型投入品的各类关税水平，进一步引入投入品加权平均关税税率概念。

投入品加权关税税率 $\overline{t_i}=\dfrac{\sum a_i t_i}{\sum a_i}$

因此，$\sum a_i t_i=\overline{t_i}\sum a_i$

上式变为：$e=\dfrac{T-\overline{t_i}\sum a_i}{1-\sum a_i}$

其文字表述为：

$$\text{关税有效保护率}=\frac{\text{成品关税率}-\text{投入品加权平均关税率}\times\sum\text{投入系数}}{1-\sum\text{投入系数}}$$

从规范定义上来说，关税有效保护率是指对某工业从投入品到制成品的系列商品征收关税后，该工业中将投入品加工成制成品的国内加工生产增值对于自由贸易条件下加工增值的增量比。

规范定义是从有效保护率定义引申出来的。有效保护率是指对某工业从投入品到制成品的系列商品实行一系列保护措施（包括关税措施和非关税措施）后，该工业中将投入品加工成制成品的国内加工生产增值对于自由贸易条件下加工增值的增量比。因为非关税措施中有许多是难以用价格计算的，所以只能用保护下的国内加工生产增值与自由贸易条件下加工增值的增量比这一指标来反映对国内加工生产的保护程度。但假如除了关税以外没有其他保护措施，那么从关税有效保护率的规范定义推导出的关税有效保护率公式与从通俗定义推导出的公式是一致的。而且，通俗定义更直接地反映了关税有效保护率的本质：国外加工增值额的关税税率。

为证明关税有效保护率的通俗定义与规范定义等价，从规范定义推导出关税有效保护率公式。根据关税有效保护率的规范定义，关税有效保护率等于征收关税后的国内加工增值与自由贸易条件下国内加工增值的增量比，即：

$$\text{关税有效保护率}=\frac{\text{征收关税后国内加工增值}-\text{自由贸易下国内加工增值}}{\text{自由贸易下国内加工增值}}$$

$$=\frac{(\text{成品关税后进口价}-\sum\text{投入品关税后进口价})-(\text{成品进口价}-\sum\text{投入品进口价})}{\text{成品进口价}-\sum\text{投入品进口价}}$$

$$=\frac{\text{成品进口价}+\text{成品关税}-\sum\text{投入品进口价}-\sum\text{投入品关税}-\text{成品进口价}+\sum\text{投入品进口价}}{\text{成品进口价}-\sum\text{投入品进口价}}$$

$$=\frac{\text{成品关税}-\sum\text{投入品关税}}{\text{成品进口价}-\sum\text{投入品进口价}}$$

$$=\frac{\text{成品进口价}\times\text{成品关税率}-\sum\text{投入品进口价}\times\text{投入品关税率}}{\text{成品进口价}-\sum\text{投入品进口价}}$$

规范定义也可以通过以下方式进行表述：

有效保护率是用征收进口关税后国内增加值的增加程度来度量的。如果某种商品征收关税前的国内增加值为 V，征收关税后国内增加值为 V'，则有效保护率（ERP）为：

$$\text{ERP}=\frac{V'-V}{V}=\frac{p(1-a_i)+p(t-a_it_i)-p(1-a_i)}{p(1-a_i)}$$

$$=\frac{t-a_it_i}{1-a_i}=t+\frac{a_i}{1-a_i}(t-t_i)$$

二、有效保护率指标的补充说明

关税有效保护率提示了一个产业的关税贸易保护程度不仅受对该产品征收的名义关税率的影响，而且还受对作为其中间投入品征收的名义关税率的影响，以及这种中间投入品在该最终产品中所占的价值比例即投入产出系数大小的影响。关税有效保护率或有效关税率的定义是指征收关税后单位产品附加价值的增加率。

对于公式的定义和说明：

（1）成品与投入品的范围：成品可以是一种产品，一旦在分析中被指定，则不再改变；投入品是指对被指定的成品进行最后加工所需的投入品，不包括生产这些投入品所需的投入品，即列入最后加工的投入品在工艺上应具备平行进行的性质。所谓最后加工可由具体的政策目标确定，切不可将最后加工限定在装配包装等工序上，因为这类工序相对于全部工序而言，一般不具有高科技性质。

（2）投入系数的含义：投入系数是指一件成品最后加工过程中所需的投入品的价格与成品价格之比。因为成品加工中还包括最后加工的增值，所以投入系数之和恒小于 1。$1-\sum ai$ 称为加工增值比，因为同投入系数一样，也是与成品进口价格之比，称为加工系数更为合适。投入系数与加工系数之和为 1。

（3）投入品加权平均关税公式来源于加权算术平均数公式，以投入系数为权数。

（4）为区别于关税有效保护率，税则上的税率统一称为名义关税税率，成品关税税率称为成品名义关税税率，投入品税率称为投入品名义关税税率，投入品加权平均税率称为投入品加权平均名义关税税率。

（5）关税有效保护率不可能直接从税则中查出，只能通过查阅有关的成品和投入品的关税税率，并根据投入系数计算得出。

知识链接

如何正确认识关税名义保护率和有效保护率？

与有效保护率指标类似，世界银行提出过名义保护率的概念。名义保护率通常用名义关税率来衡量。名义关税率越高，则该国对这种进口替代产品保护程度就越高。与名义保护率相比，有效保护率能更准确地衡量对某一产业的保护程度。

世界银行提出，对一商品的名义保护率是由于实行关税保护而引起的国内市场价格超过国际市场价格的百分比。计算公式如下：

$$\mathrm{NRP}=(P_d-P_w)/P_w\times100\%$$

关税的名义保护率一般相当于名义关税（Nominal Tariff），即进口商品进入该国关境时海关根据本国关税税则所征收的关税。在其他条件不变的情况下，名义关税率越高，对本国同类产品的保护作用越大。但是，在国内生产的商品所需的中间投入品和原材料需要进口且征收关税的情况下，生产者将会为此付出更高的成本，从而影响本国最终产品的生产和生产企业的国际竞争力。因此，关税名义保护率无法合理表示关税的有效保护程度。

第三节　关税有效保护判别公式

通过对关税有效保护率公式的分析，可得到一些与检验关税政策及关税税率是否合理的判别标准，称之为关税有效保护率的判别公式。

一、判别公式

关税有效保护率有四种判别公式。

（一）判别公式 1

当成品名义关税率大于等于投入品加权平均名义关税率时（$T \geqslant \overline{t_i}$），关税有效保护率大于等于成品名义关税率，即$T\sum a_i \geqslant \overline{t_i}\sum a_i$，意为对国外加工增值额的关税率高于或等于成品的关税率。

依据判别公式 1，从投入品到成品之间，关税税率应有级差，以提高对不同加工程度的加工工业的有效保护水平。如果要对国内的成品最后加工工业提供保护，可以通过两条途径进行：既可以提高成品的名义关税率，也可以降低投入品的名义关税率，只要满足判别式 1 即可（并非每一种投入品的名义关税率都必须小于或等于成品名义关税率，对于一些重要的投入品，其名义关税率仍可高于成品名义关税率，只要满足判别公式 1，仍可使国内的成品最后加工工业得到保护）。

降低投入品的名义关税率开辟了通过降低关税达到保护某种加工工业的关税策略新途径。一些国家的关税水平虽然下降，但其保护程度却不断提高，原因就在于利用这一推论，保护了国内已成为重要工业部门的加工工业。

（二）判别公式 2

当成品名义关税率小于投入品加权平均名义关税率乘以投入系数，即$T < \overline{t_i}$，关税有效保护率小于 0。

对此，可以利用已知条件的不等式两边尽量构造出与关税有效保护率相同的公式，即$\dfrac{T-\overline{t_i}\sum a_i}{1-\sum a_i} < \dfrac{\overline{t_i}\sum a_i-\overline{t_i}\sum a_i}{1-\sum a_i}$，则可以获得有效保护率小于 0 的结论。

依据判别公式 2，负保护是针对进口投入品加工成品的国内加工工业，而不是针对使用国内投入品加工成品的国内加工工业的。如果某一加工工业要求全部使用国产投入品加工成品，而该国产投入品又需要保护，此时从公式看，出现负保护，但不损害政策目标。它会形成如下情况，进口投入品加工成品不如进口成品，但更不如全部投入品和成品都由国内生产。

（三）判别公式 3

当投入品加权平均名义关税率乘以投入系数小于或等于成品名义税率，而成品名义税率又小于投入品加权平均名义关税率时，即 $\overline{t_i}\sum a_i \leqslant T < \overline{t_i}$，关税有效保护率大于等于 0，且小于等于成品名义关税率，即 $0 \leqslant e \leqslant T$。

（四）判别公式 4

当投入品加权平均名义关税率大于等于 0，且小于成品名义关税率时，即 $0 \leqslant \overline{t_i} < T$，关税有效保护率小于成品名义关税率除以 1 减投入系数和之差，即 $T/\left(1-\sum a_i\right)$。

二、政策性推论

通过上述判别公式不仅可以利用投入品和成品的名义关税税率推断出某一加工工业的有效保护程度，而且可以在制定不同加工程度的关税政策时，提供重要的理论依据。

（一）关税结构

依据判别公式 1，从投入品到成品之间，关税税率应有级差，以提高对不同深度的加工工业的有效保护。但级差过大也是不合适的，有效保护率会因此而以更大的幅度提高，形成保护过度。需要注意的是，无论投入品还是成品，国内外产品必须是同质产品，不能只单独比较它们的价格差异，而是应该依据它们质量存在的差异，从而比较它们的价格差异。

（二）保护路径

依据判别公式 1，如果要对国内的成品最后加工工业提供保护，可以有两条选择路径。第一是提高成品的名义关税税率，第二是降低投入品的名义关税税率，只要符合公式即可。降低投入品的名义关税税率开辟了通过降低关税达到保护某种加工工业的关税政策新途径。一些国家的关税水平虽然有所下降，但实际上保护程度却不断提高，就是利用了判别公式 1，从而保护了国内已成为重要工业部门的加工工业。

（三）投入品关税

依据判别公式 1，并非每一种投入品的名义关税税率都必须低于等于其成品的名义关税税率。对于一些重要的投入品，其名义关税税率可以高于其成品的名义关税税率，只要满足判别公式 1 即可，这样也能够使国内的成品最后加工工业得到保护。这一推论为重要的投入品国产化提供了依据。对于某种加工工业而言，只要其零部件的加权平均名义关税税率低于等于其成品的名义关税税率，而个别关键零部件的名义关税税率可以等于甚至略高于其成品的名义关税税率。因此，当重要投入品的加工工业成为新的幼稚工业时，可以提高其名义关税税率进行保护。

（四）负保护论

依据判别公式 2，负保护是针对进口投入品加工成品的国内加工工业，而不是针对使用国内投入品加工成品的国内加工工业的。因此，如果某一加工工业要求其全部使用国产投入品加工成品，而该国投入品也确实需要保护，此时从公式上看就会出现负保护，但不损害政策目标，即会出现以下情况：进口投入品加工成品不如进口成品，但更不如全部投入品和成品都由国内生产。至于这一政策是否合理，应在有效保护理论之外进行讨论，因为这涉及更广泛的机会成本，不是有效保护理论所能涵盖的。

（五）关税减税

根据判别公式 1 和判别公式 4，关税有效保护理论必然削弱关税职能。其推理过程分为四个层次：第一，降低投入品关税以保护成品加工工业；第二，投入品关税的下降极限是零；第三，任何投入品，在保护该投入品国内加工工业时，也将其看作是“成品”；第四，当最终成品的关税因其上游产品关税的大幅度下降而显得过高时，也将被迫下调税率水平。

这四个层次在实践中不断推进的结果必然是：关税作用微乎其微，职能削弱。由此，关税又可以分为“常税”和“非常税”。货物进口关税的最惠国税率可称为“常税”，而配额关税、特别关税、临时关税、反倾销反补贴税、反不正当竞争税等则可被称为“非常税”。

在世界贸易组织倡导的自由贸易的原则下，各国关税都有所下降。各国在利用关税有效保护手段为国民经济提供必要保护的同时，也不断地在削弱关税的“常税”职能，现在发达国家更多地利用“非常税”以及技术壁垒等非关税措施保护本国产业。

我国虽然是发展中国家，关税的“常税”还起着一定的保护作用，但当国民经济发展到一定水平，其关税职能也会因充分利用有效保护理论而被削弱，再要对国内工业实施关税保护必然要依靠“非常税”以及技术壁垒等非关税措施。

第四节　关税比较利益指标分析

关税有效护率可否成为有效衡量产业保护程度的良好指标？关税有效保护率能不

能真实反映保护国内加工工业的目的呢？

正如成品的名义关税率并不能真实反映关税对成品国内生产的保护程度一样，关税有效保护率也不能真实反映关税对国内进口投入品加工成品的加工工业的保护程度。保护程度不能仅考察关税有效保护率的高低，还必须考察国内加工工业与国际同类加工工业的差异。对于不同的国内加工工业，同样的关税有效保护率对国内加工工业保护恰当或保护不足或保护过度都是可能的。因此，仅仅计算有效保护率是不够的，还必须将其与国内的加工增值或加工成本联系起来进行考察。

$$\text{关税比较利益率}=\frac{\text{成品关税后价格}-\text{进口投入品加工成品的成品价}}{\text{成品进口价}}$$

$$=\frac{\text{成品关税后价格}-(\sum\text{进口投入品价格}+\sum\text{进口投入品关税}+\sum\text{投入品国内加工增值额})}{\text{成品进口价}}$$

将上面文字公式用字母来表示如下：

$$R=\frac{P(1+T)-[P\sum a_{wi}+P\sum a_{wi}t_i+P(1-\sum a_{hi})]}{P}$$

$$R=T-\overline{t_i}\sum a_{wi}-(\sum a_{wi}-\sum a_{hi})$$

通过关税比较利益率的公式可知，当 $R=0$ 时，为无比较利益，即国内加工产品与进口产品在国内市场上平等竞争；当 $R<0$ 时，为负比较利益，即国内加工产品被进口产品排除出国内市场；当 $R>0$ 时，为有比较利益，即进口产品被国内加工产品排除出国内市场。

关税有效保护率与关税比较利益率之间存在以下四个异同：

一是两者分析目的不同。关税有效保护率分析国外最后加工增值额的关税税率是多少。

二是两者比较的内容不同。关税有效保护率是以关税条件下的投入品国内加工与自由贸易条件下的投入品加工相比较。关税比较利益率则是以关税条件下的投入品国内加工成品与关税条件下进口成品相比较，关税比较利益率分析关税是否给进口投入品国内加工提供了足够的保护。

三是两者考察的指标有同有异。两者都需要考察成品名义关税率、投入品名义关税率和投入系数，但关税有效保护率假定国内外投入系数相同，关税比较利益率则假定国内外投入系数可以不同。

四是两者的公式有同有异。两个公式都含有 $\mathrm{T}-\overline{t_i}\sum a_{wi}$，但关税有效保护率以共同因子除以 $\left(1-\sum a_{wi}\right)$，关税比较利益率是以共同因子减去 $(\sum a_{wi}-\sum a_{hi})$。

关税有效保护率和关税比较利益率存在密切的关联性。两者的公式可以做如下转换：

$$e=\frac{R+\left(\sum a_{wi}-\sum a_{hi}\right)}{1-\sum a_{wi}}$$

$$R=e\left(1-\sum a_{wi}\right)-\left(\sum a_{wi}-\sum a_{hi}\right)$$

关税有效税率需要思考以下三个关键要素：首先，有效关税对关税结构的影响；其次，有效关税在关税减让谈判中的作用；最后，有效关税与关税特殊监管制度之间的关系。

对于有效保护率和关税结构相关问题而言，应确立关税升级理念，即加工程度越高，关税税率越高；加工程度越低，关税税率越低。因有效关税的概念使得关税升级的保护效应明显。图 6－1 和图 6－2 分别为各国初级产品和加工产品的简单平均关税水平和加权平均关税水平的曲线图。图 6－2 中加工产品的加权平均关税税率普遍高于初级产品，因此，各国实践符合关税升级理念。

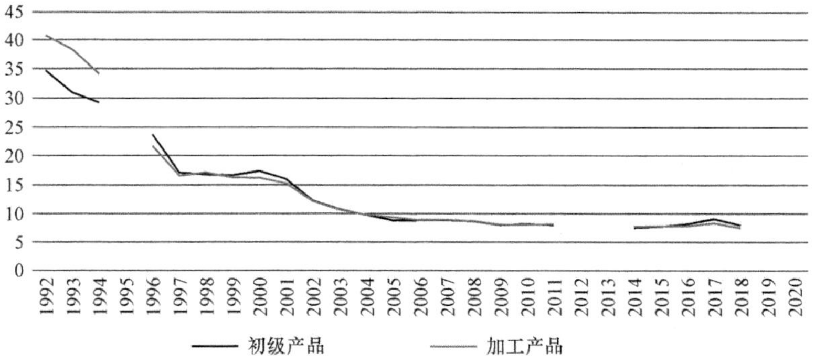

图 6－1　初级产品和加工产品的简单平均关税税率

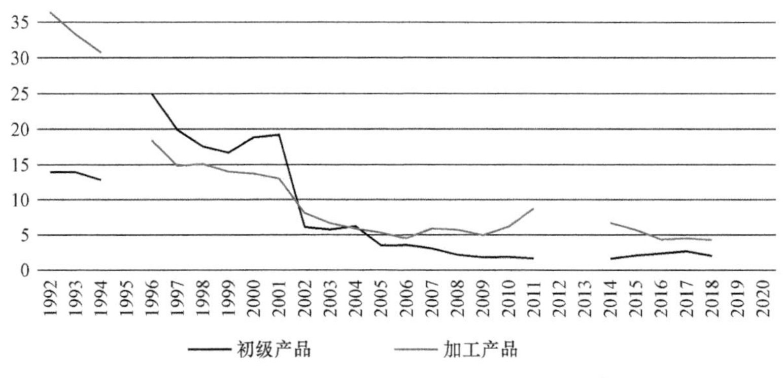

图 6－2　初级产品和加工产品的加权平均关税税率

注：图 6－1 和图 6－2 的数据是世界银行根据联合国贸易和发展会议贸易分析和信息系统（TRAINS）数据库和世界贸易组织综合数据库（IDB）和综合关税表（CTS）数据库的数据，使用世界综合贸易解决方案系统进行估算。

对于有效关税与关税减让谈判相关问题而言，在一揽子关税减让谈判时可以大幅度削减投入品的关税税率，而对制成品的税率不进行削减，可以在降低关税总水平的同时，不降低对被保护产业的保护水平。

对于有效关税与关税特殊监管制度而言，海关监管下的加工贸易制度，允许某些货物进入关境后不征收关税，降低该类制成品的成本，增加国际竞争力。

知识拓展

有效保护率的规范定义测算方法

假定国内外市场的供给具有完全弹性，汇率确定比为 1:1，投入产出系数不变，无非关税措施及运保费对国内价格产生影响，且进口国为小国，则从公式可以推导出中间投入品有 i 种时的关税有效保护率的数学公式（这里假定有多种中间投入品）：

$$\begin{aligned}\mathrm{ERP}&=\frac{V'-V}{V}\times 100\%\\&=\frac{\left(P_d-\sum_i P_{id}\beta_i\right)-\left(P_w-\sum_i P_{iw}\beta_i\right)}{P_w-\sum_i P_{iw}\beta_i}\times 100\%\\&=\frac{P_wT-\sum_i P_{iw}\beta_i}{P_w-\sum_i P_{iw}\beta_i}\times 100\%\\&=\frac{T-\sum_i \beta_i t_i}{1-\sum_i \beta_t}\times 100\%\end{aligned}$$

P_w 表示制成品的国际市场价格，P_d 表示制成品的国内市场价格，P_{iw} 表示中间投入品 i 的国际市场价格，P_{id} 表示中间投入品 i 的国内市场价格，即 $P_{iw}(1+t_i)$，t_i 表示中间投入品 i 的进口关税税率，T 表示制成品的进口关税税率，β_i 表示中间投入品的投入产出系数，即生产 1 单位该制成品所需的中间投入品 i 的数量。

有效保护率最终其实是三个变量的函数：

一是最终产品的名义关税率（T），其他条件不变时，T 上涨会相应提高有效保护率；二是中间投入品的名义关税率（t），其他条件不变时，t_i 上涨会增加最终产品的中间成本，最终降低其单位增加值（$V'-V$），从而降低有效保护率；三是中间投入品的投入产出系数（β），在名义关税率 i 不变的情况下，β_i 越高有效保护率越高。

进一步概括可以得出：

（1）当 $T=t_i$ 时，$ERP=T=t_i$

（2）当 $T>t_i$ 时，$ERP>T>t_i$

（3）当 $T<t_i$ 时，$ERP<T<t_i$

（4）当 $T<\sum\beta_i t_i$ 时，$ERP<0$

（5）当 $T>\sum\beta_i t_i$ 时，$ERP>0$

（6）当 $t_i=0$ 时，$ERP>T$

概括得出的六条结论说明了以下三个问题：

第一，若想充分发挥关税的有效保护作用，可以建立梯度结构的关税，对生产加工链靠近顶端的产品征收高关税，对靠近底端的加工产品征收低关税。

第二，要防止负有效保护的出现。若 $T<\beta_i\dfrac{P_{iw}}{P_w}t_i$，则 $ERP<0$，说明若是中间投入品的进口关税率过高，则会抵消对于最终产品征收的关税，同时，中间成本的增加还抵消了中间投入价格与最终产品价格的差距，导致最终产品的实际价格为负，致使在名义关税率极高的情况下有效保护水平小于零。

第三，过度保护致使原本在自由贸易中实际价格为负的商品在国内的实际价格转为正。

思考题

1. 请解释关税有效保护的通俗定义和规范定义。

2. 请说明关税有效保护率的四种判别公式的推导过程。

3. 关税有效保护率何时为负？请结合现实案例说明负保护的原因。

4. 关税有效护率是有效衡量产业保护程度的良好指标吗？在与关税比较利益率比较的基础上，说明关税有效保护率的不足之处。

第七章

关税的互补和替代效应

学习目标

1. 理解互补品和替代品的概念。
2. 画图阐述互补品的关税效应。
3. 画图阐述替代品的关税效应。

根据商品的经济性质，商品可分为消费品和资本品。这种分类实际上是互相交叉的。比如，时钟显然是消费品，但在工厂生产车间里的时钟又是资本品了；铁钉通常是资本品，但在家庭修理木器时，铁钉却是当作消费品对待的。从商品的基本用途看，这样的分类是科学合理的。联合国制定的《广义经济分类（Broad Economic Categories，BEC）》就是将商品分为消费品、中间品和投资品。消费品和资本品在与人们的利益关系上是有区别的，人们根据收入及消费偏好，决定购买什么样的消费品和购买多少；人们根据资本品的价格及能带来多少利润，决定购买什么样的资本品和购买多少。因此，这两类商品的关税效应也是不同的。

我国正式加入世界贸易组织后，按照相关规定，不断调整或降低关税水平。改变商品的相关进口税率，不仅仅会影响单一商品的购买情况，由于商品之间的关联性，还会影响到其他相关商品的价格，由此影响人们对于这些商品的购买量。也就是说，一种商品关税政策的更改会对两种及以上的商品产生影响。这些商品大致为该商品的互补品、替代品以及其他相关商品。

第一节 互补品的关税效应

一、互补商品的特征

所谓互补商品（Complements），是指商品之间的用途可以相互补充，只有这两种或以上的商品组合在一起，才能满足人的某种需求，在使用的时候缺一不可。一般来说，存在这种互补关系的商品中，一种商品的价格上升，不仅仅会使得该种商品的需求量减少，也会使得另一种商品的需求量减少。

如果这两种商品具有绝对的排他性和不可替代性，即为完全互补品，也就是说某种商品是另一种商品的不可或缺的补充商品，有了另一种商品，该商品才能发挥作用，实现其价值。在现实中，厂家为了保证自己的利润，将自己产品设置为完全互补品，例如，一部手机所对应的电池，皆是由一个厂家产出，其他厂家产出的电池可能并不适用，必须这两者搭配，手机才能投入使用。但是并不是所有存在互补关系的商品之间一定会相互影响。如果两种商品之间不具有排他性或者是具有替代性，那么降低某种商品的价格，不一定会对其他商品造成影响，这种是不完全互补商品，例如，汽油和汽车之间，汽车的价格上升，汽油对于汽车来讲是完全互补品，但是汽车是汽油的不完全互补品，汽油除了在汽车上的用途，还有其他的用途。

同样，互补品也分为严格互补品和普通互补品两种类型。例如一对眼镜片和一个眼镜架是一对一的关系，这种存在严格比例关系的是严格互补品；普通互补品是不存在比例关系的，例如牛奶和咖啡。

二、互补商品的关税效应

如图 7－1 所示，X 和 Y 是严格互补品，互补比率确定为 1:1。Y 商品坐标系中画出两种商品的总需求曲线 $D_{(x+y)}$，等于 D_x 与 D_y 横向相加。I_x 是 X 商品的进口供给曲线，$I_{(x+y)}$ 是两种商品的总进口供给曲线，$I_{(x+y)}+T_x$ 是总进口价格加关税。X 商品征收关税，Y 商品不征收关税，D_x 与 I_x+T_x 的相交点是征收关税后 X 商品的国内供求均衡点，但 D_y 与 I_y 相交点没有变化，X 与 Y 数量不匹配，因此应当进行两种商品的总供求均衡分析。征税后 X 商品的均衡点在 A，Y 商品的均衡点仍然是 I_y 和 D_y 的相交点 B，不在两种商品总的供求均衡点，即 $I_{(x+y)}+Tx$ 与 $D_{(x+y)}$的相交点 C 处。市场机制是通过改变商品需求曲线的方法解决这一矛盾的。

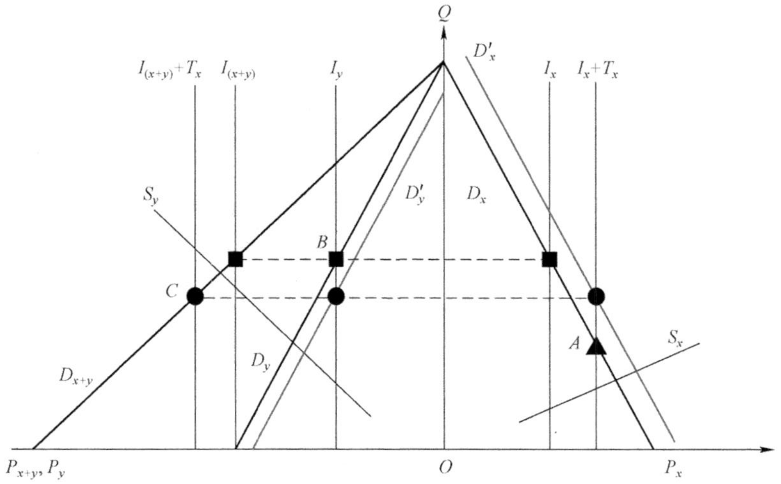

图 7－1　互补品的关税效应

市场的调节机制是扩大了增税的互补商品的需求，缩小了未征税的互补商品的需求。因此，在互补商品各自的国内生产供给不变的前提下，对一种商品实行关税保护时，会减少其互补商品的进口量，提高其互补商品国内生产供给的国内市场占有率。相反，对一种商品实行关税优惠，会增加其互补商品的进口量，降低其互补商品国内生产供给的国内市场占有率。

第二节　替代品的关税效应

一、替代品的特征

所谓替代商品（Substitutes），是指两种商品因为功能差不多而可以互相代替满足消费者的同一种欲望，即一种商品的价格与另一种商品的需求数量呈同方向变动。

在消费者的爱好、货币收入和其他商品价格保持不变的情况下，如果商品甲的价格下降造成了对商品乙需求的下降，那么商品甲和商品乙是互相竞争的商品或相互替代的商品。例如 A 产品需求量的上升会导致 B 产品需求量下降，反之亦然，则认为 A 产品与 B 产品互为替代品。替代商品和互补商品都属于相关商品。公交车和私人轿车、洗衣粉和肥皂、咖啡和茶等，都是典型的替代品。

二、替代品的关税效应

如图 7－2 所示，D_X和 D_Y互相互联地构成了 X 商品和 Y 商品的替代需求规律。当对 X 商品征收关税时，通过替代效应对 Y 商品的需求规律发生影响，而 Y 商品的需求规律的变化又对 X 商品的需求规律发生影响，相互影响的迭代过程最终使 D_X和 D_Y变为 D'_X和 D'_Y。

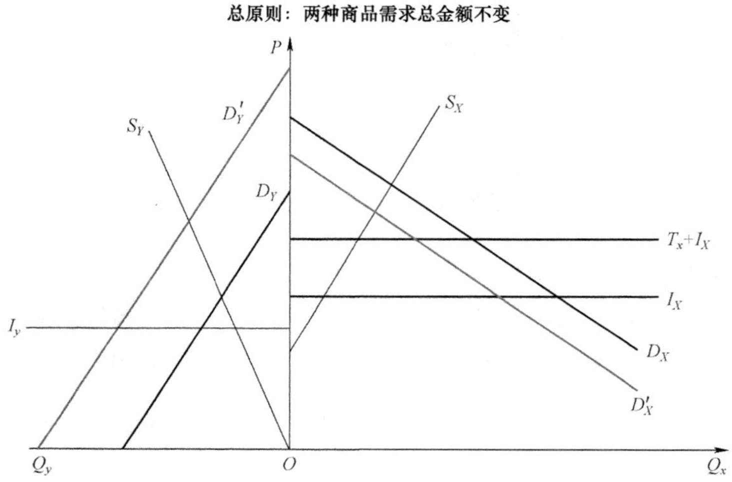

图 7－2　替代品的关税效应

X 商品从两个方面使需求量减少：第一，国内市场价格因关税而上升，需求量按照需求规律减少；第二，X 与 Y 两种商品的需求总金额基本不变，因 Y 商品的需求总金额增加，而使 X 商品的需求减少。Y 商品的需求量因 X 商品的价格上升而增加，其需求总金额增加。市场调节机制为：缩小增税的替代商品的需求，扩大未增税的替代商品的需求。

第三节　消费品和资本品关税效应

一、消费品的关税效应

消费品可分为基本消费品、非基本消费品和奢侈品。人们在消费时，逻辑上总是先满足基本消费品的消费，再满足非基本消费品的消费，最后才满足奢侈品的消费。同时，人们的收入是不相等的，低收入者只能在较低程度上满足基本消费品的消费，再消费少量的非基本消费品；中等收入者能满足基本消费品的消费，还能在一定程度上满足非基本消费品的消费，另外再消费少量的奢侈品；高收入者不但能充分满足前两种消费品的消费，而且，收入越高，他们对奢侈品的消费满足程度也越高。

从整个社会的收入分布来看，高收入家庭所占的比重是很低的，他们的消费支出在其收入中又只占很小的比例。多数家庭处于中等收入水平。因此，整个消费社会的个人消费状况是：基本消费品满足程度最高，其次是非基本消费品，而奢侈品的消费满足程度最低。价格变动对商品需求量的影响则是：基本消费品最小，非基本消费品次之，而奢侈品最大。由此，关税税率高低变化对商品进口量的影响是：基本消费品最小，奢侈品最大。非基本消费品是最大的税收收入源泉，至于基本消费品因其涉及低收入家庭的基本利益，因此不宜做主要的关税收入来源。

值得指出的是，有一部分消费品既可以供个人消费，又可以供办公使用，如汽车、沙发等。这些消费品在作为办公用品时，也蕴含着个人的消费利益，如优越的工作环境、个人地位的不当炫耀等。当政府部门进口这类消费品时，关税不可能起到制约作用。只有依靠关税外的其他制约因素，如法律制裁、纪律处分等，加以约束。

二、资本品的关税效应

资本品的直接需求不在消费领域而在生产领域。根据资本不同部分在资本运动中的价值周转的不同方式，可以将资本品划分为固定资本品和流动资本品。

固定资本品形成固定成本，产量越多，单位产品中的固定成本越少。如果资本设备具有先进技术，那么与其他资本设备相比，同质产品的产量越多，使用先进设备，其单位产品中的固定成本应当更少；否则，所谓的先进设备只具有技术上的先进性而不具有价值上的先进性。这样，在通常情况下，固定资本品的关税不应当成为进口的障碍。

流动资本品形成可变成本的物质部分。而单位产品中的可变成本物质部分一般不会因产量的变化而发生较大的变化，流动资本品的先进性应当表现为：在同质产品比较下，其价值更低。在正常情况下，单位产品中可变成本物质部分要比固定成本大。但是，可变成本是逐步加入的，随着产品的销售，可变成本不断转化为销售收入，也就是说，在总产量中可变成本所占的比重，随周转次数增加而减少。从企业经营角度看，可变成本对总成本的影响不大。这样，流动资本品的关税在通常情况下也不应当成为流动资本品的进口障碍。

只有当过高的关税使进口资本品失去了原来具有的价值先进性时，关税才成为技术进步的障碍。在这种情况下，应当对所有的生产者同等降低关税，才能发挥降税的作用，否则会形成不公平竞争。另外，如果对一部分生产者降低资本设备的关税，由于资本设备的进口关税是一笔很大的预付资本，很容易引起企业（特别是经营体制尚未适应市场经济的企业）的投资冲动，造成盲目进口。流动资本品的关税不应当一成不变，而应随进口替代政策的改变而调整。因为，重要投入品是产品国产化的主要对象，所以，在流动资本品国产化的过程中，关税政策应当实行优惠（引进）→保护（国产化）→撤销保护（国产化成熟）的三部曲。

思考题

1. 互补品和替代品的概念有哪些差异?

2. 互补品的国内生产供给市场占有率在征收关税之前和征收关税之后是增加还是减少了?

3. 请结合图形解释替代品的关税效应。

第八章

关税与区域经济一体化

学习目标

1. 掌握区域经济一体化的动因、发展轨迹和对国际贸易的双重影响。
2. 了解我国与世界几大重要区域经济组织之间的经贸关系。
3. 了解我国在发展区域经济一体化过程中的原则和立场。

在此前的分析中，我们着重探讨了一国关税政策具有对外的独立性和统一性。独立性是指这个国家能够自主地制定关税政策，不会受到其他国家的影响，而统一性是指这个国家对其他任何国家都实行相同的关税政策。具体而言，我们一般是假定某一国独立地改变关税的框架来分析对征税国和其他国家的影响。但是，目前越来越多的国际贸易是在各国对其贸易伙伴给予不同待遇的情境下发生的，例如通过区域经济一体化的方式来区别对待贸易伙伴。在区域经济一体化的情境下，某些国家或地区通过建立一些特殊的关系联合起来以形成一个更大的经济组织，各参与国都希望再获取部分更开放的经济所带来的利益的同时，又能够控制越过其边境的商品和服务，继而也能够调控其自身的生产结构和消费结构。区域经济一体化的参与国总是期望在经济一体化内部取得与经济一体化程度相适应的自由贸易利益，同时又期望对经济一体化外部形成一定的贸易壁垒。

区域经济一体化是伙伴国家之间市场一体化的过程，从产品市场、生产要素市场向经济政策的统一逐步深化。目前，区域经济一体化已成为国际经济关系中最引人注目的趋势之一。

第一节　区域经济一体化概述

一、区域经济一体化的起源

“经济一体化”可以说是一个年轻的用语。据专家考证，在 1942 年以前从来没有被使用过。到 1950 年，经济学家开始将其定义为单独的经济整合为范围更广的经济的一种状态或过程。也有人将一体化描述为一种多国经济区域的形成，在这个多国经济区域内，贸易壁垒被削弱或消除，生产要素趋于自由流动。

那么何为对外经贸往来中的“区域”？所谓“区域”，是指一个能够进行多边经济合作的地理范围，这一范围往往大于一个主权国家的地理范围。根据经济地理学的观点，世界可以分为许多地带，并由各个具有不同经济特色的地区组成。但这些经济地区同国家地区并非总是同一区域。为了调和两种地区之间的关系，主张同一地区同其他地区不同的特殊条件，消除国境造成的经济交往中的障碍，就出现了区域经济一体化的设想。经济的一体化是一体化组织的基础，一体化组织则是在契约上和组织上把一体化的成就固定下来。从 20 世纪 90 年代开始，区域经济一体化组织如雨后春笋般地在全球涌现，形成了一股强劲的新浪潮。这股新浪潮推进之迅速，合作之深入，内容之广泛，机制之灵活，形式之多样，都是前所未有的。此轮区域经济一体化浪潮不仅反映了经济全球化深入发展的新特点，而且反映了世界多极化曲折发展的新趋势。

二、区域经济一体化的发展进程

区域经济一体化的雏形可以追溯到 1921 年，当时的比利时与卢森堡结成经济同盟，后来荷兰加入，组成比荷卢经济同盟。1932 年，英国与英联邦成员国组成英帝国特惠区，成员国彼此之间相互减让关税，但对非英联邦成员的国家仍维持着原来较高的关税，形成了一种特惠关税区。

经济一体化的迅速发展，始于第二次世界大战之后，并形成三次较大的发展高潮。

第一次高潮发生在 20 世纪五六十年代。第二次世界大战后，世界经济领域发生了一系列重大变化，世界政治经济发展不平衡，大批发展中国家出现，区域经济一体化组织出现第一次发展高潮。

20 世纪七八十年代，区域经济一体化发展处于停滞不前的状态。20 世纪 70 年代西方国家经济处于“滞胀”状态，区域经济一体化也一度停滞不前。在这一时期，欧洲经济共同体原定的一体化计划并未完全实现，而发展中国家的一体化尝试也没有取得完全成功。以欧洲经济共同体为例，两次石油危机、布雷顿森林体系崩溃、全球经济衰退、日美贸易摩擦上升等因素使其成员国遭受巨大打击，各成员纷纷实施非关税壁垒措施进行贸易保护，导致第一阶段关税同盟的效应几乎丧失殆尽，欧共体国家经济增长速度急剧下降。

20 世纪 80 年代中期，区域经济一体化迎来了第二次发展高潮。20 世纪 80 年代中期，特别是进入 90 年代后，世界政治经济形势发生了深刻变化，西方发达国家在抑制通货膨胀、控制失业率方面取得成功，经济的发展推动着区域经济联合，区域经济一体化的趋势明显加强。这次高潮的出现是以 1985 年欧共体关于建立统一市场“白皮书”的通过为契机，该“白皮书”规定了 1992 年统一大市场建设的内容与日程。欧共体的这一突破性进展，产生了强大的示范效应，极大地推动了其他地区经济一体化的建设。

一组数据能够清晰表明 20 世纪中期至末期的区域经济一体化组织的发展、变化过程。20 世纪 60 年代，全球共有 19 个区域经济一体化组织；70 年代增至 28 个；80 年代再增至 32 个；进入 90 年代，全球区域经济一体化组织达 100 多个（见表 8－1）。这些组织层次不同，规模不同，内容也各异，遍及欧洲、美洲、非洲和亚洲。内容除国际贸易，还涉及资本、技术、劳务、人员流动以及财政、信贷政策的协调等。在众多区域经济组织中规模最大的三个：欧洲联盟、北美自由贸易区、亚太经济合作组织，占世界 80% 的贸易量和 GDP。

表 8－1　　1996 年全世界区域性经济合作和一体化组织地区分布统计表

欧洲	南、北美洲	亚洲	非洲	大洋洲	跨地区
39 个	40 个	6 个	8 个	1 个	7 个

进入 21 世纪以后，新一轮区域经济一体化浪潮波澜壮阔，有其深刻的政治原因和经济原因。其经济原因主要有：

一是当前全球范围内日益加深的市场化趋向改革，为区域经济一体化的发展奠定了体制基础。在二战后新技术条件下，各国各地区之间的分工与依赖日益加深，生产社会化、国际化程度不断提高，使各国的生产和流通及其经济活动进一步越出国界。这就必然要求消除阻碍经济国际化发展的市场和体制障碍。通过改革，各国消除了商品、生产要素、资本以及技术在国家和地区之间进行流动的经济体制上的障碍，促成了区域经济一体化的发展。

二是世贸组织多边贸易体制本身的局限性以及近年来多边贸易谈判所遭遇的挫折和困难，刺激了区域经济一体化的发展。虽然世贸组织是推动贸易自由化和经济全球化的主要力量，但由于自身庞大，运作程序复杂，根据世贸组织“一揽子接受”方式，其成员对各项议题的谈判只有在一致同意的基础上才能达成协议，从而注定了短时间内所有成员达成共识和消除矛盾并非易事。比如，2001 年 11 月在多哈发起的首轮多边回合谈判一直举步维艰。多边贸易谈判前景的不可预测性，为双边和区域性贸易协议提供了发展空间与机遇，也为参与全球竞争多了一种选择。而且，区域经济一体化组织因其成员常常是地理位置相邻、社会政治制度相似、生产力发展水平相近、有类似的文化历史背景，因而具有开展经济合作的诸多优势。

第二节　区域经济一体化的类型

一、区域经济一体化分类方式

区域经济一体化可以按照贸易壁垒取消程度、参与国的经济发展水平、参与经济一体化的部门范围大小进行三大类型的划分。

按贸易壁垒取消（一体化）的程度大体上可划分为六种类型：优惠贸易安排、自由贸易区、关税同盟、共同市场、经济同盟、完全经济一体化。

按参加国的经济发展水平可划分为水平一体化和垂直一体化。其中，水平一体化是指由经济发展水平大致相同或接近的国家共同组成的一体化，如欧盟、东盟自由贸易区。垂直一体化是指经济发展水平不同的国家组成的一体化，如北美自由贸易区。

按一体化的范围大小可划分为部门一体化和全盘一体化。部门一体化是指区内各成员国的一种或几种产业（或货物）的一体化。全盘一体化是指区域成员国的所有经济部门一体化。

具体划分如图 8－1 所示。

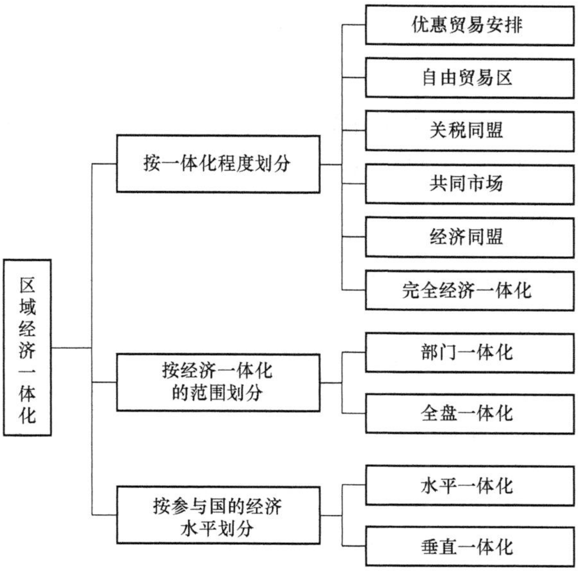

图 8-1 经济一体化的形式

上述三类划分方式中常见的是按照一体化程度进行的分类方式。如何按照一体化程度进行详细的分类，不同的学者有不同的分类依据，其形态也就不尽相同。经济学家理查德·利普塞（Riehard Lipsey）根据生产要素流动程度的级别，将区域经济一体化分为六种等级递增的状态：特惠关税区、自由贸易区（商品自由流动）、关税同盟（统一对外关税）、共同市场、经济同盟和完全济济一体化。英国圣安德鲁斯大学的经济学家彼得·罗布森（Peter Robson）将区域经济一体化分为：关税同盟、自由贸易区、共同市场、货币联盟和经济与货币联盟五种形态。中国上海世界经济研究所伍贻康教授主编的《三足鼎立：全球竞争体系中的欧美亚太经济区》一书中，根据目前区域经济一体化发展情况，按其经济政策一体化发展程度，大体将区域经济一体化分为四种类型：自由贸易区、关税同盟、共同市场或经济共同体、经济和货币联盟。美国著名经济学家巴拉萨把经济一体化的进程分为四个阶段：第一，贸易一体化，即取消对商品流动的限制；第二，要素一体化，即实行生产要素的自由流动；第三，政策一体化，即在集团内达到国家经济政策的协调一致；第四，完全一体化，即所有政策的全面统一。与这四个阶段相对应，经济一体化组织可以根据市场融合的程度，同样分为六种类型，与理查德的分类方法大致相同。

二、区域经济一体化的具体表现形式

综合现有的各种划分方法，将区域经济一体化的形态从低级到高级划分为单一商品上的经济一体化、优惠贸易安排、自由贸易区、关税同盟、共同市场、经济同盟、完全经济一体化等形态。其中单一商品的经济一体化是指两个或两个以上的国家通过签订某种政府间条约或协定，把某一特定工业部门置于一个超国家的高级管理机构控制之下的一种较为特殊的区域经济一体化的组织形式。常见的六种一体化形式具体介绍如下：

（一）优惠贸易安排

优惠贸易安排也叫特惠关税区（特惠贸易安排），英文为 Preferential Trade Arrangements，简称 PTA，是指在成员国间通过协定或其他形式，对全部商品或一部分商品给予特别的关税优惠。优惠贸易安排是经济一体化中最低级和最松散的一种形式。

特惠关税区的税率一般低于最惠国税率和协定税率，但优惠贸易安排的成员国之间仍有一定程度的关税存在。特惠关税有互相惠予和单方惠予（非互惠）两种形式。

特惠关税最早是在宗主国和殖民地及附属国之间进行的，那时是殖民地给予宗主国输出的产品的一种单方惠予，后来又发展为宗主国与殖民地之间以及同一宗主国的各殖民地之间的互相惠予。

1932 年，英联邦国家在渥太华会议上制订了帝国特惠制，各成员国之间互相惠予；1973 年英国加入欧洲共同市场后，帝国特惠制从 1974 年 1 月起到 1977 年 7 月 1 日逐步取消。

1975 年 2 月，欧共体 9 国与它们以前的殖民地国家在多哥首都洛美签订了为期五年的《洛美协定》(Lome Convention)，由它们向非洲、加勒比和太平洋地区的发展中国家单方面提供特惠关税待遇，当时的受惠国有 46 个；1979 年 10 月签订了第二个《洛美协定》，受惠国增加到 61 个；1984 年 12 月签订第三个《洛美协定》，受惠国已发展到 65 个；第四个《洛美协定》从 1990 年 2 月生效，有效期为 10 年；第五个《洛美协定》于 2000 年 5 月 31 日正式签字，其有效期首次达 20 年，受惠国增加到 86 个。

中国目前签订的优惠贸易安排协议包括：亚太贸易协定、对最不发达国家特别优惠关税待遇、大陆对部分原产于台湾地区农产品零关税措施等。

（二）自由贸易区

自由贸易区英文为 Free Trade Area，简称 FTA，是指由签订自由贸易协定的国家组成一个贸易区，在区内各成员国之间废除关税和其他贸易壁垒，实现区内商品的完全自由流动，但每个成员国仍保留对非成员国的原有壁垒。

20 世纪 90 年代以来，自由贸易区发展十分迅速，几乎遍及全世界的各个地区。自由贸易区分为广义的自由贸易区和狭义的自由贸易区。

广义的自由贸易区是指两个或两个以上的国家或地区或单独关税区组成的区内取

消关税和其他非关税限制，区外实行保护贸易的特殊经济区域或经济集团。广义的自由贸易区包括中日韩自由贸易区（中国、日本、韩国）、北美自由贸易区（简称 NAFTA，包括美国、加拿大、墨西哥）、美洲自由贸易区（简称 FTAA，包括美洲 34 国）、中欧自由贸易区（简称 CEFTA，包括波兰、匈牙利、捷克、斯洛伐克、斯洛文尼亚、罗马尼亚和保加利亚）、东盟自由贸易区（简称 AFTA，包括东盟十国）、欧盟与墨西哥自由贸易区、中国与东盟自由贸易区。

狭义的自由贸易区是指一个国家或单独关税区内部设立的用防栅隔离的、置于海关管辖之外的特殊经济区域，区内允许外国船舶自由进出，外国货物免税进口，取消对进口货物的配额管制，是自由港的进一步延伸。狭义的自由贸易区包括巴拿马科隆自由贸易区、德国汉堡自由贸易区、美国纽约 1 号对外贸易区。

中国目前签订的自贸协定包括：中国—东盟自贸区，中智（智利）、中巴（巴基斯坦）、中新（新西兰）、中新（新加坡）、中秘（秘鲁）、中哥（哥斯达黎加）、中冰（冰岛）、中瑞（瑞士）、中澳（澳大利亚）、中韩自贸协定，海峡两岸经济合作框架协议（ECFA）、内地与港澳分别签署的更紧密经贸关系安排（香港、澳门 CEPA）等。

（三）关税同盟

关税同盟英文为 Customs Union，简称 CU，是指成员国之间完全取消关税或其他壁垒，同时协调其相互之间的贸易政策，建立对外的统一关税。这在自由贸易区的基础上又更进了一步，开始带有超国家的性质。

最早的关税同盟是德意志关税同盟。德意志关税同盟于 1834 年由 38 个德意志邦联的邦国组成。德意志关税同盟是德国统一前以普鲁士为首的各邦国为扫除相互之间的贸易障碍而结成的同盟。德意志关税同盟把德国境内大部分邦国结成了一个紧密的贸易和经济区域。关税同盟的建立是德国走向经济和政治统一的重要步骤，它也促进了 19 世纪德国工业革命的发展。目前，关税同盟典型代表是欧洲经济共同体。

关税同盟的特点是，在同盟内部，成员之间不仅相互减免关税，消除贸易壁垒，而且实行统一的对外关税政策（CFT）。一般来讲，关税同盟对外实行贸易保护主义，对内实行减免关税的统一政策。其最高目标是在同盟内部实现对外关税政策统一。欧洲经济共同体的核心就是这样的一个关税同盟。

（四）共同市场

共同市场英文为 Common Market，简称 CM，是指成员国在关税同盟的基础上进一步消除对生产要素流动的限制，使成员国之间不仅实现贸易自由化，而且实现技术、资本、劳动力等生产要素的自由流动。典型的如欧洲统一市场。

这种形态通常还要求成员之间在自愿协议基础上让渡部分主权，建立协调和制定共同政策及管理该组织共同事务的权力机构。如欧共体从一开始就普遍地被称为共同市场，但直到 1985 年以后才开始逐步地实现真正统一市场。

（五）经济同盟

经济同盟英文为 Economic Union，简称 EU，是指在共同市场的基础上又进了一步，成员国之间不但实现商品和生产要素的自由流动，建立起对外的共同关税，而且制定和执行某些共同经济政策和社会政策，逐步废除政策方面的差异，形成一个庞大的经济实体，典型的如目前的欧洲联盟。

达成经济同盟的最低要求是在联盟内部发行统一货币，建立中央银行和实行统一的货币政策。货币联盟通常与关税同盟或共同市场相伴而生。根据 1992 年建立欧洲联盟的《马斯特里赫特条约》，欧盟决定建立货币联盟，并经过 8 年的准备，于 2002 年 1 月 1 日起，欧盟成员实行了统一的货币——欧元。

在此基础上，进一步实现成员国在经济、财政、福利、货币等领域实行统一的经济政策。这类联盟已经具有一定程度的超国家性质，建立起一整套立法、司法、行政和监督的联盟机构。在世界现有的各类区域经济一体化组织中，只有欧盟具有这样组织的性质。根据《马斯特里赫特条约》的规定，欧盟将逐步实现这种区域经济一体化形态，涉及共同市场与共同货币，以及其他领域的一些整合或协调统一的政策。

（六）完全经济一体化

完全经济一体化英文为 Complete Economic Integration，简称 CEI，这种形态是区域经济一体化中最高的形态。不仅包括经济政策的统一，也包括各成员之间的一些政治政策的统一。一般情况下，在区域经济一体化发展到一定程度的同时，政治一体化就会得到相应的发展。政治一体化同样也涉及面很广，各种形态常常相伴而生，渐进发展，目前现有的各种组织中，还没有这一类型。

上述区域经济一体化组织形式的分类方法，并不具有十分严格的界限，也并非按部就班地逐级上升。有的区域经济一体化组织具备条件时，就可以超过一定的组织形式，形成更高级的区域经济一体化形态。这种划分的依据是结合生产要素的流动和政策的双重作用的结果而划分的。因为，区域经济一体化的发展过程不是一种因素作用的结果，这是一个综合的过程，单从生产要素流动或经济政策等单一的角度分析和划分未免存在片面性。其实区域经济一体化每一种形态的发展都不是按照严格的界限去实现的，是根据这些成员经济发展实际情况而定的，生产要素的流动也是因地制宜，充分体现具体成员实际情况。经济一体化组织的类型及特征详见表 8-2。

表 8－2　　经济一体化组织类型及特征

特征形式	减少彼此间的贸易壁垒	取消彼此间的贸易壁垒	共同的对外贸易壁垒	生产要素的自由流动	宏观经济政策的协调	由中心机构决定共同的货币、财政政策
优惠贸易安排	有	无	无	无	无	无
自由贸易区	有	有	无	无	无	无
关税同盟	有	有	有	无	无	无
共同市场	有	有	有	有	无	无
经济联盟	有	有	有	有	有	无
完全经济一体化	有	有	有	有	有	有

第三节　区域经济一体化的根源

一、区域经济一体化组织存在的原因

经济全球化和区域经济一体化是当今世界的两个显著特征。世界贸易组织（WTO）可以说是全球化的一个象征，而区域自由贸易协定则是区域经济一体化的重要载体。20世纪90年代初以来，区域自由贸易协定一直呈现蓬勃发展的态势，WTO的成立也并未使这一趋势减缓。根据WTO的官方统计，截至2005年7月，向WTO及其前身GATT通知备案的自由贸易协定总计达330个，其中206个是1995年1月WTO成立后备案的。在WTO的所有成员中，除蒙古国以外，其他都是一个或多个区域自由贸易协定的当事方；协定当事方之间的贸易额占到全球贸易总额的一半以上。

在WTO成立并主导国际贸易舞台后，区域自由贸易协定仍方兴未艾的原因在于：在很大程度上，经济全球化的目标与各国经济发展不平衡的现实之间的矛盾决定了区域自由贸易协定的必要性。区域自由贸易协定使国家和地区集团得以协商讨论尚不具备多边谈判条件的事项，并形成相应的规则和承诺。事实上，这些规则中有不少成为其后的WTO相关协定的基础。例如，服务贸易、知识产权、环境标准、投资、竞争政策等事项都是首先在区域贸易协定谈判中被提出，然后再发展成为WTO的专门协定或谈判内容。

值得注意的是，区域自由贸易协定与WTO多边体制既存在潜在的冲突，又有着“和平共处”的更大可能。区域自由贸易协定（区域经济一体化）和WTO多边体制（经济全球化）都以促进贸易自由化为目标，都是通过降低或消除区域内关税及非关税贸易壁垒以促进贸易自由化，只是范围和程度不同。尽管区域一体化不可避免地会影响到区域外国家的利益，在一定程度上偏离作为 WTO 基石的最惠国待遇和非歧视原则，但总体而言区域集团国家间更为紧密的经济联系将使全球经济从中获益。因此，将区域自由贸易协定纳入 WTO 规则的框架体系之中，使其尽可能朝与多边自由贸易相一致的方向发展，无疑是明智的选择。

1999 年的 WTO 西雅图会议以后，多边贸易自由化在各国遭遇较大反弹，进展缓慢。2003 年，坎昆会议的失败更是对经济全球化的沉重打击。2004 年 8 月，147 个成员虽然就多哈回合的主要议程达成了框架协议，但原定于 2005 年 1 月完成多哈回合谈判的计划搁浅，最终于 2006 年 7 月 22 日世界贸易组织总理事会的批准下正式中止。各成员间贸易利益的冲突，特别是在农产品出口补贴方面的巨大分歧，使得 2005 年 12 月 13 日至 18 日举行的香港部长级会议的预期目标被一再调低。虽然最终通过的《香港宣言》重申将在 2006 年底完成多哈回合谈判，并就在 2013 年全面取消农产品出口补贴达成一致，但从谈判过程的艰难和利益集团之间对峙的严重程度看，目标能否如期实现仍充满变数。在此背景下，区域自由贸易协定在未来一个时期内可能会扮演更加重要的角色。

二、WTO 相关协议中对区域自由贸易协定的规定

WTO 协议中有关区域自由贸易协定的规定主要是 GATT 第 24 条（“适用领土—边境贸易—关税同盟和自由贸易区”）和 GATS 第 5 条（“经济一体化”）。这些规定的内容包括授权和限制两个方面。从授权方面看，GATT 第 24 条第 5 款允许成员设立关税同盟或自由贸易区，在区域内实行更为优惠的关税措施；GATS 第 5 条第 1 款允许成员订立区域服务贸易自由化协定。GATS 第 5 条和 GATT 第 24 条的基本精神是一致的，都是在不提高贸易壁垒总体水平的前提下，便利协定参加方之间的贸易，促进国际贸易的发展；区别只在于，由于 GATS 不涉及关税和数量限制等贸易壁垒，所以没有使用关税同盟这一称谓。

在上述两个主要条款之外，还有一个对于发展中国家具有较大意义的授权条款，即 1979 年 GATT 参与国通过的《差别与更优惠待遇、互惠及发展中国家更充分参与》的决议中的第 2 条（c）款，授权发展中国家之间达成区域性或全球性的相互消减排除关税或非关税壁垒的协定，亦即相互给予比其他 GATT 参与国更为优惠的待遇，而无需将这类协定按 GATT 第 24 条的规定审批或按 GATT 第 25 条“豁免义务”程序来审批。

从限制方面看，GATT 和 GATS 对区域自由贸易协定有一些约束性条件，其中最重

要的一点就是自由贸易区的建立不能降低区域外成员国的待遇，也就是说，对区域外成员国征收的关税或施加的条件不能比建立自由贸易区之前更高或更严格。这是区域自由贸易协定同 WTO 多边体系共存的基础，是确保区域一体化不致对 WTO 多边体系构成障碍乃至威胁的关键。另外一条重要要求是，自由贸易区的参与方必须实现区内众多贸易的自由化，以防止 WTO 成员利用该条款仅就某些特定产品给予优惠待遇，而非真正实施自由贸易，借此排除或限制其他国家的产品进入其市场。为确保这些实体要求被遵守，GATT 和 GATS 还规定了自由贸易协定当事方在缔结、扩展或修改协定时的通知义务及区域贸易协定委员会、货物贸易理事会和服务贸易理事会的审查权力。这些都是旨在确保区域经济一体化在 WTO 的多边框架内发展。

思考题

1. 阐述经济一体化组织的发展历程。

2. 请说明经济一体化组织的三种不同维度的分类方法。

3. 按照一体化程度划分经济一体化组织时如何区分六种不同类型的一体化组织形式？

第九章

关税的经济一体化效应

学习目标

1. 掌握经济一体化的贸易效应的含义。
2. 结合关税同盟量化分析区域经济一体化的贸易创造和贸易转移效应。
3. 探讨自由贸易区中成员内部的出口国和进口国的贸易数量及价格。
4. 分析优惠贸易安排的关税政策效应。

第一节　经济一体化贸易效应分析

经济一体化组织内生产和需求的变化量扣除本国生产满足本国需求的数量，集中表现为经济一体化组织内贸易量的变化。一般而言，一体化组织内贸易量是增加的，这带来两方面的结果，即贸易创造（贸易开辟）和贸易转移。

贸易创造和贸易转移是一个较新颖的概念，最早出现的贸易转移是由加拿大经济学家瓦伊纳在 20 世纪 50 年代初提出的。该理论是分析关税同盟、自由贸易区、优惠贸易安排得失的有效工具。瓦伊纳认为，关税同盟不一定意味着向自由贸易过渡，因为它在伙伴国之间实行自由贸易，而对外部世界实行保护贸易。这种自由贸易和保护贸易相结合的格局会产生两种效果：“贸易创造”和“贸易转移”。关税同盟内部实行自由贸易，使国内成本高的产品为伙伴国成本低的产品所替代，原来由本国生产的产品现在从伙伴国进口，由此新贸易被“创造”出来了。

本国可以把原来生产高成本产品的资源转向生产低成本的产品。同时，关税同盟对外实行统一关税，对第三国的歧视导致从外部进口减少，转为从伙伴国进口，使贸易方向发生转变，产生“贸易转移”。由于原来从外部世界进口成本低的产品改为从伙伴国进口成本较高的产品，造成了一定的损失。

瓦伊纳和李普西在 1950 年通过 A、B、C 三个国家的贸易行为进行关税同盟效应分析，A 国是主要的分析对象，B 国是和 A 国结盟的国家，C 国代表关税同盟外的国家，并假设 A 国是一个小国，它的进出口不会影响世界市场价格。具体分析如下。

一、贸易创造效应

贸易创造效应是由于一体化组织内实行自由贸易后，产品从成本较高的国内生产转往成本较低的成员国生产，从成员国的进口增加，从而“创造”出新的贸易。图 9－1 以关税同盟为例进行说明。

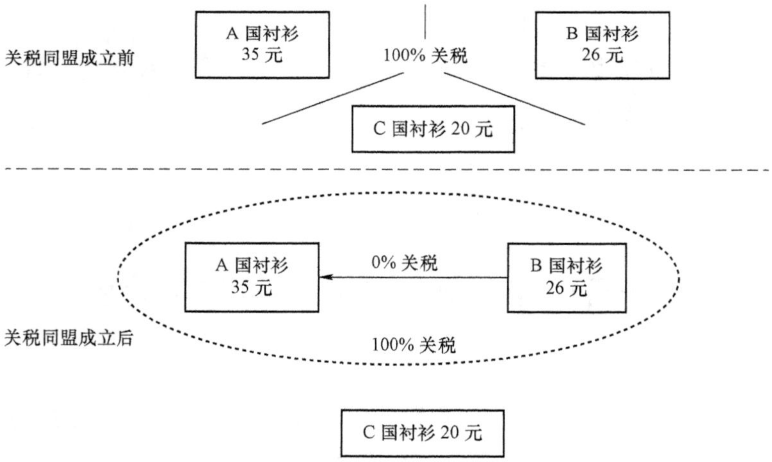

图 9－1　贸易创造效应

如图 9－1 所示，由于取消了同盟内的关税壁垒，使生产转向同盟内最有效率的供应者。

贸易创造带来两个方面的效果：一是生产利得，即提高生产效率，降低生产成本；二是消费利得，即由于取消关税，每一成员国由原来生产并消费本国的高成本价格产品，转向购买其他成员国的低成本低价格产品，从而使消费者节省开支，提高福利。

二、贸易转移效应

贸易转移效应是指一国的进口从一个非一体化组织的低成本国家被另一个一体化组织的高成本国家所代替，从而使得贸易对象发生了“转移”。图 9-2 以关税同盟为例进行说明。

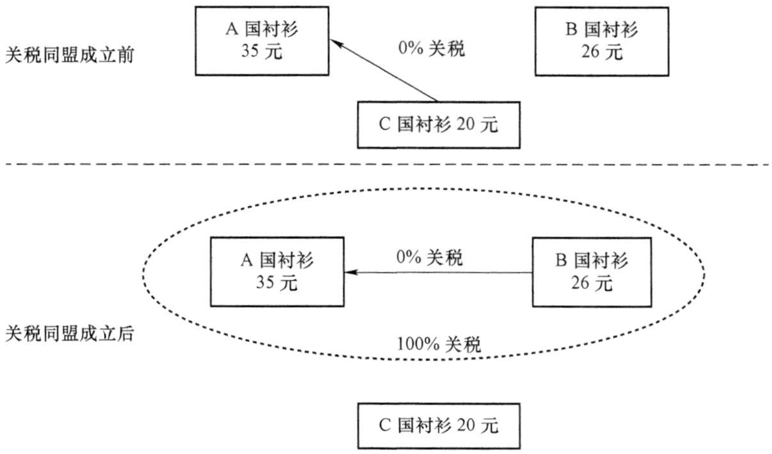

图 9-2　贸易转移效应

由于关税同盟对外设立统一的关税壁垒，使一些成员国的消费者不得以低价购买非同盟国生产的更低廉的商品，只能转向同盟内的高价产品并由此产生经济损失。

贸易转移的效果主要体现为两个方面：一是由于成立关税同盟，阻止从外部低成本进口，而以高成本的供给来源代替，使消费者增加了开支，减少了福利。二是从全世界的角度看，这种生产资源的重新配置导致了生产效率的降低、生产成本的提高，不能有效地分配和利用资源，从而使世界的福利水平降低。

三、贸易扩大效应

贸易创造效果和贸易转移效果是从生产方面考察关税同盟的贸易影响的，而贸易扩大则是从需求方面进行分析的。关税同盟无论是在贸易创造还是在贸易转移情况下，由于都存在扩大需求的效应，从而都能产生扩大贸易的结果。因而，从这个意义上讲，关税同盟可以促进贸易的扩大，增加经济福利。

第二节　关税同盟的经济效应分析

关税同盟是美国经济学家瓦伊纳（也可译为维纳，J·Viner）在其于1950年出版的《关税同盟问题》一书中提出的，是指两个或两个以上国家缔结协定，建立统一的关境，在统一关境内缔约国相互间减让或取消关税，对从关境以外的国家或地区的商品进口则实行共同的关税税率和外贸政策。

一、关税同盟的静态效应

关税同盟应具备以下三个条件：第一，完全取消各参与国间的关税；第二，对来自非成员国或地区的进口设置统一的关税；第三，通过协商方式在成员国之间分配关税收入。同盟成立之前的关系不同，关税同盟的效应也不同。在成立关税同盟之前，各成员国之间的关系大致有以下三种类型：一是没有任何特殊关系，只是互为最惠国；二是互有优惠贸易安排；三是自由贸易区成员。在此，假定成立同盟之前各成员国为最惠国为分析的假设前提，除了WTO框架下最惠国待遇以外，同盟签订之前各国之间没有特殊的关税减免协议。

此外，关税同盟量化分析需要明确以下几个关键假设问题：

第一，研究的国家范畴问题。分析关税同盟不应只分析同盟中的进口方而不分析出口方，也不能不加区别地分析整个关税同盟。应将关税同盟看作内部有区别的整体，既要考虑关税同盟对各成员国的影响，又要考虑关税同盟对世界的影响。一般情况下，可以分析关税同盟内部关系、关税同盟与世界的关系，以及相关国家各个部门从关税同盟中获得的利益或遭受的损失。

其二，比较的基础应是中性的，即不受关税同盟的保护促进政策目标的影响。何为中性的关税政策目标？关税政策的中性目标主要是指，以同盟前关税收入最大化和同盟后关税收入最大化为宜，因为这是一个与贸易保护和自由贸易政策无直接关联的目标。或者以关税同盟后对非同盟国家的进口量不变为目标，该目标说明该关税同盟只是为了解决本身的问题，而在总量上不影响世界贸易量。

第三，产生同盟出口国和进口国的条件。同盟关税高于同盟出口国零进口关税，才能产生同盟出口国。同盟关税低于同盟进口国零进口关税，才能产生同盟进口国。所谓的零进口关税是指关税高到无法进口，单位商品的进口关税额等于无对外贸易的国内供求均衡价格与进口价格之差。

在满足上述前提条件的基础上分析关税同盟的均衡。为能方便地探讨，图 9－3 中设有三个坐标系，分别为 A 国坐标、B 国坐标和 A＋B 国坐标，分别分析 A 国的国内均衡、B 国的国内均衡和同盟的整体均衡。在图中，A 国的供给条件比较优越，供给曲线 S_A 很平缓；B 国的供给条件比较恶劣，供给曲线 S_B 很陡峭，且 A 国的无对外贸易的国内供求均衡点高于 B 国的无对外贸易的国内供求均衡点。两国均为贸易小国，并且供给条件都劣于国际供给条件，国际供给曲线即进口供给曲线 I 为一条水平线，两国的无对外贸易的国内供求均衡点都高于国际供给的水平线。两国的需求曲线和生产供给曲线经计算合为同盟的需求曲线 D 和生产供给曲线 S（即图中右边的坐标系表现）。

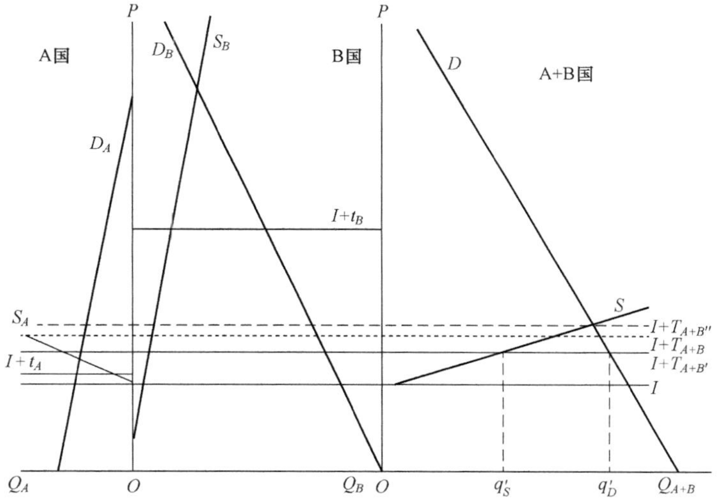

图 9－3　两国关税同盟的效应

关税同盟成立前，两国各自均按关税收入最大化政策目标制定关税，关税分别为 t_A 和 t_B，进口商品的关税后价格即国内市场价格分别为 $I+t_A$ 和 $I+t_B$（为了简化分析，省略国内生产价格和国内市场价格的差异）。A 国国内需求量为 q_1，国内生产供给量为 q_2，进口供给量为 q_1-q_2；B 国国内需求量为 q_3，国内生产供给量为 q_4，进口供给量为 q_3-q_4。

成立关税同盟后，假定两国以同盟后对非同盟国贸易量（即进口量）不变的原则制定共同关税 $T_{A+B'}$，$T_{A+B'}$ 介于 T_A 和 T_B 之间，$T_{A+B'}$ 也是收入最大化的同盟关税。同盟关税后价格为 $I+T_{A+B'}$。在 $I+T_{A+B'}$ 条件下，A 国国内生产供给量为 q_1'，国内需求量为 q_2'，$q_1'>q_2'$，出口供给量为 $q_1'-q_2'$，没有进口。B 国国内需求量为 q_3'，国内生产供给量为 q_4'，进口供给量为 $q_3'-q_4'$。

B 国进口供给来源于从同盟成员 A 国进口和从非同盟国进口。从同盟成员 A 国进口的量等于 A 国出口量 $q_1'-q_2'$，从非同盟国的进口量等于整个同盟从同盟外的进口量，即图中 A+B 国坐标中的 $q_D'-q_S'$。在同盟对外贸易量不变的条件下，整个同盟从同盟外的进口量就等于 B 国原来就从非同盟国进口的量加上原来由 A 国进口现在改由 B 国进口的量，即$(q_3-q_4)+(q_1-q_2)$。

对上述关系进行整理得到以下结论：

$q_3'-q_4'=(q_1'-q_2')+(q_D'-q_S')$，即 B 国的同盟后进口量等于从同盟内进口量加从同盟外进口量。

$q_D'-q_S'=(q_3-q_4)+(q_1-q_2)$，即从同盟外进口量等于 A 国原进口量加 B 国原进口量。

$q_3'-q_4'=(q_1'-q_2')+(q_3-q_4)+(q_1-q_2)$，即 B 国的同盟后进口量等于从同盟内进口量加 A 国原进口量加 B 国原进口量。

显然，在这一商品上，关税同盟对于同盟内的供求从整体上看是有益的，生产和需求都得到了扩大。并且，生产集中在 A 国，有利于 A 国进一步发展生产规模和效益。但另一方面，B 国的生产收缩，需要向其他行业转移生产要素。这是 B 国加入同盟的代价，它必须在其他商品上得到补偿。也就是说，在其他商品上 B 国应当具有一定的比较优势，以利用关税同盟扩大市场，对外形成壁垒，进一步发挥 B 国的优势。同时，在这一商品上，关税同盟对 B 国的需求有利，对 A 国的需求不利，这也是一种代价，也需要得到补偿。

同盟的零进口关税为 $T_{A+B''}$ 是同盟关税的最高极限，零进口关税后的价格，即图中的 $I+T_{A+B''}$，如果同盟的关税高于极限，即关税后的价格高于 $I+T_{A+B''}$，同盟内出口国的出口量就大于同盟内进口国的进口量，而剩余出口商品的价格高于国际市场价格，无力向同盟外出口。

成立关税同盟后，两国以同盟后对非同盟国贸易量（进口量）不变的原则制定共同关税。共同关税也是收入最大化的同盟关税。B 国同盟后进口量等于从同盟内进口量加从同盟外进口量。同盟外进口量等于 A 国原进口量加 B 国原进口量。故，B 国同盟后进口量等于从同盟内进口量加 A 国原进口量加 B 国原进口量。关税同盟对于同盟内的供求从整体上看是有益的，生产和需求都得到了扩大。生产集中在 A 国，有利于 A 国进一步发展生产规模和效益。B 国的生产收缩，需要向其他行业转移生产要素。这是 B 国加入同盟的代价，它必须在其他商品上得到补偿。也就是说，在其他商品上 B 国应当具有一定的比较优势，以利用关税同盟对内扩大市场，对外形成壁垒的条件，进一步发挥 B 国的优势。在商品需求方面，关税同盟对 B 国的需求有利，对 A 国的需求不利，这也是一种代价，也需要得到补偿。

同盟的零进口关税为 $T_{A+B''}$，是同盟关税的最高极限。零进口关税后价格，即图中 $I+T_{A+B''}$。如果同盟关税高于极限，即关税后价格高于 $I+T_{A+B''}$，同盟内出口国的出口量就大于同盟内进口国的进口量，而剩余出口商品的价格高于国际市场价格，无力向同盟外出口。

二、关税同盟的产业协调效应

贸易转移和贸易创造以外，关税同盟对同盟内外的其他影响主要体现在以下几个方面：一是促进同盟内产业结构的调整和发展；二是促进产业内竞争和联合并加速资本的集中和垄断；三是促进同盟内外的投资和生产要素的流动；四是促进关税同盟与世界贸易的关系调整。

（一）促进同盟内产业结构的调整和发展

如前所述，关税同盟对 A 国有利，对 B 国不利。产业结构的调整能取得什么效果，取决于成员国相对优势产业之间的关系。如果相对优势产业之间具有生产过程的前后联系性，那么，同盟就能形成一个较为完整的产业。这个产业的各个生产阶段都能形成较为集中的生产和较为广阔的受同盟关税保护的市场。

产业的集中和同盟内市场的占领，并非同盟的最终目标，同盟追求的目标是在世界市场上占有更多的份额。这就需要发展各个相对优势产业，使其成本更低，质量更佳，实现并不断增加对非成员国的出口。

如果某个产业本来对世界市场具有优势，它就获得在同盟内高价销售以取得垄断利润、在同盟外低价倾销以占领市场的可能性。但是会招致非同盟国的反倾销和其他报复手段。

同盟内相对优势产业能不能得到发展，关键在于这一产业在世界范围内有没有进一步发展的可能性。

（二）促进产业内竞争和发展

关税同盟内的企业面临着新的竞争局面。原来只是本国企业在关税保护下彼此在本国市场上相互竞争以及和国外企业竞争，现在，同盟市场比一国市场大大扩大，同盟内自由竞争的企业大大增加，不仅大企业之间要展开更为激烈的竞争，中小企业也不愿意束手就擒，它们将联合以提高竞争能力，寻求在更大的同盟市场上生存和发展的机会。

这种竞争因其仍处于同盟关税的保护下，比完全自由贸易下的竞争要缓和得多。

因此，通过同盟内的竞争显然能在风险较小的环境下壮大同盟内产业的整体竞争力。竞争的结果必然会导致同盟内资本集中垄断的速度加快。

（三）促进同盟内外的投资和要素流动

结成同盟首先会促进同盟内的投资，投资的扩大还伴随着生产布局的调整。其主要原因有三：一是相对优势产业需要扩大生产规模；二是同盟内自由竞争企业需要通过扩大生产规模获得竞争优势；三是各成员国的厂商需要把工业转移到同盟成员国之间的边境地区，使工业更接近市场。

同盟成员国与非成员国的边境地区则不会因此而得到投资机会。如果这些地区没有对同盟外贸易的有利条件，同盟应当采取某些措施，使这些地区的利益得到一定的补偿，发展同盟内存在相对优势的产业，使得同盟外企业打入同盟市场的难度更大一些；同盟内广阔市场又对同盟外企业产生巨大的吸引力，于是增加了同盟外企业在同盟内进行投资以规避同盟贸易壁垒的可能性。

（四）促进同盟与世界贸易的关系重组

如果同盟与非同盟成员国之间进出口贸易基本平衡且增长速度超过世界平均水平，则该同盟有益于世界贸易的发展。否则，不但不会对世界贸易产生有利影响，甚至可能不利于世界贸易的发展。

如果世界经济趋于生产过剩，同盟的发展无非是通过同盟关税保护以躲避世界经济危机，这显然会使世界经济动荡加剧；世界经济反过来会影响同盟的出口贸易，最终仍将把同盟拖入危机的漩涡之中。

关税同盟对于同盟内部是一种贸易自由化倾向，对于同盟外部是一种贸易保护倾向。只有在世界市场对于同盟优势产业具有巨大的需求潜力，同盟内市场对于同盟外优势产业具有较大的需求潜力时，关税同盟的建立才会对于同盟内外都产生良好的效应。否则，特别在世界需求趋于饱和甚至萎缩时，关税同盟的建立只能是加剧贸易保护趋势。

三、关税同盟的小国局部均衡分析

图 9-4 反映的是贸易小国与其他国家建立关税同盟前后的贸易创造与贸易转移效应局部均衡分析图。假定有三个国家，分别为 A 国、B 国、C 国，没有对外贸易时，三国均生产一种产品，A 国生产这一产品的价格最高，B 国最低，C 国则居中。在没有贸易壁垒的自由贸易情境下，A 国和 C 国都从 B 国进口商品，均衡价格为 P_1。如果 A 国

对进口商品征收 t 单位的从价关税，那么 A 国国内的商品价格提高至 P_1'。

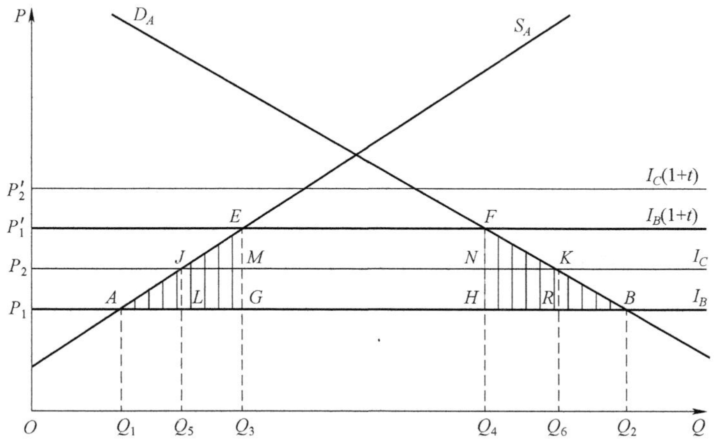

图 9-4 关税同盟的小国局部均衡分析

如果 A 国和 B 国建立关税同盟，两国对同盟内取消关税壁垒，则 A 国和 B 国的价格又回复至 P_1。此时，与建立关税同盟前相比，A 国增加了梯形 $P_1'FBP_1$ 面积的消费者剩余，减少了梯形 $P_1'EAP_1$ 面积的生产者剩余，同时还减少了相当于矩形 $EFHG$ 面积的关税收入。因此，A 国会增加三角形 AEG 与 FBH 两块面积的净福利。这就是贸易创造效应。其中，三角形 AEG 面积的福利是由于一部分产品从 A 国生产转移到成本更低的 B 国生产，资源更合理配置带来的，三角形 FBH 面积的福利则是由于建立关税同盟以后，国内价格下降增加了一部分消费带来的。

如果 A 国转为与 C 国建立关税同盟，而对 B 国进口的商品征收 t 单位的从价关税。此时，原来从 B 国进口商品改为从 C 国进口，因为从 C 国进口不征收关税，比从 B 国进口征收关税后的价格低，此时 A 国国内价格由 P_1' 下降至 P_2。那么，A 国增加了三角形 EMJ 和 FKN 两块面积的福利，但同时减少了四边形 $MNHG$ 面积的关税收入，二者之差即为 A 国建立关税同盟以后的净福利（或者净损失）。其中三角形 EMJ 和 FKN 两块面积福利的增加是由于贸易创造带来的，四边形 $MNHG$ 面积的损失则是由于贸易从 B 国转移到效率更低的 C 国所带来的。

因此，关税同盟的建立，可能使同盟国贸易创造效应大于贸易转移效应而增加净福利，也可能使同盟国因贸易创造效应小于贸易转移效应而减少净福利，也可能二者效应抵消，净福利没有变化。

一个贸易创造占优势的关税同盟会为成员国带来净福利的增加，其发展方向是自由贸易，而一个贸易转移占优势的关税同盟会造成成员国福利水平的下降，其发展方向是背离自由贸易的。一个关税同盟若是贸易创造型的，则至少一个成员国可以从中受益，两个成员国都有可能获利，在一般情况下，这对整个世界是有利的。而非成员国至少在短期内遭受损失，不过在长期内可以通过同盟增长效应的扩散获得贸易扩大的效益。关税同盟若是贸易转移型的，则至少一个成员国要遭受损失，非成员国及整个世界都会受到损失。即贸易创造型关税同盟不一定对所有成员国有利，但贸易转移型关税同盟则至少对一个成员国不利。

四、关税同盟的动态效应

关税同盟除了短期的静态效应和小国局部均衡效应以外，还需要进一步探讨长期效应。

（一）规模经济效应

在建立一体化组织以前，如果一个成员国某一产业的国内市场不够大，尚不足以完全获得规模经济利益，那么建立区域经济一体化组织使成员国市场连成一体，自由市场的规模可以扩大，产品成本趋于下降，企业可以获得规模经济效应。

（二）竞争加强效应

关税同盟建立后，促进了商品流通，可以加强竞争、打破独占，使各国生产的专业化程度提高，资源使用效率提高，经济福利因此提高。

（三）投资刺激效应

随着市场的扩大，风险与不稳定性降低，会吸引成员国厂商增加新的投资；另外，为了提高竞争能力，原有的厂商也会增加投资，改进产品质量，降低生产成本。同时，还可能吸引更多的区外投资。

（四）生产要素自由流动的经济效应

区域内商品的自由流通，带动了生产要素的自由流动，提高了要素的流动性，促进了要素的合理配置。

（五）加速经济增长效应

由于商品和生产要素的自由流动，市场趋于统一并且竞争加剧，投资规模扩大，促进了研发的投入，技术进步提高，加速了各成员国经济的发展。

总体而言，如果关税同盟对世界贸易量没有影响，同盟关税损益是正的，即同盟净得益。当关税同盟成立时，成员国之间就实行了自由贸易，这样关税对同盟经济的影响自然是净得益，但因为变化涉及两个以上国家，其变化过程比在一个国家降税要复杂得多。当关税同盟对世界贸易产生保护作用并限于一定程度时，同盟的关税效应依然可以是正的，因为同盟内的贸易自由化的净得益，和对同盟外保护的净损失可以抵消一部分；如果同盟内自由贸易给同盟带来的得益，超过了同盟对外部世界保护给同盟带来的损失，则在同盟对世界贸易采取保护态势时，还可以使同盟有净得益。

第三节 自由贸易区经济效应分析

关税同盟是经济一体化的典型形态，关税同盟具有超国家性质，比关税同盟更高级的经济一体化组织在关税问题上没有更多的特点。但是，自由贸易区及一体化程度更低的优惠贸易安排在供求均衡、贸易开辟和贸易转移、关税损益等问题上有着与关税同盟不同的特点，并且这两类经济一体化形态在现实中仍占相当重要的地位。

自由贸易区的特点是，各成员国仅相互取消关税，但保持各自对成员国以外的其他第三方国家原有的关税政策。

一、自由贸易区的贸易效应

假设两国某一商品的生产均落后于世界平均水平，其中一国较强，另一国较弱，那么，弱国将成为给惠国，强国将成为受惠国。以图 9－5 为例，A 和 B 两国均为贸易小国，A 国的供给条件比较优越，供给曲线 S_A 很平缓；B 国的供给条件比较恶劣，供给曲线 S_B 很陡峭，且 A 国的无对外贸易时的国内供求均衡点低于 B 国无对外贸易时的国内供求均衡点。国际供给曲线即进口供给曲线 I 为一条水平线，A 和 B 两国供给条件与国际供给条件相比处于劣势，即两国无对外贸易时的国内供求均衡点都高于国际供给水平线。

弱国为给惠国 B 国，强国为受惠国 A 国。给惠国国内市场价格等于世界市场价格加给惠国对其他国家的关税，即图中的 $I+T_B$。

给惠国的国内供给分为三个部分：国内生产供给、从受惠国进口供给、从其他国家进口供给。

自由贸易区成立前 A 国的供求均衡状态为：国内市场价格 $I+T_A$，国内生产供给量为 q_1，国内需求量 q_2，进口供给为 q_2-q_1。B 国的供求均衡状态为：国内市场价格 $I+T_B$，国内生产供给量 q_3，国内需求量 q_4，进口供给量为 q_3-q_4。

自由贸易区成立后，受惠国A的关税不变，国内生产供给不变，国内需求量不变，进口供给量不变，因价格高于国内市场价格而在国内无法销售的国内生产量，有可能因享受给惠国的零关税优惠而出口至给惠国，受惠国以较高的价格出口到给惠国，其出口价格等于给惠国国内市场价格。如图9－5所示，S_A高于$I+T_A$，且不高于给惠国国内市场价格的部分的产量出口到B国。因此，A国对B国的出口量为q_5-q_1。而给惠国B国对其他国家关税不变，B国的国内需求量、国内生产供给量、进口供给量都不变，但原来从其他国家进口的数量要从中扣除现在从A国进口的数量，即q_6-q_3，这样B国从其他国家进口的数量就变为q_6-q_4。

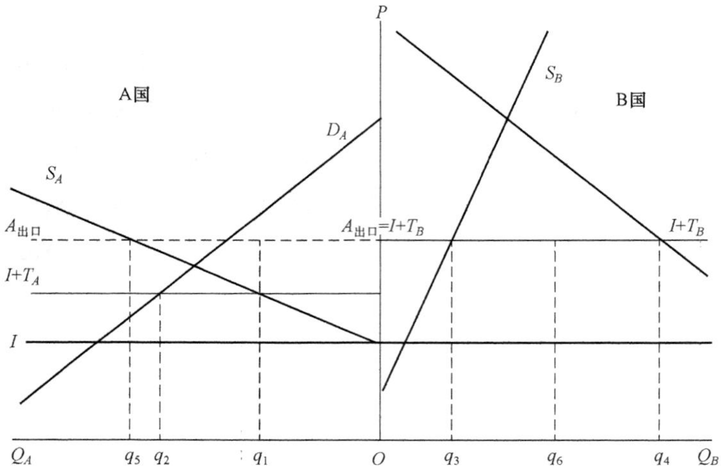

图9－5　自由贸易区的贸易效应

受惠国以较高价格出口产品到给惠国，其价格水平等于给惠国国内市场价格。图9－5中A国出口价格为B国的国内市场价格。这样，A国的产品在B国市场与B国的产品和B国从其他国家进口的产品以同样价格销售。

二、自由贸易区的贸易开辟和贸易转移

自由贸易区如果不对其他国家降税，进口供给量不变，只是受惠国从其他国家的市场中挖走一定份额。因为给惠国对其他国家的关税不变，所挖走的份额即为贸易转移，而从受惠国进口为贸易开辟。这与关税同盟的公式实际是一致的，因为给惠国和受惠国对其他国家的关税不变，自由贸易区前后进口量不变，套用关税同盟公式依然成立：

自由贸易区成立后对外贸易量＝自由贸易区成立前对外贸易量＋贸易开辟量－贸易转移量

因为自由贸易区成立后进口量不变，所以

贸易开辟量 - 贸易转移量 = 0

贸易转移量 = 贸易开辟量

自由贸易区也要求有关国家间的产业结构有互补性，这样自由贸易区成员国可以在各自的优势产业方面由于无关税或其他贸易壁垒而变得更强。

三、自由贸易区的本质

自由贸易区是自由贸易口号下的隐蔽的壁垒。因为自由贸易区没有改变对其他国家的关税水平，给惠国国内市场价格不变，给惠国从其他国家的进口减少，起到了保护作用。但因关税没有增加，这种保护是隐蔽的，如果以给惠国提高关税的方式使从其他国家的进口量减少到图 9-6 中自由贸易区的水平，给惠国的关税要提高较多。如图 9-6 所示，如果 B 国对其他国家的进口要限制到两国间建立自由贸易区的水平，其关税要从 T_B 提高到 T_B'，这样，进口量为 q_7-q_6。

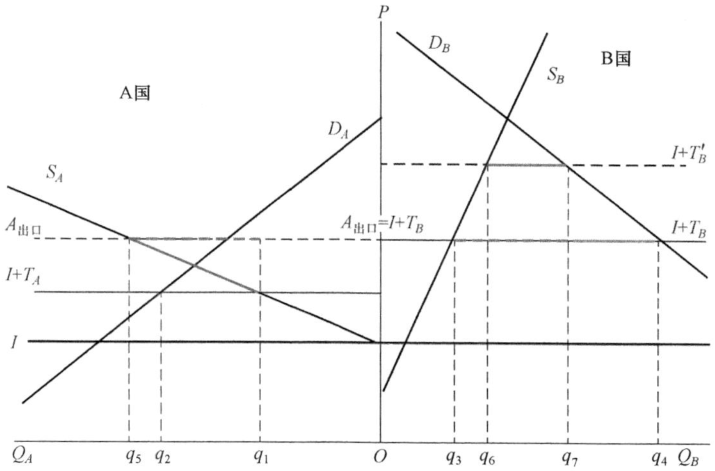

图 9-6 自由贸易区的福利损益分析

虽然 B 国自主提高关税，这样做可以使国内生产规模得以扩大，但其自由贸易区的受惠国 A 国的生产规模也扩大了。同时，如果自由贸易区的成员国间的产业有互补性，B 国的强势产业也可以无关税地进入 A 国，则 A 国限制了其他国家的进口，而 B 国的生产规模扩大。这样，虽然两国都没有提高关税，但 A、B 两国间的自由贸易区对非自由贸易区成员的国家形成了事实上的贸易壁垒，效果不比两国单独提高关税差。所以我们说自由贸易区是隐蔽的贸易保护措施，而且其对成员国免关税的措施与世界贸易组织的自由贸易原则不相冲突，这是在自由的旗帜下的隐蔽的贸易保护。

但如果在世界贸易自由化的总趋势下，A、B 两国不但互相免除关税，而且也对外降税，则贸易壁垒也随之降低，至于降低的程度则取决于降税的程度。

四、自由贸易区的损益分析

图 9－7 反映了自由贸易区的关税损益。在图 9－7 中，A 国的生产得到了扩大，但所得的利益不是梯形面积，而是三角形面积 *abc*，因为其在本国销售的产品只能按 $I+T_A$ 的价格出售。而 B 国的经济是净损失，损失额等于从 A 国的进口量所少征收的关税额，即矩形 *defg*。两国在该商品上为净损失。

A 国的得益是一个三角形面积，B 国的损失是一个与三角形等宽的矩形。三角形的高度是价格单位，如果高于矩形的宽度，其出口价格定高于进口国的国内市场价格。三角形的宽度是数量单位，如果大于矩形的宽度，出口数量超过进口国国内市场的容量。即使 A 国的出口能把其他国家的商品从 B 国市场上全部排除出去，三角形的高度也不可能高于矩形的高度，所以自由贸易区的损益一定为净损失。

与关税损益分析相同，从静态看，两国的国民经济是净损失，但从动态看，在自由贸易区内两国的强势产业有可能进一步加强，其供给曲线形状也可能变化，成本更低，效益更大。

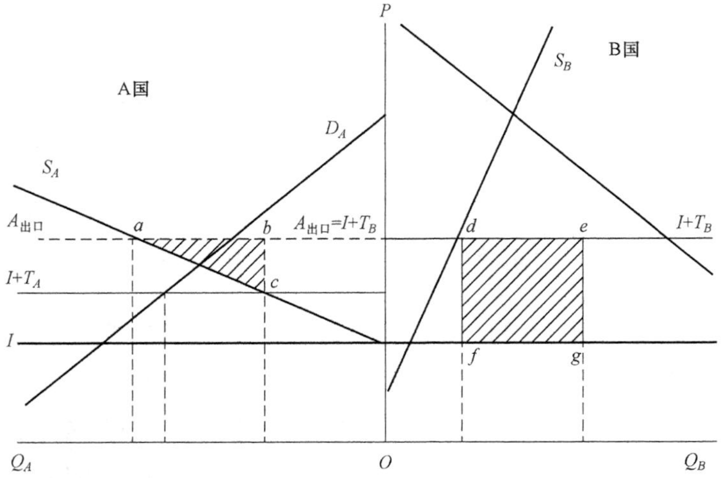

图 9－7　自由贸易区的关税损益

第四节 优惠贸易安排的效应分析

一、优惠贸易安排的贸易效应

生产同类商品的 A、B 两国，在该商品上的生产能力均落后于世界平均水平，其中一国较强，另一国较弱。图 9-8 中 A、B 两国，A 国的供给条件比较优越，供给曲线 S_A 很平缓；B 国的供给条件比较恶劣，供给曲线 S_B 很陡峭，且 A 国的无对外贸易时的国内供求均衡点低于 B 国的无对外贸易时的国内供求均衡点。两国均为小国效应，且供给条件都劣于国际供给条件，国际供给曲线即进口供给曲线 I 为一条水平线，两国的无对外贸易时的国内供求均衡点都高于国际供给的水平线。

弱国为给惠国，强国为受惠国。因为受惠国的生产能力不足以在受惠条件下在给惠国市场上彻底排挤其他国家对给惠国的出口，所以给惠国国内市场价格等于世界市场价格加上给惠国对其他国家的关税，即图中的 $I+T_B$。

给惠国的国内供给分为三个部分：国内生产供给、从受惠国进口供给、从其他国家进口供给。

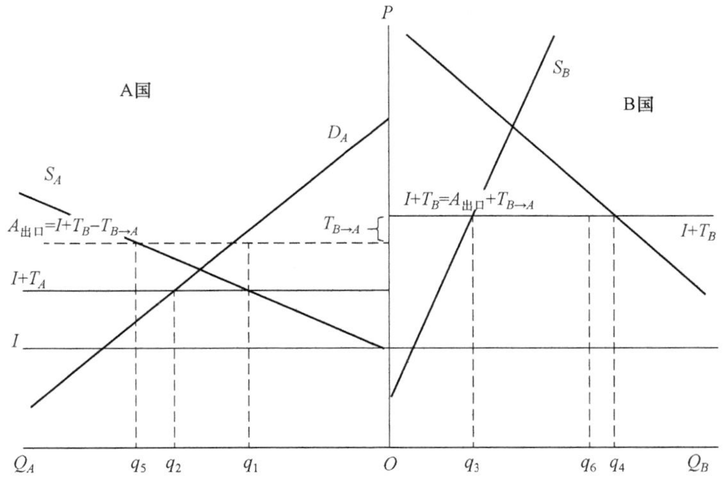

图 9-8 B 国对 A 国的优惠贸易安排的均衡

优惠贸易安排前 A 国的供求均衡状态为国内市场价格 $I+T_A$，国内生产供给量为 q_1，国内需求量为 q_2，进口供给为 q_2-q_1；B 国的供求均衡状态为国内市场价格 $I+T_B$，国内

生产供给量为 q_3，国内需求量为 q_4，进口供给量为 q_4-q_3。

优惠贸易安排是：给惠国B国对受惠国A国给予关税优惠，优惠后的关税记为 $T_{B\to A}$，下标“B→A”意为“B国关税的特定实施对象为A国”。

优惠贸易安排后，受惠国A国的关税不变，国内需求量不变，国内生产供给不变，进口供给量不变。因价格高于国内市场价格而在国内无法销售的国内生产量，有可能因给惠国的关税优惠而出口至给惠国，受惠国以较高价格出口到给惠国，其出口价格等于给惠国国内市场价格减去给惠国对受惠国实施的优惠关税。A国出口价格为B国的国内市场价格减去 $T_{B\to A}$。这样，A国的产品在B国市场上优惠关税 $T_{B\to A}$ 后与B国产品和B国从其他国家进口的产品以相同的价格销售，即图9－8中 S_A 高于 $I+T_A$ 部分，A国对B国的出口为 q_5-q_1。

而给惠国B国对其他国家关税不变，B国的国内需求量、生产供给量、进口供给量都不变。但原来从其他国家进口的数量要扣除现在从A国进口的 q_6-q_3，这样B国从其他国家进口为 q_6-q_4。

二、优惠贸易安排的贸易开辟和贸易转移

优惠贸易安排如不对其他国家降税，进口供给量不变，只是受惠国从其他国家的市场中挖走一定份额。给惠国对其他国家的关税不变，所挖走的份额即为贸易转移，从受惠国进口为贸易开辟。其结果使以下等式成立：

$$\text{贸易转移}=\text{贸易开辟}$$

这与关税同盟的公式实际是一致的，因为给惠国和受惠国对其他国家的关税不变，优惠贸易安排前后进口量不变，套用关税同盟公式依然成立：

$$\text{优惠贸易安排后对外贸易量}=\text{优惠贸易安排前对外贸易量}+\text{贸易开辟量}-\text{贸易转移量}$$

因为优惠贸易安排前后进口量不变，所以

$$\text{贸易开辟量}-\text{贸易转移量}=0$$
$$\text{贸易转移量}=\text{贸易开辟量}$$

优惠贸易安排也要求有关国家间的产业结构有互补性，这样相互给惠的国家可以在各自的强势产业方面由于优惠贸易安排而变得更强。

三、优惠贸易安排的本质

与自由贸易区类似，优惠贸易安排也是自由贸易口号下隐蔽的贸易壁垒，其关税效应如图 9-9 所示。

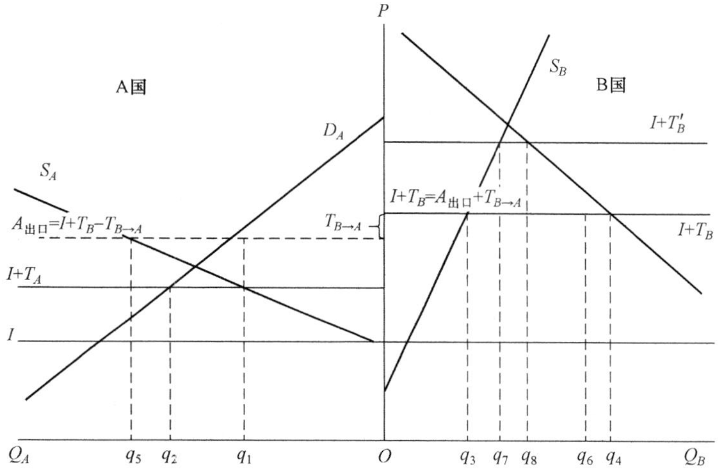

图 9-9　优惠贸易安排的关税效应

因为优惠贸易安排没有改变对其他国家的关税，给惠国国内的市场价格不变，给惠国从其他国家的进口减少，起到了保护作用，但因关税没有增加，这种保护是隐蔽的。如果以给惠国提高关税的方式使从其他国家的进口量减少到图中的水平，给惠国的关税要提高较多。如图 9-9 所示，如果 B 国对其他国家的进口要限制到给 A 国优惠贸易安排下的水平，其关税要从 T_B 提高到 T_B'。这样，B 国的国内市场价格才能从 $I+T_B$ 提高到 $I+T_B'$，才能使进口量收缩为 q_8-q_7，这比之前增加了 $I+T_B'$ 和 q_7 以及 q_8。

虽然，B 国自主提高关税税率可以使其国内生产规模得到扩大，但其优惠贸易安排政策使受惠国 A 国的生产规模扩大，同时如相互给予优惠贸易安排的国家间的产业有互补性，B 国可以从其强势产业上得到 A 国给予的相当的关税优惠，那么 A 国限制了其他国家的进口，而 B 国的生产规模扩大。这样，A、B 两国间的优惠贸易安排形成了事实上的贸易壁垒。效果不比两国单独提高关税差，但表面上两国都没有提高关税。具体而言，优惠贸易安排没有改变对其他国家的关税，给惠国国内市场价格不变，给惠国从其他国家的进口减少，起到了保护的作用，又因为关税没有增加，所以这种保护是隐蔽的。如果给惠国提高关税的方式使从其他国家的进口量减少到优惠贸易安排后的量，给惠国的关税要提高较多。

因此，优惠贸易安排是隐蔽的贸易保护措施，而且其降税的措施与世界贸易组织的自由贸易原则不相冲突，是在自由贸易旗帜下的隐蔽的贸易保护。但如果在世界贸易自由化的总趋势下，A、B 两国不但互给贸易优惠，而且也降低关税，则贸易壁垒也会随之降低，至于降低的程度，则取决于关税降低的程度。

四、优惠贸易安排的损益分析

图 9－10 反映了优惠贸易安排的关税损益。在图 9－10 中，A 国的生产得到了扩大，但所得的利益不是梯形面积，而是三角形面积 *abc*，因为其在本国销售的产品只能按 $I+T_A$ 的价格出售。而 B 国的经济是净损失，损失额等于从 A 国的进口量所少征收的关税额，即矩形 *defg*。两国在该商品上是净损失。

因为 A 国的得益是一个三角形面积，B 国的损失是一个与三角形等宽的矩形，即使 A 国的出口能把其他国家的商品从 B 国市场上全部排除出去，三角形的高度也不可能高于矩形的高度；即使 B 国给予 A 国的优惠是零关税，在该商品上的两国关系也不过达到自由贸易区的一体化程度，所以优惠贸易安排的损益一定为净损失。

与关税损益分析相同，如果 A、B 两国相互给予对方的强势产业以关税优惠的贸易安排，从静态看，两国的国民经济是净损失，但从动态看，两国的强势产业有可能进一步加强，其供给曲线形状也可能改变，成本更低，效益更大。

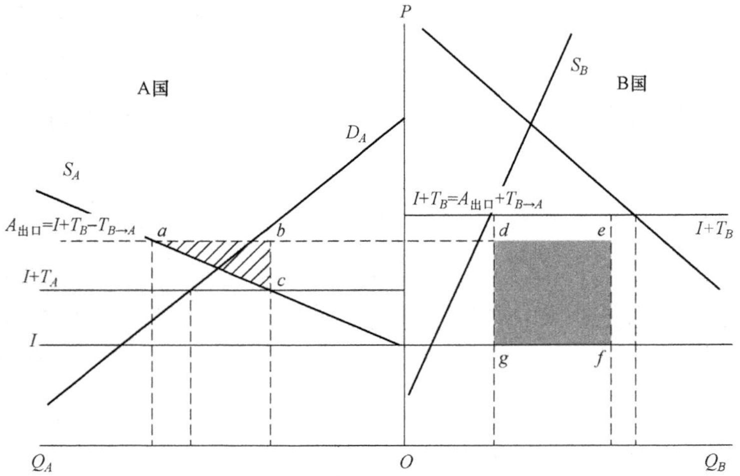

图 9－10　B 国对 A 国的优惠贸易安排的损益

第五节　区域经济一体化本质特征

上文的分析中已说明优惠贸易安排和自由贸易区都可能是在自由贸易旗帜下的隐蔽的贸易保护。不仅如此，任何一个区域性经济一体化对于完全的自由贸易而言，仍然可能是一种扩大了地理范围的贸易壁垒。即使是关税同盟也可能是在自由贸易旗帜下的隐蔽的贸易保护。与全球自由贸易相比，关税同盟给同盟的国民经济整体以及整个世界经济带来的仍然是净损失。若与结成同盟前相比，关税同盟给同盟外部世界带来的是净损失还是净收益，则要看共同关税比同盟前的平均关税水平高还是低，若高，则为净损失；若低，则为净收益。当然，在与组成同盟前相比，由于同盟内自由贸易，只要同盟关税不是过高，仍能给同盟带来净收益。区域经济一体化作为在自由贸易旗帜下的隐蔽的贸易保护，正在成为国际贸易中一种日益盛行的趋势。

但是，经济一体化过程中的隐蔽贸易保护有两面性，一方面它们起到了隐蔽的保护作用，一些发达国家提倡自由贸易，却在一些关键产业采用很强的保护关税。另一方面，因为它们在表面上与自由贸易不相冲突，各个国家乐于以这样的方式实行保护。而这种保护区域越大，离全球贸易自由化也就越近。最终，这种自由贸易旗帜下的隐蔽的贸易保护能够推动全球贸易自由化趋势的发展。从隐蔽保护的提示中可以看出一点，即利益高于口号，发达国家强调的自由贸易的目的是为了维护其自身的利益。它们找到了新的保护方法，又反对传统的保护，一旦它们的经济出现问题，就会不顾协定承诺的约束，采取贸易保护的措施。但是，弱国间或经济实力相对弱的国家间的经济一体化，在国际竞争日益加剧的今天却不失为一种提高自身实力，以取得与强国及强国的一体化经济公平竞争地位的手段。

全球贸易自由化也就是全球经济一体化，是自由贸易的最终趋势，其意指全球经济像一个国家那样运行。如果真是那样，强国就应对全球的公共利益（包括贫富差距）做出更多的贡献和承担更多的责任，同时又不要求所谓的领导权，而这很难实现。只要全球的经济是不平衡的，国家间就不可能完全和谐，国与国的矛盾就不可能按一国内部的模式来调节，它们应当以互让互利为原则，不断地用和平谈判的方式进行处理。

思考题

1. 如何理解不同类型的经济一体化组织的概念及其关系?
2. 如何理解贸易创造及贸易转移效应?
3. 关税同盟成立之前和成立之后对同盟内外产生哪些影响?
4. 画图说明自由贸易区和优惠贸易安排的关税政策效应。
5. 结合图形量化分析解释自由贸易口号下隐蔽的贸易壁垒或贸易保护的含义。

第三篇

政 策 实 践

第十章 关税政策的变迁与实践

学习目标

1. 了解资本主义发展初期到现阶段的关税政策的理论基础。
2. 掌握主要发达国家的关税政策不同实践模式。
3. 了解发展中国家的关税政策实践。

关税政策是一个国家在一定历史时期内运用关税并使其达到预期目的的行动准则。征收关税是国家干预外贸活动和经济活动的一种手段，因此关税政策与其本国的经济、政治和外贸政策是密切相关的。有的国家曾把关税政策称为对外商业政策，可见关税在一个国家的对外贸易中发挥的巨大作用。一个国家的关税政策主要是根据国家的社会和经济制度、生产发展情况、经济特点、统治阶级的利益、国际关系和国际贸易力量对比等因素而决定的。不同国家在不同历史时期，可能有不同的关税政策。

关税政策的演变是与各国的经济发展史和国际贸易政策密切相关的。发达国家的经济发展历程中国际贸易政策的演变，大致可分为五个阶段：重商主义政策阶段、自由贸易政策与保护贸易政策并存阶段、超保护贸易政策阶段、自由贸易与新贸易保护抬头阶段、协调贸易政策阶段。有的学者认为可以将第二次世界大战以后的贸易政策统一归纳为互惠贸易政策阶段。

第一节　西方发达国家关税政策及实践

一、15 世纪至 17 世纪的重商主义政策阶段

15 世纪至 17 世纪的欧洲正处于资本原始积累时期，海外贸易的范围空前扩大，对亚洲、非洲、美洲的殖民掠夺，使大量金银流入西欧，促进了商品货币经济的蓬勃发展，社会财富的重心由封建地主所有制的土地转向金银货币。与此相适应，产生了重商主义的贸易政策。

早期的重商主义被称为重金主义，即绝对禁止贵金属外流。为此，当时执行重商主义政策的国家禁止货币出口，由国家垄断全部货币贸易，外国人来本国进行贸易时，必须将其销售货物所得的全部款项，用于购买本国货物。晚期的重商主义也称贸易差额论，该理论认为，“一动不动地放在钱柜里的资本是死的，而流通的资本却会不断增值”。所以，对货币不应过分加以限制。于是管理金银进出口的政策变为管制货物的进出口，力图通过奖出限入，保证贸易出超，以达到金银流入的目的。

重商主义思想的传播使保护贸易政策在西欧得到普遍推行，对加速这一时期的资本原始积累，促进资本主义生产方式的建立起到了重要作用。

二、18 世纪至 19 世纪自由贸易与保护贸易政策并存阶段

自由贸易政策是指国家取消对进出口贸易的限制和障碍，取消对本国进出口贸易的各种特权和优待，使商品自由进出口，服务贸易自由经营，即国家对贸易活动不加或少加干预，任凭商品、服务和有关要素在国内外市场公平、自由地竞争。自由贸易政策是自由放任经济政策的一个重要组成部分。而保护贸易政策是指国家广泛利用各种法规与措施，限制外国商品与服务的进口，鼓励本国商品与服务的出口，以保护本国市场免受外国商品与服务的竞争。

自由贸易政策为经济实力强的国家所采用，为国内成长产业集团所推动，它们是主要受益者。对经济实力薄弱的国家及幼稚产业，却意味着市场被外国占领，它们是主要受害者。因而自由贸易政策被认为是“强者”的政策。

18 世纪 70 年代在英国开始的产业革命使生产力迅速发展，资本主义生产方式开始

建立，1820 年英国工业生产在全球工业生产中所占比例已达 50%，因此，新兴工业资产阶级需要更广阔的国际市场，以销售其工业产品。而各国重商主义的保护贸易政策则阻碍了国际贸易的发展，妨碍了新兴工业资产阶级利益的实现，因此，工业资产阶级强烈要求实行自由贸易政策。于是出现了以古典经济学派亚当·斯密和大卫·李嘉图为代表的贸易学说。

亚当·斯密的“绝对利益说”奠定了贸易政策的理论基础，它以生产成本的绝对差别为依据，主张从绝对利益出发，把国内分工扩大到国际分工，每个国家只发展那些具有绝对优势条件的工业，并用这些优势工业的产品与其他国家进行交换，而不必发展那些不具备优势条件的工业。但这种理论在英国产业革命后，也不能适应英国工业资产阶级要求最大限度地扩大国外市场的需要，因此，继亚当·斯密之后，大卫·李嘉图又提出了“比较利益说”。他认为，由于各个国家在生产商品上的优势地位不同，不利程度也不同，因此，每个国家不一定要生产各种商品，而应集中力量生产那些有利程度较大或不利程度较小的商品，即“两优取其重，两劣取其轻”，然后通过对外贸易进行交换，这样在资本和劳动力不能流动的情况下，生产总量将增加，这种交易对各方都有利。

英国是最早实行自由贸易政策的国家，它最先完成产业革命，是 19 世纪最强大的工业国家，1850 年其工业产量占世界的 30%。同时英国又是最大的殖民帝国，版图占地球陆地面积的四分之一，殖民地面积超过本土的 10 倍。英国成为世界工厂，商品销向全世界，原料、食品购自全世界。这就决定英国必须冲破国内保护贸易的限制，积极推行自由贸易政策。其主要措施有：

第一，废除谷物条例。该条例是当时重商主义保护贸易的重要立法，为保持国内粮食价格处于较高水平，用征收滑准关税的办法，限制谷物进口。经过工业资产阶级与地主贵族之间的长期斗争，该条例终于在 1846 年废除，工业资产阶级从中获得降低粮价、降低工资的利益，被视为英国自由贸易的最大胜利。1849 年完全取消《航海条例》，进一步推动工业革命，增强经济实力，奉行自由贸易政策。

第二，改革关税制度。1842 年英国进口税目共有 1 052 个，1859 年减至 419 个，1860 年减至 48 个，以后又减至 43 个。把极复杂的关税税则加以简化，绝大部分进口商品不予征税，并基本上废除出口税。到 1875 年，英国对制造品平均进口的关税税率已经下调为零。

第三，签订自由通商条约，1860 年英法通商条约以及后来的英意、英荷、英德等通商条约，相互提供最惠国待遇，放弃贸易歧视，意味着英国自由贸易政策在国际上的胜利。

第四，取消对殖民地的贸易垄断。解散特权贸易公司，开放殖民地市场，把殖民地贸易纳入自由贸易体系。法国是当时第二个工业强国，从 19 世纪中叶起也逐渐倾向于自由贸易。1853—1855 年，法国曾降低煤、铁、钢材、羊毛、棉花进口税。1860 年全部取消禁止进口货单，接着又废除出口奖励金，降低原料进口税，并同一些国家签订旨在推进自由通商的商约。德国工业落后，直到 19 世纪 60 年代才逐渐放松以关税为主要工具的保护政策，出现自由贸易倾向。美国在 1865 年修改关税法，1867 年修改关税同盟条约，以后又废除出口税及部分进口税，降低进口税率，其关税壁垒政策具有自由色彩，反映了南方种植园主用农产品出口换回低价工业品的要求。南北战争中，北方胜利后，转到保护贸易方面，不断提高工业品进口关税，就工业品贸易来说，美国并未出现自由贸易时代。

从世界范围来看，1860—1880 年这 20 年间，是自由贸易的黄金时代，它是与资本主义自由竞争时代相适应的。随着自由竞争向垄断的过渡，自由贸易又逐渐为保护贸易所代替。从 19 世纪 80 年代到第二次世界大战前的 60 年间，是自由贸易的衰亡时期。第二次世界大战后，经济实力大为增强的美国竭力鼓吹贸易自由化，主张降低关税，取消数量限制，实行无差别待遇的互惠原则，在其影响下，建立起以“关税及贸易总协定”与“国际货币基金协定”为中心的国际经济贸易体制。经过 40 余年的矛盾与冲突，从世界范围来看，关税壁垒大为削弱，贸易数量限制有所放宽，贸易自由化取得进展。但其他各种形式的关税壁垒却大为加强，新贸易保护主义势力有增无减，贸易自由化成为经济大国进行贸易扩张的工具。

总之，19 世纪上半期，英国是世界上第一个推行自由贸易政策的国家，英国积极倡导自由贸易，反对贸易保护，大幅削减关税水平。在同一历史时期，当产业革命在英、法等国深入发展时，欧洲其他国家和美洲的经济并不发达，资本主义工业尚处于萌芽状态的一些国家的工业资产阶级则需要政府保护其幼稚工业，实行贸易保护，减少外国商品进口，以保护本国成长中的资本主义工业。于是形成了与自由贸易学说相对立的以汉密尔顿和李斯特为代表的保护贸易学说。

美国第一任财长汉密尔顿主张保护贸易的依据是：新的工业在早期的发展中效率不高，不能和经验丰富的外国生产商进行竞争，而需要用关税壁垒进行保护，直到效率提高到可以在免税基础上与外国同类商品进行竞争的水平。因此，当时的自由贸易理论不适用于美国，因为英美两国经济情况不同，不能在平等基础上进行贸易，美国如实行自由贸易政策，将会严重损害其经济。汉密尔顿的保护贸易主张对美国经济发展以及美国的产业革命都起到了积极的作用，对美国以后的贸易政策也产生了很大的影响。

德国历史学派的代表李斯特认为，当一国工业尚无力和外国竞争的时候，如果实行自由贸易政策，则该国必然会因工业被挤垮而导致灭亡，一国应根据经济发展的不同历史阶段确定自己的外贸政策，而不应固定不变。他认为，国家的富强不在于现有财富的多少，而在于将来能创造多少财富，而能创造财富的是生产力，生产力比财富本身更重要。

三、一战至二战期间的超保护贸易政策阶段

19 世纪末 20 世纪初，国际经济制度发生了很大的变化，自由竞争的资本主义完成了向垄断资本主义的过渡，垄断代替了竞争。到 20 世纪 20 年代初，随着市场矛盾的尖锐化，垄断资本主义不仅要求垄断国内市场，也要求垄断国外市场。因此，许多资本主义国家都积极干预对外贸易，不同程度地提高关税、实行外汇限制、进口数量限制、鼓励出口，即实行以保护垄断资本利益为目的的外贸政策。

第一次世界大战与第二次世界大战之间，资本主义处于垄断阶段。主要资本主义国家均已完成了产业革命，各国争夺世界市场的斗争加剧。尤其是 1929—1933 年的世界性经济危机，使市场问题更加尖锐突出。西方各国的垄断资产阶级为了垄断国内市场和争夺世界市场，纷纷推行超保护贸易政策。

超保护贸易政策的基本特点：第一，贸易保护的对象不仅是幼稚工业，而且更多地保护已高度发展的或出现衰落的垄断工业（夕阳工业）。第二，贸易保护的目的不再是培养本国商品和国际竞争力，而是巩固和加强对国内外市场的垄断。第三，保护措施不限于关税，还推行各种非关税壁垒和奖出限入措施。第四，不再是防御性的限制进口，而是在垄断国内市场的基础上对国内市场进行进攻性的扩张。第五，贸易保护的受益者从一般的工业资产阶级转向大垄断资产阶级。主要资本主义国家贸易政策变迁如表 10－1 所示。

表 10－1　　1823—1939 年英美德法四国贸易政策变迁

<table>
<tr><th>国家</th><th colspan="12">各时期典型贸易政策</th></tr>
<tr><td>英国</td><td colspan="3">1823—1849 年确立自由贸易</td><td colspan="3">1849—1920 年全面自由贸易</td><td colspan="3">1920 年开始保护贸易</td><td colspan="3">1932 年确立保护贸易</td></tr>
<tr><td>美国</td><td colspan="6">1807 年禁运法案</td><td colspan="6">1861 年关税保护法</td></tr>
<tr><td>德国</td><td colspan="3">1834 年关税同盟</td><td colspan="3">1871 年政治统一</td><td colspan="3">1879 年保护关税政策</td><td colspan="3">1898 年起高度保护贸易</td></tr>
<tr><td>法国</td><td colspan="4">1860 年实行自由贸易</td><td colspan="4">1876 年开始保护贸易</td><td colspan="4">1892 年起结束自由贸易</td></tr>
</table>

四、二战后到 20 世纪 80 年代中期的新贸易保护抬头阶段

二战后，发达资本主义国家在“贸易自由化”的口号下，加强相互市场的渗透。首先是美国为打入西欧和日本市场提出了“贸易自由化”，接着西欧各国随着经济的恢复和发展，也开始搞“贸易自由化”，资本主义国家之间普遍地降低关税、减少进口数量限制、放松外汇管制。但进入 20 世纪 70 年代后，随着经济危机日益严重，市场问题越发尖锐，主要资本主义国家的超保护贸易政策又重新抬头。主要表现为：（1）对工业产品保护程度降低，但对农产品的保护程度提高；（2）非关税壁垒在新增保护政策中占据主导地位；（3）国家垄断资本主义在贸易保护政策和措施中的作用大大加强。

二战结束后，由于国际市场竞争越来越激烈，完全实行自由贸易政策是不可能的，但要实行完全的保护贸易政策也越来越困难，这主要是由于国际经济关系已发生了重大变化，由一极化走向多极化，一国经济发展遥遥领先、国际关系由一个国家说了算的时代已不复存在。相反，随着经济全球化的发展，国家之间相互影响、相互制约的关系日益深化，求同存异、倡导合作与发展已成为当时世界经济发展的主旋律。互惠贸易政策就是在这种情况下产生的。它的主要内容是：发挥国家干预的作用，加强对外贸易管理，改善对外经贸秩序，通过谈判签订双边和多边贸易协定，实行双边和多边的互惠贸易政策，在区域性经济贸易集团内部实行自由贸易，对非协定国家实行保护贸易政策。互惠贸易政策实际上是对自由贸易政策和保护贸易政策的综合运用，即“内外有别”的贸易政策。

五、20 世纪 80 年代中期后至今的协调管理贸易政策阶段

协调管理贸易政策是指国家对内制定一系列的贸易政策、法规，加强对外贸易有秩序、健康发展的管理；对外通过谈判签订双边、区域及多边贸易条约或协定，协调与其他贸易伙伴在经济贸易方面的权利与义务。

20 世纪 80 年代前，美国曾长期主张无条件的贸易。然而当进口迅速增长，美国公司第一次在国内面临激烈的外国竞争时，尤其是进入 20 世纪 80 年代中后期，美国贸易地位迅速衰落，美国政府不得不重新审视其贸易政策和寻找新的理论依据。1980—1988 年间，美国占世界进口份额从 13%迅速增长到 16%，而出口则在 11%左右徘徊，结果导致美国经常项目从 1980 年的 20 亿美元顺差变为 1988 年的 1 200 亿美元逆差，同期，欧洲国家也发生了类似的现象。于是美国和欧洲市场的保护要求暴发，于是新的贸易

理论——协调管理贸易理论应运而生。

协调管理贸易理论认为，各国政府在国内寻求的是本国国民福利，而不是世界或外国消费者、生产者福利的最大化。政府的干预能帮助国内企业获得可能会被外国企业抢占的利润。如果政府政策有利于国内企业贷款以增加生产设施，外国企业的扩张就会受到阻碍，结果便是国内企业的利润和市场份额增加。同时，由于政府干预往往是基于对国内企业和政府的相对不公平竞争行为而实行的，因此这种干预也将迫使外国政府开放受保护的市场，进而实现贸易的目标。在这一理论的支持下，发达国家的外贸政策呈现了一些新的特点：

第一，保护措施是针对某些进口商实施的限制性措施，这些措施之间可以是互不关联的，形式和内容也有不确定的特点，往往是一些临时性的保护措施。而保护贸易措施本身已制度化，即随着政府管理贸易活动的加强而不断充实和调整，并且这些措施彼此相互配合，具有综合性、系列化特点，形成了一个比较完善的管理贸易体系。

第二，管理贸易的法律已由原来的单一的法律发展成为以对外贸易法规为中心，与其他方面的国内法规相配合的统一整体。管理外贸法律的整体化主要表现在涉及范围广并且有一定的弹性，如西方国家用法律条款规定处理不同国家、地区和多边贸易关系的准则以及进出口贸易的管理和控制、外汇管理、对外经济援助、技术转让等多项内容。

第三，经济一体化的迅猛发展推动了经济一体化组织内部贸易、投资的自由化。无论是欧洲的经济一体化还是美洲的经济一体化发展，都为协调贸易政策的实行提供了更为便利的条件。

知识链接

贸易保护主义阶段的不同解读

贸易保护主义历史阶段划分有三分法、四分法和五分法。

三分法和四分法都认为贸易保护政策出现过四种典型的形态，即重商主义政策（15世纪到17世纪）、幼稚产业保护政策（18世纪后期到19世纪中叶）、超贸易保护政策（从19世纪末到二战）和新贸易保护政策（20世纪70年代以后）。持三分法的学者如岳蛟兴（2006）在他的著作《国际贸易政策》中将贸易保护政策分为古典重商主义政策、近代贸易保护政策和现代贸易保护政策（包括超贸易保护政策和新贸易保护政策两种形态）三个阶段。另一学者王传丽（2004）则将贸易保护政策分为重商主义政策、现代贸易保护政策（包括幼稚产业保护政策和超贸易保护政策两种形态）以及新贸易保护政策三个阶段。持四分法的学者如薛荣久在《国际贸易政策与措施概论》、任烈在其《贸易保护理论与政策》中认为贸易保护政策经历了资本原始积累时期的贸易保护政策（重商主义政策）、资本主义自由竞争时期后进国家的幼稚产业保护政策、垄断资本主义时期（19 世纪末与第二次世界大战之间）盛行的超贸易保护政策以及 20 世纪 70 年代中期兴起的新贸易保护主义四个阶段。

有些学者将贸易保护政策分为五个阶段，即认为 WTO 成立以后贸易保护政策呈现出新的特征，因而将 WTO 成立以后的贸易保护政策作为贸易保护政策的第五个阶段，如刘燕玉（2006）在《贸易保护主义的演变及对中国外贸的启示》中总结了贸易保护主义的历史演变过程，介绍了各阶段主要发达国家的贸易保护实践，在此基础上对 20 世纪 70 年代以来的新贸易保护主义及保护政策的时代背景、政策手段、特点和理论支持进行了较为详尽的归纳。她将演进阶段分为五个部分：15 世纪到 17 世纪重商主义下的贸易保护→18 世纪后期到 19 世纪中叶英国先行自由贸易→19 世纪 70 年代到 20 世纪 30 年代的保护贸易→20 世纪中期到 70 年代自由贸易趋势形成与发展→20 世纪 70 年代以来新贸易保护主义抬头。

也有部分学者推出了六分法。张岩（2004）在《国际贸易保护的演进与发展特点》中梳理了国际贸易保护政策的理论与实践的演进。第一阶段是资本原始积累时期：重商主义的贸易保护。重商主义的经济学基础是建立在金银等贵金属是财富的唯一形态，一国对其的拥有量是国家富裕与否的标志。第二阶段是自由竞争资本主义时期：后起的资本主义国家的幼稚产业保护论。其中德国李斯特幼稚产业保护的观点最为著名。第三阶段是资本主义垄断时期（大危机时期）：凯恩斯主义的新重商主义。凯恩斯提出的鼓励出口、实现适度的贸易收支顺差，是“萧条经济”条件下的贸易政策。第四阶段是发展中国家的贸易保护。这是在“二战”以后，日益强大的美国开始宣扬自由贸易，发展中国家为了自身利益则举起了贸易保护的旗帜。第五阶段是新贸易保护。第六阶段是 21 世纪以来国际贸易保护的新发展态势。

（资料来源：赵丽娜，孙宁宁. 新贸易保护主义对中国出口贸易的影响及对策研究[J]. 理论学刊，2014（11）.）

第二节　发展中国家的关税政策及实践

二战后亚洲、非洲、拉丁美洲等地区纷纷涌现独立的国家政权，发展中国家的数量逐步达到 130 多个。大多数发展中国家的贸易政策与其经济发展战略紧密联系在一起。

二战后发展中国家的贸易战略大致分为两种类型：进口替代战略和出口导向战略。

一、进口替代战略

（一）进口替代战略的定义

进口替代战略是指一国采取各种措施，限制某些外国工业品进口，促进本国有关工业品的生产，逐渐在本国市场上以本国产品替代进口品，为本国工业发展创造有利条件，实现工业化。又称进口替代工业化政策，是内向型经济发展战略的产物。一般做法是国家通过给予税收、投资和销售等方面的优惠待遇，鼓励外国私人资本在本国设立合资或合作方式的企业；或通过来料和来件等加工贸易方式，提高工业化的水平。

进口替代战略需要经历两个阶段。第一阶段是先建立和发展一批最终消费品工业，以求用国内生产的消费品替代进口品。第二阶段是进口替代由消费品转向国内短缺的资本品和中间品的生产。

进口替代的发展战略把实行进口替代作为发展经济的主要措施。按照国际贸易理论的标准说法，这样实现的经济增长是一种“进口偏向型增长”。由于国际经济运行中的各种因素作用，特别是长期将资源用于生产进口替代产品最终将减少用于生产出口产品的投入，进口的减少在长期中通常都会使出口随之减少。进口替代的经济增长因此将降低整个对外贸易占一国 GDP 的比例，从而是一种比较内向型的经济发展。

（二）进口替代战略的各国实践

新自由主义经济学家否定进口替代发展战略，其最主要的事实依据之一是，第二次世界大战后许多拉丁美洲国家，如阿根廷实行进口替代而经济增长缓慢。其实真正的历史事实充分肯定了进口替代战略促进经济发展的作用。工业化时代以来的经济强国多多少少都实行过进口替代，进口替代甚至是产业革命的促成者。在 19 世纪初，英国的棉纺织工业远远落后于印度和中国，但是英国却禁止东方的棉纺织品进口，从而鼓励了本国生产棉纺织品以替代进口。正是在这样繁荣起来的棉纺织业生产中发生了“产业革命”，从而使整个人类进入了工业化时代，也使英国成了很长时期中的世界第一经济强国。世界上三个经济强国：美国、德国和日本，也无一不靠进口替代而发展。

美国和德国在 19 世纪末和 20 世纪初分别赶上和超过了英国，从此就成了两个经济上最强的国家。而在它们赶超英国的最关键时期——19 世纪下半期，它们是两个典型的以进口替代来发展经济的国家。按照刘易斯的估算，在 1883 年以后的 30 年间，德国制成品进口的增长慢于制造业的增长，从而在整个时期中都在搞进口替代；而美国 19 世纪 80 年代的经济繁荣也靠的是本国需求而非出口的拉动。美国在 1873 年到 1899 年间的进口增长率一直远远低于其实际 GDP 的增长率，原因之一是那些年的美国是一个以高关税保护本国产业的国家，其总体关税率往往在 30%～40%左右，到 1912 年其平均水平为 18%。可以说，没有那一时期的进口替代型经济增长，就不会有美国和德国在世界经济中的领导地位。

另一个经济大国日本，是在第二次世界大战后的高速经济增长中成为世界经济大国的。通常人们强调日本靠出口导向取得了高速经济成长，却忽略了日本的经济增长中一直有很强的进口替代因素。日本从来就以本国市场对外不开放著称，直到现在，日本的进口也只占其 GDP 的 10%左右。而中国的进口占 GDP 的比重自 2001 年至 2020 年一直超过 10%，据国家统计局数据显示，2002 年至 2013 年间的进口占 GDP 平均值高达 24.26%。日本经济的这种不开放必然导致在很多产业中实行进口替代。也正是由于日本一方面致力于以出口拉动经济增长，另一方面又不断在本国实行进口替代，才造成了日本在许多年中出口一直远远大于进口的对外贸易格局。

二、出口导向战略

（一）出口导向战略的定义

出口导向战略，也称做出口替代战略、出口替代工业化政策，是外向型经济发展战略的产物。是指一国采取各种措施扩大出口，发展出口工业，逐步用轻工业产品出口替代初级产品出口，用重、化工业产品出口替代轻工业产品出口，以带动经济发展，实现工业化的政策。

出口替代战略一般也要经历两个阶段：第一个阶段，以轻工业产品出口替代初级产品出口，主要发展劳动密集型工业，如食品、服装、纺织品、一般家电制造业等，随着生产规模的扩大和国际市场环境的变化就进入了第二个阶段；第二个阶段是以重化工业产品出口替代轻工业产品的出口，致力于发展资本密集型和技术密集型工业，如机械电子、石化等行业。此后，极少数发展中国家和地区开始着手建立知识和信息密集型等高科技产业，力图在高科技产业产品的世界出口贸易中占有一席之地。

出口导向战略的主要措施包括：一是给出口企业提供减免出口关税、出口退税、出口补贴、出口信贷和出口保险等，目的在于降低出口成本，开拓国外市场，增强出口竞争能力。二是给出口生产企业提供低利率生产贷款，优先供给进口设备、原材料所需外汇，大力引进资本、技术、经营管理知识，建立出口加工区等，目的在于降低生产成本，提高产品质量，增加创汇能力。

（二）出口导向战略的各国实践

进入 20 世纪 90 年代以后，实施出口导向型战略的国家增多，并加入传统产品的生产行列，这时，所有实施该战略的国家就不仅要面临来自发达国家具有更高生产效率对手的竞争，还面临来自发展中国家之间的竞争，这就使得其出口增长下降成为必然，并且在竞争中，发展中国家为了赢得并不丰富的市场，可能会形成一种恶性的价格竞争，结果只会恶化其出口结构，进一步降低其比较利益，这最终是不利于其产业国际竞争力的提高的。

进入 21 世纪以后的近 20 年来，几乎所有经济高速增长的国家和地区都是出口占 GDP 比重不断上升的国家和地区，包括中国、亚洲“四小龙”、东盟等。但这并不足以证明出口导向战略的完美无缺，通过对我国的台湾地区和韩国的全要素生产效率增长与出口的关系比较，一些经济学家提出了不同的看法，他们认为出口企业的生产效率并没有表现出随着出口量的增加而递增的趋势。

第三节　中国的关税政策及实践

一、新中国关税政策雏形

1927 年 10 月，中国共产党在井冈山建立了中国第一个农村革命根据地。1929 年 1 月，《红四军司令部布告》宣布：“累进税法，最为实用；苛捐杂税，扫除干净”。自此各根据地先后建立海关，开征关税。1932 年，中华苏维埃共和国临时中央政府成立之后，根据《中华苏维埃共和国宪法大纲》制定了《关税条例》和《关税税率表》，并发布了《关税征收细则》和《关于建立关税制度》等文件。抗日战争爆发之后，陕甘宁、晋察冀、晋冀鲁豫等解放区遵照党中央提出的“发展经济，保障供给”的方针，建立了进出境管理制度，制定了关税政策，奖励必需品的输入和内部多余物资的输出。抗日战争胜利后，在中国共产党的领导下，广大解放区开始实行中国人民独立自主的关税政策。1945 年 8 月，山东解放区建立起人民海关，并公布了 20 多份有关进出境管理和征收出入口税及税率的文件，由海关负责管理进出口船只、贸易、稽征关税以及查缉走私。这便是新中国关税的雏形。

二、新中国关税政策的初创

1949年，在中国共产党的领导下，中国人民经过浴血奋战，终于推翻了帝国主义、封建主义和官僚资本主义对中国的统治，建立了中华人民共和国，收回了旁落他国一个世纪之久的海关管理权和关税自主权。中国共产党一向重视关税政策，1949年3月的中共中央七届二中全会上，毛泽东做出“立即统制对外贸易，改革海关制度”的指示。但共和国成立之初，并没有制定统一的税收法规，在1951年之前，全国各地执行的关税税则不尽相同。东北、山东等老解放区内执行各自解放区制定的进出口税则，华东、华北等新解放区则沿用旧中国的进出口税则，只在税率方面做了一些调整。这使得新中国建立统一、独立自主、适合中国国情的关税政策显得十分必要。

（一）新中国第一部海关税则的诞生

1949年9月通过的《中国人民政治协商会议共同纲领》中规定“实行对外贸易管制并采用保护贸易政策”。根据这一规定，1950年1月，中央人民政府在召开第十七次政务会议时研究了建立新中国海关的各项问题，并在当月27日公布了《关于关税政策和海关工作的决定》。该决定明确规定“海关税则，必须保护国家生产，必须保护国内生产品与国外商品的竞争，必须以保护国家工业化为主”，同时明确了制定海关税则的六项基本原则，这成为新中国制定海关税则的重要依据。

1951年5月4日，中华人民共和国政务院第83次政务会议通过了《中华人民共和国海关进出口税则》（简称《进出口税则》），并于当月16日颁布实施。同时公布《中华人民共和国海关进出口税则暂行实施条例》（简称《暂行条例》）作为关税税则的一部分，与关税税则同时实施。这是新中国的第一部关税法则，也是中国自鸦片战争后第一次真正独立制定的关税税则，它表明中国经济大门的钥匙已经安放在中国人民自己的口袋里。

（二）新中国关税税率的确定和调整

新中国第一部关税税则同大多数国家一样，对进出口货物实行两种税率：普通税率和最低税率。《暂行条例》也对此做了规定：“凡自与中华人民共和国没有贸易互利条约或协定的国家购运的进口货物，应按普通税率纳税。凡自与中华人民共和国有贸易互利条约或协定的国家购运的进口货物，应按最低税率纳税。”

第一部《进出口税则》将进口商品分为必需品、需用品、非必需品、奢侈品和保护品五大类。必需品适用税率分为免税、5%、7.5%、8%、10%、12%、12.5%、15%、17.5%、

20%十级税率；需用品适用税率分为25%、30%、35%、40%四级税率；非必需品适用税率分为50%、60%、70%、80%、100%五级税率；奢侈品适用税率分为120%、150%、200%三级税率；保护品适用税率按国内商品批发价与进口商品到岸价格之间的差额适当加高的价格来核定。关税税率具体见表10-2。

表10-2　　我国第一部《进出口税则》中部分进口商品的关税税率

类别	适用税率（%）	主要商品
必需品	免税	农作物种子、书籍、科学仪器等
	5.0	农药、飞机、机车等
	7.5	原油、化肥、发电机等
	8.0	教育用电影片等
	10.0	活植物、电机、电视机等
	12.0	电子管、半导体管等
	12.5	橡胶、纸浆、纺织机器等
	15.0	三角钢、冶金机器、压缩机等
	17.5	大米、柴油、活性炭等
	20.0	磷、羊毛、铁皮等
需用品	25.0	小麦、缝纫机、马口铁等
	30.0	木材、录音机、立德粉等
	35.0	染料、麻、木材等
	40.0	汽油、硫酸、印刷品等
非必需品	50.0	豆类、咖啡、收音机等
	60.0	木制品、棉布、手表等
	70.0	糖、蚕茧、风灯等
	80.0	水果、肉类、酒精等
	100.0	茶、饮料、海产品等
奢侈品	120.0	山货、调味品、化妆品等
	150.0	燕窝、巧克力、衣饰等
	200.0	烟、酒、迷信品等
保护品	按国内商品批发价与进口商品到岸价格之间的差额适当加高的价格核定	

资料来源：杨圣明. 中国关税制度改革［M］. 北京：中国社会科学出版社，1997：150.

新中国第一部《进出口税则》的算术平均关税水平为 52.9%，这充分体现我国改革开放前高关税税率的特点。在改革开放前的 27 年间，中国曾对关税税率进行过 19 次调整，其中较大范围的一次是 1964 年取消全部出口关税和降低 68 个税目的进口税率，但始终未能降低中国关税的整体水平。

（三）改革开放前的关税优惠政策

这一时期，中国经济发展水平较低，同时由于以美国为首的资本主义国家对我国进行经济封锁，中国关税的主要职能是保护本国经济。关税优惠政策也仅限于对进口教科用品和因国家重点建设项目引进的技术设备免征关税，其优惠面很窄，减免税在应税面中所占的比重也很小。

综上所述，从新中国建立到改革开放前的三十年间，我国一直实行高关税水平的保护关税政策。虽然在“文化大革命”期间，《进出口税则》受“税收无用论”思潮的影响，曾停征十几年之久，但由我国老一辈无产阶级革命家制定的这项关税保护政策在恢复和发展国内生产、取得财政收入和同帝国主义做斗争中所起的作用还是不能忽视的。

三、改革开放初期的关税政策

1978 年的改革开放为中国经济发展注入了巨大的活力，为适应国家经济体制改革和对外开放的需要，国家开始进行经济、政治等各个领域的改革，关税对经济的调节作用和其组织财政收入的作用也重新被提到了重要的位置。为此从 1980 年起，我国开始酝酿改革关税政策的历程。

（一）关税税率的适当调整

1982 年年底的第五届全国人民代表大会第五次会议批准通过的《中国国民经济和社会发展的第六个五年计划》指出：“要适时调整关税税率，以鼓励和限制某些商品的出口和进口，做到既有利于扩大对外经济技术交流，又能保护和促进国内生产的发展。”这一时期关税税率的调整情况如下：

1980 年将个人自用进口的电视机、收录音机和电子计算器的关税税率提高到 60%、60%、40%，同年 11 月 1 日，又将这三种商品的关税税率统一提高到 80%，这是中国对关税税率的第 20 次调整。

1982 年共调整了 149 个税号的税率，占到当时海关税则 939 个税号的 16%。这次调整的原则主要是降低国内不能生产或者生产不足的原材料以及机器、仪表等零部件的税率，同时提高某些耐用消费品和国内已具备生产条件的机器设备的税率。这是第 21 次税率调整，也是新中国成立之后范围最大的一次关税税率调整。

在对进口税率进行调整的同时，有关部门开始研究中国出口关税调整的问题。1982 年 6 月，国家对 34 种商品开征出口关税。这些商品主要是：（1）出口量大而稳定且盈利高的商品；（2）容易在国外形成削价竞争的商品；（3）国内需求量大的商品；（4）国家控制出口的商品。这次重新开征的关税出口税率从 10%到 60%共六个税级，每级级差 10%。

1982 年 6 月为保护国内相关产业，对汽车、彩电等商品进口税率的调整，这是 1985 年全面修改关税税则前的最后一次税率调整，也是新中国第 23 次关税税率调整。

（二）新中国第二部海关税则的颁布

改革开放以后，国内外的社会、经济情况发生了较为深刻的变化。而 1951 年的第一部《进出口税则》和《暂行条例》到改革开放时已使用了将近三十年，出现了很多问题，不能再适应形势发展的需要了。因此，1981 年，国务院批准的《海关总署关于全国海关关长会议的报告》指出："当前海关关税工作存在的主要问题是《进出口税则》实施三十多年来，虽然多次修改，仍然不能适应形势发展，亟待全面修订。"

1985 年，全面修改关税税则时，国务院又批准了一个六项原则，代替了过去的六条原则。根据新六项原则，在国务院领导和主持下，我国全面修改了 1951 年关税税则，制定并通过了新中国第二部关税税则，即《中华人民共和国海关进出口关税条例》。新的关税税则是以国际通用的《海关合作理事会商品分类目录》（Customs Co-operation Council Nomenclature，简称 CCCN）为基础，结合中国经济发展水平和进出口商品的实际情况，制定了符合我国关税政策的进出口税则。与第一部关税税则相比，其重点变化在于大幅度调整进口税率并解决了税级结构不合理的问题。

1. 大幅度调整进口税率

第二部关税税则降低了 1 151 个税目（约占总税目数的 55%）的进口关税税率。

对我国资源有限、国内生产不能有效供应的原材料，较大幅度地降低了关税税率，如钢铁盘条税率从 35%降低到 15%；对新型材料、新技术产品和信息传输设施从低制定税率，如远程控制电话设备税率从 12.5%下降到 9%；对发展旅游事业和改善人民生活水平需要的用品适当降低了税率，如鱼翅、燕窝等高级产品税率从 150%降低至 60%；对从发展中国家进口的产品也降低了税率，如香蕉等热带水果税率从 25%降低到了 12%；同时降低了起点税率，除免税之外，最低税率从 5%降低到 3%。按 1982 年进口商品额为权重进行折算，其加权平均税率下降了 10%。

2. 调整税级结构

修改后的税则，税级从免税到150%共18级。除免税外，3%到150%可分为四组：

3%～15%五个税级，级差3%；20%～40%五个税级，级差5%；50%～80%四个税级，级差10%；100%～150%三个税级，分别为100%、120%、150%。

普通税率也设18级，最低为免税，最高为180%。这样的设置贯彻了税率结构的平衡，即税级结构之间的纵向平衡（原材料、半成品、制成品之间的平衡）和横向平衡（类似或同类产品之间的平衡）。

到1985年之后，我国根据国内外情况的变化，不断地调整关税税率，从1986年到1991年，累计调低83种进口商品的税率，调高140种商品的进口税率。但是调整幅度仍然较小，到1992年自主降低关税前，我国关税的算术平均税率依然高达47.2%。

（三）改革开放初期的关税优惠政策

我国主要的关税优惠政策是在改革开放初期形成的，据统计，从1979年到1992年，我国共制定了40项关税优惠措施，涉及优惠规定157项，平均每年出台的优惠规定达11项之多。这些优惠规定主要表现在鼓励利用外资、支持经济特区发展、促进企业技术进步等几个方面。

1979年，国务院决定对来料加工、进料加工和加工贸易实行进口税收优惠政策，以鼓励来料加工、进料加工和加工贸易在我国的发展；20世纪80年代初，我国决定对国际金融组织贷款和外国政府贷款项下的进口货物给予进口税收优惠，以促进引进外资，此后不久国务院便决定在广东和福建设立经济特区，随后又在海南岛设立了经济特区并制定免征进口关税的优惠政策；80年代中期，我国又设立了14个沿海开放区，也同样制定了类似经济特区的免征进口关税的优惠政策；1983年，我国通过免征外商投资企业进口机器设备和物资的进口关税以鼓励外商来华投资；“七五”和“八五”计划期间，为配合我国产业政策，又对企业引进技术进行技术改造进口的技术设备和一些重大项目的技术设备引进实行关税优惠政策；1991—1992年间，国务院又分别批准了边贸优惠和从独联体、东欧国家易货的关税优惠政策。

综上所述，这一时期，我国关税工作的总方针是，贯彻党的十三届五中、六中全会的精神，努力推进改革开放，充分利用关税手段，适应治理整顿、调整产业结构、发展国民经济的需要，充分发挥关税对国民经济的宏观调控作用，为实现国民经济持续、稳定、协调发展做出贡献。

四、20 世纪 90 年代至加入 WTO 前的关税政策

进入 20 世纪 90 年代以后，随着改革开放的不断深入，科技水平不断进步，生产水平日益提高，我国对外贸易规模进一步扩大，进出口商品的结构也有了较大的变化，而 1985 年制定的海关税则已经不能适应这些变化的需求。由此，新一轮的关税政策改革开启。

（一）第三部海关税则的制定

1987 年，中国开始申请恢复关税及贸易总协定（GATT）席位，为便于测算和比较税率，需要以《商品名称及编码协调制度》目录作为减税谈判的基础。为此，从 1992 年 1 月起，我国开始实行以《商品名称及编码协调制度》为基础的新中国第三部海关关税税则。新税则根据我国进出口商品的实际结果和关税政策的需要，在基本税目的基础上增加了部分子目，使税则税目总数增加到 6 250 个；在税率方面的主旋律是降税，总体税率水平从 47.2%降低到 42.5%，但也有少数商品的税率有所提高。

（二）关税总水平大幅度降低

乌拉圭回合谈判结束之后，各参加方均按承诺实施关税减让计划。如印度计划在 1998 年前将关税平均水平降到 25%，美国则计划将关税平均水平削减至 2%。为与国际规则靠拢并履行与 GATT 有关的降税协议，中国政府自 1992 年起，在第三部关税税则的基础上开始大幅度地进行自主降税。

1. 第一次自主降税

1992 年 12 月 31 日起，我国开始实施第一次自主降税。这次降税的主要商品是：国内不能生产的先进技术产品和依赖进口的原材料，中美市场准入谈判中承诺 1992 年底降低的口香糖、一次性成像照相机等四种商品以及我国其他有较强竞争力或出口量大的出口商品。经过调整，我国的关税总水平从 42.5%下降到 39.9%，其中涉及 3 371 个税目，在进出口税则税目总数中占比超过 50%。

2. 第二次自主降税

第二次自主降税于 1993 年 12 月 31 日正式开始。这次降税使我国关税总水平从 39.9%下降到 36.4%，共涉及 2 898 个税目。主要涉及商品有：为履行中美市场准入谈判需降税的若干水果、电动机、农药、化妆品、感光材料等 217 项商品，国内短缺的木材、纸张、矿渣等，某些税率过高的大宗出口商品如纺织品、甲酸、柠檬酸等。在 1994 年，我国又调整了部分小轿车、烟、酒等商品的关税税率，使得总体关税水平降

到 35.6%。

3. 第三次自主降税

1995 年亚太地区经济合作组织（APEC）大阪会议上中国国家主席江泽民宣布，在 1996 年中国将进一步降低进口关税，降税幅度不低于 30%。为此，1996 年 4 月国务院决定对我国进口关税政策进行重大改革，分两年将我国关税总水平降到 15%左右。为落实这一部署，税则委员会联合其他部委通过对重点商品的认真测算，提出降税方案，方案实施后关税总水平由 35.6%调整到了 23%，降税幅度达 35.9%，涉及税目占 1996 年税目总数的 75.8%。

4. 第四次自主降税

1996 年 11 月，在菲律宾苏比克湾 APEC 第四次领导人非正式会议上，中国国家主席江泽民再次宣布中国将在 2000 年把关税总水平降低到 15%左右。为实现这一总体目标，国务院关税税则委员会对 2000 年前的降税工作做出“均衡分布降税”的安排，并作为第一步，从 1997 年 10 月起，将关税总水平降低 6 个百分点至 17%。1998 年，又对部分商品税率进行了调整，使关税总水平降到 16.7%，降税主要商品包括 APEC 承诺的玩具产品和林业产品，以及中美纺织品协议涉及的商品。2001 年 1 月 1 日起，再次降低关税总水平，使其降到 15.3%。

（三）20 世纪 90 年代关税优惠政策

1. 关税优惠政策的清理阶段（1992—1996 年）

因名目繁多的关税减免造成地区和企业之间的不公平竞争，所以我国在进行关税政策改革的同时，对关税的优惠政策进行了清理。1993 年 12 月，国务院批准关税税则委员会发布关于清理政策性关税减免文件意见的通知后，关税优惠政策的清理工作正式拉开帷幕。

1993 年底废止文件共 27 个，并对 9 个减免税规定进行了调整。之后又分别在 1995 年 1 月 1 日和 1996 年 4 月 1 日开始对关税优惠政策进行第二次和第三次清理。经过三次政策清理后，关税优惠政策仅余外国政府、国际组织无偿捐赠物资免税，与小轿车和摄录一体机国产化率挂钩的进口差别税率，特定地域石油、天然气勘探进口设备材料免税、民航进口飞机减征进口环节增值税，驻外人员以及留学人员进口个人物品免税，出境口岸免税店及《进出口关税条例》中规定的进口减免税等 7 项。

2. 关税优惠政策的调整阶段（1997—1999 年）

1997 年，亚洲金融危机爆发后，为进一步扩大外资规模、引进国外先进技术和设备、促进产业结构调整和技术进步，中国对关税优惠政策进行了两次调整。第一次是 1998

年 1 月 1 日起，对国家鼓励发展的国内投资项目和外商投资项目进口设备在规定范围内，免征进口关税；第二次是 1999 年 8 月起，对已设立的鼓励类和限制类外商投资企业、先进技术型和产品出口型外商投资企业和外商投资设立的研究发展中心进口设备在规定的范围内免征进口关税，同时鼓励外商向中国中西部地区投资。

3. 关税优惠政策的规范阶段（2000—2001 年）

在加入 WTO 前，中国曾对进出口税收优惠政策进行进一步的规范。2000 年，通过提高进口商品的技术指标、技术规格和增加不予免税的商品数量，缩小了国内投资项目进口设备的免税范围。同时为规范加工贸易的管理，设立出口加工区，并对从境外进入加工区的货物制定了一些税收优惠政策。

这一时期，我国多次大幅度降低进口关税税率，使我国的关税总水平大大降低，这既是外贸体制改革深入进行的内在要求，也是改革发展到一定阶段的必然趋势。而关税优惠政策的清理、调整与规范也是我国一项重要的关税改革，这对我国在加入 WTO 的新形势下继续深化关税改革，具有十分重要的现实意义。

五、加入 WTO 后的关税政策

2001 年 9 月 11 日，在经历了长达 15 年的漫长而艰难的“复关—入世”谈判之后，我国终于加入了世界贸易组织（WTO）。在与世界进行更多交流的同时，我国承诺自入世后在全国范围内实行统一的关税制度，并在中国全部领土范围内对关税履行降税义务。

（一）履行降税义务时期的关税税率

本着认真负责、信守承诺的原则，我国从 2002 年开始履行为加入 WTO 而承诺的关税降税义务，到 2011 年将关税总水平降至 9.8%，与 2001 年的关税总水平相比降幅为 35.9%。

2002 年大幅下调了 5 332 种商品的进口关税税率，使关税总水平下降至 12%。2003 年 1 月 1 日起，进一步下调进口关税税率，关税总水平从 12%降低到 11%。2004 年，对 2 400 多个税目的税率进行不同程度的下调后，关税总水平降低至 10.4%。2005 年 1 月 1 日起，进一步降低进口关税税率，关税总水平由 10.4%降低到 9.9%，2005 年是中国履行 WTO 减税承诺时较大幅度降税的最后一年。之后，在 2006 年，降低植物油、化工原料、汽车及汽车零部件等 143 个税目的最惠国税率后，关税总水平依然维持在 9.9%。从 2007 年 1 月 1 日起，我国按照加入 WTO 的关税减让承诺，进一步降低鲜草莓、染料、美容品或化妆品及护肤品、ABS 树脂、聚氯乙烯等 44 个税目的进口关税税率，关税总水平由 9.9%降至 9.8%。之后几年，中国继续履行加入 WTO 时的关税减让承诺，不断降低进口关税税率，但是经过调整，关税总水平始终保持在 9.8%，直到 2010 年降税承诺全部履行完毕。2011 年，我国的最惠国税率维持不变，只是适当地调整了少量商品的从量税税额。

我国关税总水平的下降趋势总体呈前紧后缓的态势。2002 年到 2005 年平均每年下降 0.7 个百分点；2003、2004 和 2005 年每年在前一年税率基础上分别降低 8.3%、5.5%和 4.8%；2006 年到 2011 年，平均每年下降 0.02 个百分点，下降速度和幅度有所放缓。

以 2001 年一般贸易进口额为权重测算的 2001 年我国关税加权平均税率为 9.5%，用同样方法测算得出，减让表规定的最终加权平均税率为 4.02%，与 2001 年的关税加权平均税率相比降幅高达 57.7%，比算术平均税率的降幅高 20 多个百分点。

2002 年我国首次履行关税减让义务时，关税的加权平均税率即下降了近 4 个百分点，降幅达到 41.6%。之后在 2003 年至 2005 年降幅明显减小，平均每年下降 0.2 个百分点，从 2006 年开始关税的加权平均税率始终保持在 4.2%。

（二）加入 WTO 后的关税优惠政策

1. 关税优惠政策的调整

2002 年 10 月 1 日起，针对入世后的新形势，我国对部分进口税收优惠政策进行了调整。主要调整内容包括：

第一，1996 年 3 月 31 日前批准的技术改造项目、重大建设项目、外商投资企业项目进口设备或原材料，不再沿用之前的关税优惠，统一执行现行的关税政策。

第二，“产品全部直接出口的允许类外商投资项目”中的进口设备一律先按照法定关税税率征收进口关税和进口环节增值税，经核查“产品全部出口”情况属实的，5 年内每年返还纳税额的 20%。

第三，明确规定不再受理和审批个案减免进口税项目。确需减免的，由财政部会同有关部门研究提出意见后报国务院审批。

2009 年，为了应对国际金融危机对我国实体经济的影响，国务院规定将重大技术设备的进口税收由原来的“进口税款予以返还，并转为国家资本金，转向用于研发”调整为直接免税，并将液晶面板生产企业的进口税收优惠政策延期到 2011 年底。

2. 自由贸易区的关税优惠政策

我国自加入 WTO 之后，为了进一步开放国内市场，在调整关税优惠政策的同时，十分重视并加速推进区域贸易协定的各项工作，截至 2019 年，我国已经与 24 个国家和地区签署自贸协定共 16 个，涉及国家分别为马尔代夫、澳大利亚、瑞士、哥斯达黎加、新加坡、智利、东盟、新加坡、格鲁吉亚、韩国、冰岛、秘鲁、新西兰、巴基斯坦、智利等，同时签署了亚太经贸协定，中国内地与香港、澳门的更紧密经贸关系安排，大陆与台湾的海峡两岸经济合作框架协议等优惠贸易安排。

中国—东盟自贸区的建设从 2002 年 11 月 4 日开始启动，2004 年 11 月双方签订自贸区货物贸易协议，并在 2005 年、2007 年、2009 年和 2010 年四次相互实施全面降税。2010 年 1 月 1 日，中国—东盟自贸区如期建成，双方超过 90%的产品实施零税率。2011 年，我国对东盟各国的平均协定关税税率为 0.1%。

中国—智利自贸协定在 2005 年 11 月正式签署，协定规定，中智两国在 10 年内将双方 97%的产品进口关税分阶段削减为零。2011 年 1 月 1 日起，通过实施该协定的第六步降税，平均税率已降至 1.1%。

中国—巴基斯坦自贸协定于 2006 年 11 月 18 日签署。2007 年 7 月 1 日开始实施降税，到 2011 年平均协定关税税率降至 4.9%。

中国—新加坡自贸协定经过 3 年的艰难谈判于 2008 年 10 月 23 日正式签署。按照协定规定，新方在 2009 年 1 月 1 日全部取消了中国进口产品的关税；中方按照承诺在 2012 年 1 月 1 日实现了 97.1%新加坡进口产品的零关税。

中国—秘鲁自贸协定签署于 2009 年 4 月 28 日。在 2010 年和 2011 年实施过两次降税之后，协定关税的平均税率降至 4.5%。

中国—哥斯达黎加自贸协定签署于 2010 年 4 月 8 日。协定规定，2011 年 8 月 1 日，双方 60%以上的产品立即享受零关税待遇，另外的 30%产品在今后的 5～15 年内逐步实现零关税。

亚太经贸协定是亚太区域中唯一由发展中国家组成的关税互惠组织，我国于 2001 年 5 月正式加入该协定，并参加了第三轮关税减让谈判。根据谈判成果，我国于 2011 年对 1 778 个税目的商品实施协定关税税率后，平均税率调整为 8.8%。

2003 年 6 月和 10 月中国分别签署了内地和香港、澳门关于建立更紧密经贸关系的安排（CEPA）的协定，之后又陆续签署了 7 个补充协议，这是我国国家主体与香港、澳门单独关税区之间签署的自由贸易协议，也是内地第一个全面实施的自由贸易协议。根据协议，2006 年 1 月 1 日起，内地对所有原产于港澳的进口商品实行零税率（内地明令禁止进口和履行国际公约禁止进口的商品、内地在有关国际协议中做出特别承诺的产品除外）。至 2011 年，以零关税进入内地的港澳商品税目分别达到了 1 626 个和 1 215 个。

大陆与台湾地区的《海峡两岸经济合作框架协议》（ECFA）于 2010 年 6 月 29 日正

式签署，并于同年 9 月 12 日生效。根据协议，中国大陆自 2011 年 1 月 1 日起，对原产于台湾地区的商品实行第一步降税，涉及税目共 557 个，平均税率为 4.6%。

中国加入 WTO 后，面临更多的机遇和挑战的同时，给关税工作也提出了更高的要求。在未来相当长的时间内，无论关税水平如何变化，它将一直存在，并在维护国家主权、增加财政收入、保护本国工业体系与调节经济等方面继续发挥重要作用。

思考题

1. 阐述第一次工业革命以来西方国家关税理论的发展脉络。
2. 说明发达国家的关税政策的实践。
3. 总结二战以后发展中国家的关税政策实践。
4. 归纳中国自改革开放以来关税政策的主要发展历程。

参 考 文 献

著作：

［1］岑维廉，等. 关税理论与中国关税制度［M］. 上海：格致出版社，2009.

［2］王普光，等. 关税理论政策与实务［M］. 北京：对外经济贸易大学出版社，1999.

［3］王元颖. 关税保护与动态比较优势的理论与经验分析［M］. 北京：经济科学出版社，2008.

［4］李九领. 关税理论与政策［M］. 北京：中国海关出版社，2010.

［5］宋岩. 关税同盟福利效应［M］. 北京：经济管理出版社，2007.

［6］张永安. 区域经济一体化理论与实践［M］. 上海：格致出版社，2010.

［7］董勤发. 国际经济中的税收理论与政策［M］. 昆明：云南人民出版社，2005.

［8］盛斌. 中国对外贸易政策的政治经济分析［M］. 上海：上海人民出版社，2002.

［9］石广生. 世界贸易组织基本知识读本［M］. 北京：人民出版社，2011.

［10］张幼文，等. 外贸政策与经济发展［M］. 上海：立信会计出版社，1997.

［11］许统生. 战略贸易政策模型研究［M］. 北京：经济管理出版社，1999.

［12］（美）罗伯特・吉本斯（RobertGibbons）. 博弈论基础［M］. 北京：中国社会科学出版社，1999.

［13］黄天华. 中国关税制度［M］. 上海：上海财经大学出版社，2006.

［14］刘孝诚. 关税学［M］. 北京：中国财政经济出版社，2003.

［15］孙文学. 中国关税史［M］. 北京：中国财政经济出版社，2003.

［16］金人庆. 中国当代税收要论［M］. 北京：人民出版社，2002.

［17］黄天华. WTO 与中国关税［M］. 上海：复旦大学出版社，2002.

［18］张群. 中外关税税制比较［M］. 北京：中国财政经济出版社，2002.

［19］黄晓军，从关税征管走向关税治理［M］. 北京：中国海关出版社，2008.

［20］谷成. 关税的效应分析与中国关税政策选择［M］. 大连：东北财经大学出版社，2007.

［21］保罗・R・克鲁格曼. 国际贸易（第十版）［M］. 北京：中国人民大学出版社，2016.

论文：

[1] 赵春明，李震，李宏兵. 主动扩大进口对中国人力资本积累的影响效应——来自最终品关税削减的长期证据［J］. 中国工业经济，2020（11）：61－79.

[2] 屠新泉，杨丹宁，李思奇. 加入 WTO 20 年：中国与 WTO 互动关系的演进［J］. 改革，2020（11）：23－36.

[3] 裴长洪，倪江飞. 坚持与改革全球多边贸易体制的历史使命——写在中国加入 WTO 20 年之际［J］. 改革，2020（11）：5－22.

[4] 苏铁. 海南自由贸易港“零关税”政策应如何落地［J］. 国际税收，2020（11）：21－26.

[5] 刘志彪，姚志勇，吴乐珍. 巩固中国在全球产业链重组过程中的分工地位研究［J］. 经济学家，2020（11）：51－57.

[6] 陈寰琦. 签订“跨境数据自由流动”能否有效促进数字贸易——基于 OECD 服务贸易数据的实证研究［J］. 国际经贸探索，2020，36（10）：4－21.

[7] 张瀚元，殷晓鹏. 贸易壁垒对产业链下游寡头市场均衡的影响——以大豆产业链为例［J］. 宏观经济研究，2020（10）：42－57，125.

[8] 崔琨，施建淮. 关税冲击下的中间品贸易、通货膨胀目标规则与福利分析［J］. 世界经济，2020，43（10）：169－192.

[9] 屠年松，余维珩. 碳关税对制造业全球价值链嵌入的影响研究——基于 WTO 改革背景［J］. 生态经济，2020，36（9）：25－31.

[10] 陈明. 进口贸易自由化有助于转变中国工业经济发展方式吗？［J］. 经济问题，2020（9）：118－124.

[11] 刘京军，鲁晓东，张健. 中国进口与全球经济增长：公司投资的国际证据［J］. 经济研究，2020，55（8）：73－88.

[12] 王爱俭，方云龙，于博. 中国自由贸易试验区建设与区域经济增长：传导路径与动力机制比较［J］. 财贸经济，2020，41（8）：127－144.

[13] 王芊，佟家栋. 摩擦性贸易壁垒对贸易政策制定和福利的影响——基于标准贸易模型的理论分析［J］. 经济与管理研究，2020，41（6）：36－46.

[14] 李霞，涂涛涛，雷泽奎. 中非贸易自由化的要素收入分配效应解析［J］. 统计与决策，2020，36（14）：112－115.

[15] 谭琳元，李先德. 大麦进口关税政策调整对中国大麦产业的影响——基于局部均衡模型的模拟分析［J］. 农业技术经济，2020（7）：17－26.

[16] 樊海潮，张军，张丽娜. 开放还是封闭——基于“中美贸易摩擦”的量化分析［J］. 经

济学（季刊），2020，19（4）：1145－1166.

［17］韩晶，孙雅雯. 全球价值链视角下的关税水平与贸易政策选择——基于生产分割视角的考察［J］. 国际贸易问题，2020（7）：129－143.

［18］刘睿雯，徐舒，张川川. 贸易开放、就业结构变迁与生产率增长［J］. 中国工业经济，2020（6）：24－42.

［19］屠新泉，石晓婧. 国家主权与国际规则：美国对世界贸易组织争端解决机制的态度变迁［J］. 太平洋学报，2020，28（6）：1－11.

［20］张斌. 国际贸易协定中的“进口承诺”：历史与现状［J］. 国际经贸探索，2020，36（6）：101－112.

［21］冯晓玲，姜珊珊. 中美贸易摩擦背景下中日韩自贸区的潜力与经济效应分析［J］. 东北亚经济研究，2020，4（3）：57－72.

［22］孙楚仁，王松，江慧. 贸易自由化会促进个体创业吗［J］. 财贸经济，2020，41（6）：111－127.

［23］韦倩青，张朝帅. 中国遭遇服务贸易壁垒评估研究——基于关税等值的测度[J]. 价格理论与实践，2020（1）：69－73.

［24］屠新泉. 疫情冲击下世界更需要 WTO［N］. 环球时报，2020－05－19（015）.

［25］屠新泉. 用好政策工具 提升产业地位［N］. 新华书目报，2020－05－14（008）.

［26］彭德雷，周围欢，屠新泉. 多边贸易体制下中国发展中国家地位问题研究——基于历史、现实与规范的多维考察［J］. 太平洋学报，2020，28（1）：64－75.

［27］屠新泉.WTO 遭美重伤，但不会死［N］. 环球时报，2019－12－06（015）.

［28］屠新泉，赵怡方. 国际外资审查趋紧背景下中国企业“走出去”的思考［J］. 清华金融评论，2019（12）：38－42.

［29］屠新泉. 中美贸易摩擦与 WTO 改革：分进合击的美国对华贸易策略［J］. 求索，2019（6）：46－54.

［30］屠新泉，石晓婧. 国际组织与主权国家权力的再平衡——以争端解决机制为视角［A］//新兴经济体研究会，中国国际文化交流中心，广东工业大学. 制度型开放与“一带一路”高质量发展论文集（下）［C］. 2019：11.

［31］屠新泉. 韩国的决定不影响 WTO 原则［N］. 环球时报，2019－10－26（007）.

［32］刘安国，卢晨曦，杨开忠. 经济一体化、集聚租和区际税收政策协调［J］. 经济研究，2019，54（10）：167－182.

［33］屠新泉，曹鸿宇. 中欧 BIT 谈判投资自由化问题研究［J］. 国际贸易，2019（9）：48－54.

［34］屠新泉. 入世：中国走近世界舞台中央的揭幕礼［N］. 国际商报，2019－09－27（K08）.

［35］屠新泉. 世界贸易组织改革的中国建议［J］. 现代国企研究，2019（15）：86－89.

［36］屠新泉，李帅帅. 非市场经济地位对中国对外贸易影响的量化分析——以美国对华反倾销为例［J］. 国际经贸探索，2019，35（8）：104－122.

［37］屠新泉. 中国一直是 WTO 中的建设性力量［N］. 环球时报，2019－08－20（014）.

［38］屠新泉，刘斌. 变革中的全球化：科技革命与国际生产分工［J］. 清华金融评论，2019（8）：48－50.

［39］屠新泉，石晓婧. 世贸组织改革：必要而艰巨的任务［J］. 当代世界，2019（8）：30－36.

［40］成新轩，郭志尧. 中国自由贸易区优惠原产地规则修正性限制指数体系的构建——兼论中国自由贸易区优惠原产地规则的合理性［J］. 管理世界，2019，35（6）：70－80，108.

［41］屠新泉. 从新中国成立七十周年视角看中美经贸摩擦一周年：评估与展望［J］. 国际金融，2019（6）：11－14.

［42］屠新泉. WTO 与中国对外开放［J］. 领导科学论坛，2019（6）：77－86.

［43］朱绵茂，陈卫东，陈咏梅，等. WTO 改革的中国学者方案 笔谈［J］. 南海法学，2019，3（1）：1－16.

［44］吕越，娄承蓉，杜映昕，等. 基于中美双方征税清单的贸易摩擦影响效应分析［J］. 财经研究，2019，45（2）：59－72.

［45］冯帆，何萍，韩剑. 自由贸易协定如何缓解贸易摩擦中的规则之争［J］. 中国工业经济，2018（10）：118－136.

［46］刘斌，王乃嘉，屠新泉. 贸易便利化是否提高了出口中的返回增加值［J］. 世界经济，2018，41（8）：103－128.

［47］李波，杨先明. 贸易便利化与企业生产率：基于产业集聚的视角［J］. 世界经济，2018，41（3）：54－79.

［48］唐宜红. 全球贸易与投资政策研究报告（2016）——国际贸易与投资新规则的重构［J］. 经济研究，2017，52（7）：209.

［49］邓富华，霍伟东. 自由贸易协定、制度环境与跨境贸易人民币结算［J］. 中国工业经济，2017（5）：75－93.

［50］吴小康，于津平. 进口国通关成本对中国出口的影响［J］. 世界经济，2016，39（10）：103－126.

[51] 张玉新，李天籽. 国际区域经济一体化背景下中国沿边城市经济空间分布与影响因素［J］. 管理世界，2014（10）：172－173.

[52] 陈林，罗莉娅. 中国外资准入壁垒的政策效应研究——兼议上海自由贸易区改革的政策红利［J］. 经济研究，2014，49（4）：104－115.

[53] 丘东晓. 自由贸易协定理论与实证研究综述［J］. 经济研究，2011，46（9）：147－157.

[54] 阎世平，陆善勇，李欣广，等. 宏观经济、区域经济一体化与区域发展——国际区域经济合作与产业发展论坛综述［J］. 经济研究，2010，45（7）：152－156.

[55] 曹亮，张相文，符大海. 区域主义与多边主义：共存或冲突？——一个政治经济方法的分析视角［J］. 管理世界，2007（4）：156－157.

[56] 姜鸿. 中国—智利自由贸易协定与收入再分配——基于特定要素模型的分析［J］. 管理世界，2006（10）：22－26.

[57] 张世坤. 保税区向自由贸易区转型的机理和对策研究［J］. 管理世界，2005（10）：151－152.

[58] 雷达，刘元春. 新贸易理论与自由主义：冲突与融合中的发展［J］. 世界经济，2005（5）：62－74.

[59] 张世坤. 保税区向自由贸易区转型中建立离岸金融市场的研究——以大连保税区为例［J］. 管理世界，2004（12）：127－128.

[60] 徐建军. 东盟自由贸易区：区域内贸易的发展和利益分配［J］. 世界经济，2004（8）：13－17，80.

[61] 谢建国. 激励相容、互惠贸易区规模与世界自由贸易［J］. 世界经济，2004（7）：36－43，80.

[62] 中国贸易结构优化课题组. 欧洲经济一体化的历史性变革与我国的对策［J］. 管理世界，1991（6）：17－25，220.

[63] 樊勇，王婉如，蔡松锋. 关税下降、进口贸易与财政收入效应研究［J］. 财政研究，2017（11）：75－84.

[64] 李钢，叶欣. 新形势下中国关税水平和关税结构的合理性探讨［J］. 国际贸易问题，2017（7）：3－16.

[65] 李胜旗，毛其淋. 关税政策不确定性如何影响就业与工资［J］. 世界经济，2018，41（6）：28－52.

[66] 毛其淋，许家云. 中间品贸易自由化与制造业就业变动——来自中国加入WTO的微观证据［J］. 经济研究，2016，51（1）：69－83.

[67] 佟家栋，李胜旗. 贸易政策不确定性对出口企业产品创新的影响研究［J］. 国际贸易问题，2015（6）：25－32.

[68] 毛日昇. 出口、外商直接投资与中国制造业就业［J］. 经济研究，2009，44（11）：105－117.

[69] 陈飞翔，董皓，王艳. 论适度保护关税税率［J］. 财贸经济，2003（6）：56－60，97.

[70] 李九领. 我国现代关税职能的探析［J］. 当代经济，2008（1）：124－126.

[71] 雷文妮，张山，赵晓军. 贸易保护与产业结构——基于跨国面板数据的研究[J]. 世界经济文汇，2015（1）：65－79.

[72] 张平，余宇新. 出口贸易影响了中国服务业占比吗［J］. 数量经济技术经济研究，2012，29（4）：64－79.

[73] 姚博，汪红驹. 中间品进口与企业技术进步：影响机制及其检验［J］. 世界经济与政治论坛，2019（3）：44－69.

[74] 周开国，周寰宇. 关税削减、产品市场竞争与上市公司信息披露质量［J］. 金融科学，2019（1）：1－22.

[75] 杨瑞. 新中国关税政策的变迁及其经济效应分析[D]. 昆明：云南财经大学，2012.

[76] 田志宏，刘北桦. 关税税率调整的经济效应及理论模型［J］. 中国农业大学学报，2001（4）：12－16.

[77] 李丽. 论关税体制及其经济影响［J］. 技术经济，1999（4）：47－49.

[78] 谢识予，尹翔硕，陈晔. 削减关税对中国经济的影响：理论和实证［J］. 世界经济文汇，1998（4）：3－7.

[79] 李九领，陈帅帅. 中国关税有效保护水平合理性分析——基于关税有效保护率及 Lafay 指数［J］. 湖南财政经济学院学报，2012，28（5）：101－107.

[80] 夏虹. 浅析关税与贸易条件的改善［J］. 世界经济文汇，1999（4）：15－18.

[81] 赵晋平. 中国对外贸易结构分析及其调整对策[J]. 管理世界，1998（4）：88－98，106.

[82] 金祥荣，林承亮. 对中国历次关税调整及其有效保护结构的实证研究［J］. 世界经济，1999（8）：28－34.

[83] 姚德文. 产业结构优化升级的制度分析［D］. 上海：复旦大学，2008.

[84] Joshua Aizenman，Yothin Jinjarak. Globalisation and Developing Countries－a Shrinking Tax Base?［J］. Journal of Development Studies，2009，45（5）.

[85] Oleksandr Shepotylo，David Tarr. Specific Tariffs，Tariff Simplification，and the

Structure of Import Tariffs in Russia，2001 – 2005［J］. Eastern European Economics，2008，46（5）.

［86］Miaojie Yu. Processing Trade，Tariff Reductions and Firm Productivity：Evidence from Chinese Firms［J］. The Economic Journal，2015，125（585）.

［87］Petia Topalova，Amit Khandelwal. Trade Liberalization and Firm Productivity：The Case of India［J］. Review of Economics and Statistics, 2011（3）.

［88］Handley K，Lim. Trade and investment under policy uncertainty：Theory and firm evidence［J］. American Economic Journal：Economic Policy, 2015.

［89］Liu Q，Ma H. Trade Policy Uncertainty and Innovation：Firm Level Evidence from China's WTO Accession［R］. University of International Business and Economics Working Paper, 2016.

［90］Felettigh A，Federico S. Measuring the Price Elasticity of Import Demand in the Destination Markets of Italian Exports［J］. Economia e Politica Industriale, 2011.